suhrkamp taschenbuch 103

Noam Chomsky, geboren 1928, lehrt am Massachusetts Institute of Technology Linguistik. Er wurde international bekannt als der Begründer einer neuen linguistischen Theorie, der Generativen Grammatik. Darüber hinaus erregte er weltweites Aufsehen durch sein kompromißloses Engagement gegen den Krieg der Vereinigten Staaten in Indochina und die Rechtfertigung dieser Politik durch die an der Macht beteiligten amerikanischen Intellektuellen. Seine wichtigsten Veröffentlichungen erschienen auch auf deutsch: *Aspekte der Syntax-Theorie, Cartesianische Linguistik, Sprache und Geist, Amerika und die neuen Mandarine.*
In seinem neusten Buch *Im Krieg mit Asien,* dessen erster Teil als st 32 unter dem Titel *Indochina und die amerikanische Krise* erschien, legt Chomsky seine totale Verurteilung der amerikanischen Indochinapolitik dar. Diese Verurteilung geschieht jedoch nicht rein deklamatorisch, sondern sie wird wie ein umfassendes Plädoyer mit einer Fülle von Zitaten und Einzelbelegen begründet, die meist nicht von Gegnern, sondern von Befürwortern des Vietnamkrieges stammen.
In *Kambodscha, Laos, Nordvietnam,* dem zweiten Teil dieses Buches, beschäftigt sich der Autor mit der Ausdehnung des Vietnamkrieges auf ganz Indochina und verarbeitet auch die Eindrücke, die er auf einer Reise gewonnen hat.
Der Band enthält am Ende eine vollständige Literaturliste der zitierten Arbeiten (Bücher und Zeitschriften) und damit zugleich eine der wahrscheinlich umfassendsten amerikanischen Bibliographien zum Vietnamkrieg.

Noam Chomsky

Kambodscha
Laos
Nordvietnam

Im Krieg mit Asien II

Suhrkamp

Aus dem Amerikanischen von Jürgen Behrens
Originaltitel: Cambodia; Laos; North Vietnam;
On War Crimes

suhrkamp taschenbuch 103
Erste Auflage 1972

Druck: Ebner, Ulm · Printed in Germany
Umschlag nach Entwürfen
von Willy Fleckhaus und Rolf Staudt

Inhalt

Kambodscha

I.

Die Invasion Kambodschas durch die Vereinigten Staaten und ihre Saigoner Handlanger kann im Lichte der jüngsten Ereignisse in Südostasien nicht überraschen. Seit 1968 haben die USA den Krieg in Laos stetig eskaliert, sowohl am Boden, als die CIA-unterstützte Clandestine Army (Geheimarmee) Ende 1969 durch die Ebene der Tonkrüge zog, als auch aus der Luft. Als schließlich am 20. April der Laos-Bericht des Symington-Unterausschusses freigegeben wurde, trug die Titelseite der *Washington Post* die Schlagzeile: Enthüllung Hills: USA eskalieren den Krieg in Laos. Die Schlagzeile sprach die Wahrheit; andere Dokumente, auf die ich im nächsten Kapitel zurückkomme, beweisen, daß die Hearings des Unterausschusses sowohl das Ausmaß wie die düsteren Folgen der amerikanischen Eskalation herunterspielen. Die Eskalation forderte die Reaktion der Pathet Lao und Nordvietnamesen heraus, die heute einen größeren Teil von Laos kontrollieren als jemals zuvor, und führte zu starken Verwüstungen und zu Fluchtbewegungen der Bevölkerung.
Das destabilisierende Ereignis in Kambodscha – von Präsident Nixon in seiner Rede vom 30. April, mit der er die amerikanische Invasion verkündete[1], geflissentlich verschwiegen – war der Staatsstreich der Rechten vom 18. März, der zum Sturz Prinz Sihanuks führte und diesen zu einer Allianz mit der kambodschanischen Linken und der von linken Kräften beherrschten laotischen und kambodschanischen Volksbewegung trieb. Der Staatsstreich und die darauffolgenden Ereignisse müssen als weiterer Schritt auf dem Wege der Internationalisierung des Vietnamkrieges verstanden werden. Jedoch

1 Ich will auf den Inhalt dieser Rede nicht näher eingehen; sie ist eine Beleidigung für die Intelligenz und ein Ausdruck der Verachtung für den Kongreß und für das amerikanische Volk gewesen.

sollte man den Staatsstreich auch im Zusammenhang mit innerkambodschanischen Entwicklungen der letzten Jahre sehen. Diese Faktoren stehen natürlich in Wechselbeziehung.

Seit Anfang 1964 haben die Vereinigten Staaten von ihren von Thailand bis Okinawa verstreuten Stützpunkten aus ihren Krieg geführt. Die Bombardierung von Laos, die wohl im Mai 1964 begann, und das im Februar 1965 folgende intensive Bombardement Nord- und Südvietnams gingen von den Basen in Thailand, Südvietnam, Okinawa, den Philippinen und Guam aus und, nicht zu vergessen, von den Flottenverbänden, die die umliegenden Ozeane kontrollieren. Das Kontrollzentrum für die Bombardierung Nordvietnams und den Norden von Laos liegt in Thailand, vermutlich im Luftstützpunkt Udorn. 1968 nahm die Bombardierung von Laos stark an Intensität zu, als Flugzeuggeschwader, die vorher gegen Nordvietnam eingesetzt worden waren, nun Ziele in Laos anflogen. Im Jahre 1969, als die Infiltration über den sogenannten Ho-Chi-Minh-Pfad zurückging, wurde die Bombardierung von Nord-Laos erneut erheblich verstärkt. Der größte Teil dieses Gebietes stand lange Zeit unter der Kontrolle der Pathet Lao.

Wie ein Blick auf die Landkarte zeigt, wird in Nord-Laos ein Gebiet bombardiert, das weit vom Ho-Chi-Minh-Pfad liegt und mit dem Kampfgeschehen in Südvietnam in keiner direkten Verbindung steht. In Wirklichkeit ist die Bombardierung gegen zivile Ziele gerichtet; sie hat die nahezu vollständige Zerstörung der meisten bewohnten Gebiete zur Folge gehabt und die Evakuierung großer Bevölkerungsteile erzwungen. Wo noch Menschen zurückgeblieben sind, leben sie großenteils in Höhlen und Tunnels. Zahlenangaben der amerikanischen Botschaft zufolge beläuft sich die Bevölkerung, die in den Pathet-Lao-Zonen geblieben ist, auf über eine Million, weit über ein Drittel der gesamten Bevölkerung von Laos. Etwa eine dreiviertel Million der in den von der Regierung kontrollierten Gebieten lebenden Menschen sind Flüchtlinge.

Die Angriffe auf das nördliche Laos fliegenden Bomber steigen von Stützpunkten in Thailand auf, während die Bombardements im Süden von Laos (einschließlich des Ho-Chi-Minh-Pfads) von Danang, Pleiku und der Siebenten Flotte ausgehen. Gegenwärtig werden auch Basen in Thailand dazu benutzt, Kambodscha zu bombardieren.[2]

Die amerikanische Eskalation des Krieges in Laos provozierte die Reaktion der kommunistischen Streitkräfte, die heute mehr von Laos kontrollieren als jemals zuvor. Da dieses Ergebnis unschwer vorauszusagen war, erhebt sich natürlich die Frage: Was hoffte die amerikanische Regierung durch die Eskalation von 1968/69 zu erreichen? Einige betrachten diese Eskalation lediglich als einen weiteren schwerwiegenden Irrtum des Pentagon und der CIA, doch es gibt Grund zur Skepsis. Der Zweck der Bombardements scheint es zu sein, die vom Pathet Lao gelenkte Zivilbevölkerung zu zerstören, wobei durchaus möglich ist, daß die USA auch in Laos eine Politik auf zwei Ebenen verfolgen: massive Zerstörung in Gebieten, die außerhalb der Reichweite der von Amerika kontrollierten Armeen liegen, und, wo immer dies durchführbar ist, die Verlegung der Bevölkerung in Flüchtlingslager und urbane Slums. So sahen jedenfalls die Folgen der amerikanischen Eskalation aus, und es ist wahrscheinlich, daß dies, wie in Vietnam, von vornherein die beabsichtigte Wirkung gewesen ist.

Um sich die Allwetter-Bombardierung Nordvietnams zu erleichtern, wurden in Nord-Laos moderne Navigationsanlagen aufgebaut. Eine davon, nahe Phou Pha Thi gelegen, wurde der amerikanischen Öffentlichkeit bekannt, als sie am 11. März 1968 vom Feinde überrannt wurde. Die Anlage lag auf einer Bergspitze nur rund 30 Kilometer von der Grenze nach Nordvietnam. Auf amerikanischer Seite gab es Verluste, aber sie wurden geheimgehalten. Die Basis war 1966 errichtet worden, neben anderen solchen Anlagen, die aber geheim blieben. Darüber hinaus hat die CIA versucht, in diesen seit

2 Sidney Schanberg, in: *New York Times* vom 7. Mai 1970.

langem schon der Verwaltung der Pathet Lao unterstehenden Territorien Guerilla-Stützpunkte einzurichten.[3]

Außerdem haben die Vereinigten Staaten starke Söldnereinheiten – das Wort ist durchaus zutreffend – aus Südkorea, Thailand und den Philippinen wie auch chinesische und kambodschanische Söldner eingesetzt. Ihre Truppenstärke beläuft sich, zusammengenommen mit den Truppenkontingenten aus Australien und Neuseeland und auf mehrere Jahre gerechnet, ungefähr auf die gleiche Zahl wie diejenige der Nordvietnamesen, die den Behauptungen der Amerikaner zufolge in Südvietnam operieren. Natürlich sind alle diese Streitkräfte und ihre Feuerkraft im Vergleich zur amerikanischen Besatzungsarmee, selbst wenn man die Soldaten des Pazifischen Marine- und Luftkommandos abrechnet, die von ihren günstig gelegenen Stützpunkten aus zum Einsatz kommen, recht gering.

Während der sechziger Jahre versuchte Prinz Sihanuk mit beachtlichem Erfolg, Kambodscha vor dem sich immer weiter ausbreitenden Indochina-Krieg zu verschonen. Dennoch ist der Krieg bis in den Osten Kambodschas vorgedrungen. Wer in seinen Informationen auf die Propaganda der amerikanischen Regierung angewiesen ist, hat vielleicht die Vision von einer Invasion Kambodschas durch unvorstellbar große nordvietnamesische Truppenverbände vor Augen. Doch das ist alles andere als die Wahrheit. Da amerikanische »Säuberungsaktionen« zu Lande und Bombardierungen aus der Luft weite Landstriche Vietnams verwüsteten, haben die vietnamesischen Widerstandskräfte Zuflucht in den kaum besiedelten Gebieten Ost-Kambodschas gesucht, die mehr und mehr als Erholungsstützpunkt, möglicherweise auch als Kommandoposten Verwendung fanden. Gleichzeitig haben die US-

3 Viele dieser Informationen sind im Bericht des Symington-Unterausschusses vorgelegt worden: vgl. *Hearings before the Subcommittee on United States Security Agreements and Commitments Abroad of the Committee on Foreign Relations, United States Senate, 91st Congress, 1st Session, October 20-28, 1969.* Andere Einzelheiten stammen aus Interviews mit Flüchtlingen und Augenzeugenberichten von Journalisten und anderen, die sich in den bombardierten Gebieten aufgehalten haben.

Streitkräfte wie die ihrer Verbündeten und Kollaborateure heftige militärische Angriffe gegen Kambodscha vorgetragen. Dafür gibt es nur dürftige Beweise, aber was inzwischen vorhanden ist, stützt diese allgemeinen Schlußfolgerungen. Die früheren Stadien der Operationen werden von dem britischen Indochina-Kenner Michael Leifer folgendermaßen beschrieben:

> »Seit Anfang 1960 war von Saigon und später von Washington die Beschuldigung erhoben worden, daß den Vietcong kambodschanisches Territorium als Schlupfwinkel diene. Prinz Sihanuk hatte diese Vorwürfe stets entschieden zurückgewiesen, und die Dementis waren durch Untersuchungsergebnisse der Internationalen Kontrollkommission für Kambodscha, durch westliche Journalisten und sogar durch in Pnom Pen residierende westliche Militärattachés auch immer bestätigt worden.«[4]

Im Juli 1966 untersuchte ein amerikanisches Untersuchungsteam spezielle, von der US-Regierung erhobene Anschuldigungen und stellte fest, daß sie jeder Grundlage entbehrten.[5]

4 Michael Leifer, *Rebellion or Subversion in Cambodia,* in: *Current History,* Februar 1969.

5 *Is Cambodia Next?* Washington, D. C., Russell Press, 1967. Auch ein ABC-Fernsehteam war nicht imstande, die amerikanischen Vorwürfe zu bestätigen. Beiden Gruppen stand es frei, innerhalb Kambodschas überallhin zu reisen; sie überprüften einige geographische Punkte, von denen behauptet worden war, daß insbesondere hier Ausgangslager errichtet worden seien und Transitwege hindurchführten. Vgl. auch Anmerkung 8. Der australische Journalist Maslyn Williams ging auf einer erst kürzlich unternommenen Reise speziellen Behauptungen amerikanischer Militärs nach und fand sie völlig gegenstandslos, obwohl ihm Berichte über ein Vietcong-Lager zu Ohren gekommen waren, das »in einem Gebiet gelegen sein soll, in dem nur Nomaden leben« (*The Land in Between.* William Morrow & Co., New York, 1970, S. 221). Er gibt die kambodschanische Ansicht wieder, wonach der Grund dafür, daß sich die amerikanischen Behauptungen gewöhnlich als falsch herausstellen, darin bestehe, daß die Amerikaner sich auf die Berichte lokaler Agenten stützen, »die die Verpflichtung fühlen, als Gegenleistung für ihre Bezahlung gute Geschichten zu liefern«. Dies wird wohl der Wahrheit entsprechen, doch ist das nur ein geringer Trost für die Dorfbewohner, deren Häuser bombardiert werden.

Jedoch war das Team zufällig einmal unmittelbar nach einem amerikanischen Hubschrauberangriff auf das kambodschanische Dorf Thlok Trach zur Stelle, und sein hierüber veröffentlichter Bericht, der sich zudem auf Informationen stützen konnte, die von offiziellen kambodschanischen Stellen gegeben worden waren, erwähnte auch andere, ähnliche Angriffe auf Dörfer. Der Angriff auf Thlok Trach wurde von den Vereinigten Staaten zunächst geleugnet, mußte jedoch schließlich zugegeben werden, da Augenzeugen (einschließlich eines Fernsehteams des CBS) anwesend gewesen waren. (Dies ist, nebenbei bemerkt, das Muster, nach dem gewöhnlich vorgegangen wird. Um nur den jüngsten Fall anzuführen: Die Bombardierung Nordvietnams vom 1. Mai 1970 wurde zwar von der US-Regierung zugegeben, allerdings erst, so scheint es, nachdem der Bericht eines amerikanischen Journalisten, Robert Boyd, eingetroffen war, der sich zufällig in der Nähe des Schauplatzes der Bombardements aufgehalten hatte.)[6]

Von kambodschanischer Seite werden viele andere solcher Vorfälle berichtet. Zum Beispiel drang am 24. Februar 1967 »eine große Zahl bewaffneter Einheiten, Amerikaner, Südvietnamesen und Südkoreaner, auf kambodschanisches Territorium vor und eröffnete schweres Feuer gegen die das Dorf Duan Roth verteidigenden Khmer-Verbände ... Noch am gleichen Tag ... bombardierten Flugzeuge derselben Streitkräfte das Khmer-Dorf Chrak Kranh schwer ... [das] darauf von südvietnamesischen und US-Truppen eingenommen und

6 Einzelheiten liegen noch immer im dunkeln, doch scheint dies die Reihenfolge der Ereignisse gewesen zu sein, wie sie sich auch nach einer Meldung des *Boston Globe* und der *New York Times* vom 3. Mai 1970 rekonstruieren läßt. In einer Erklärung vom 2. Mai, in der Minister Laird die Möglichkeit einer Wiederaufnahme der Bombardierungen Nordvietnams erläuterte, erwähnte er mit keinem Wort den bereits stattgefundenen Angriff. Später dann gab das Pentagon den Angriff zu (vermutlich, nachdem Boyds Story eingegangen war), behauptete jedoch, daß es sich dabei um eine »vorbeugende Reaktion« gegen Flugabwehrstellungen gehandelt habe. Boyd berichtet, daß er einige Dutzend Explosionen gehört habe, jedoch kein Abwehrfeuer, und daß er von den angeblichen Flugabwehrkanonen keinen Rauch aufsteigen sah.

niedergebrannt wurde«. Diese Truppen hielten das Dorf bis zum 3. März besetzt.[7]

Offiziellen kambodschanischen Statistiken bis Mai 1969 zufolge waren die Vereinigten Staaten und ihre Verbündeten für 1864 Grenzverletzungen, 165 Verletzungen der Dreimeilen-Zone zur See, 5149 Verletzungen des Luftraums, für 293 Tote in Kambodscha und 690 kambodschanische Verwundete verantwortlich.[8]

In einem Bericht über Ereignisse des Jahres 1967 schreibt Roger Smith, daß die Beziehungen zwischen Kambodscha und den Vereinigten Staaten »wegen periodisch wiederkehrender südvietnamesischer und amerikanischer Bombenangriffe gegen kambodschanische Dörfer entlang der Grenze nach Südvietnam, wegen bewaffneter Übergriffe von thailändischem Boden aus und wegen einer zum Jahresende gemeldeten, von den Südvietnamesen verhängten Blockade der Mekong-Schiffahrt nach Phnom Penh« gespannt seien.[9]

7 *United Nations Document S/7820* v. 15. 3. 1967, zitiert nach *Is Cambodia Next?*

8 T. D. Allman, *Far Eastern Economic Review* vom 26. Februar 1970, zitiert nach einem Informationsgespräch über die Situation Kambodschas in *Vietnam International,* April 1970, 6 Endsleigh Street, London WC1. Allman stellt fest, daß die Zahlen weiterhin angestiegen sind und daß längst nicht alle derartigen Zwischenfälle berichtet werden. Weitere Einzelheiten werden in einem Weißbuch der kambodschanischen Regierung vom 3. Januar 1970 mitgeteilt. Der Bericht hebt auch hervor, daß nach US-Saigoner Bombardierungen und Bodenangriffen kein einziger gefallener Vietcong gefunden worden sei. Beweise für amerikanische Entlaubungsaktionen in Kambodscha finden sich in *Report on Herbicidal Damage by the United States in Southeastern Cambodia* von A. H. Westing, E. W. Pfeiffer, J. Lavorel und L. Matarasso, 31. Dezember 1969, Phnom Penh, in: T. Whiteside (Hrsg.): *Defoliation.* Ballantine Books, New York, 1970. Sie bemerken beiläufig, daß trotz »einer einwöchigen, freien und ungehinderten Reise im Kraftfahrzeug, zu Fuß und im in Bodennähe fliegenden Flugzeug durch Hunderte von Kilometern Grenzgebiet wir keinerlei Anhaltspunkte für Vietcong-Aktivitäten in Kambodscha feststellen konnten; noch wurde in unseren wiederholten Gesprächen mit Kambodschanern und Europäern, die entlang der Grenze leben, ein Hinweis auf irgendwelche Aktivitäten dieser Art gegeben«. Was sie allerdings berichten, sind schwere Schäden durch Entlaubungsmittel, die bei direktem und offenbar absichtlichem Überfliegen kambodschanischen Gebiets versprüht werden.

9 *Cambodia: Between Scylla and Charybdis,* in: *Asian Survey,* Januar 1968.

Zusätzliche Probleme wurden durch die Aktivitäten der Khmer Serei (Freie Khmer) geschaffen, die Anfang des Jahres 1966 »Kambodscha den Krieg ankündigten und sich für Grenzübergriffe verantwortlich erklärten«.[10]
Berichten zufolge wurden die Khmer Serei von einem Abenteurer namens Songsak angeführt, der aus Kambodscha geflohen sei, indem er den Piloten eines Aeroclubs (der im übrigen sämtliche Gelder mitgehen ließ) und den »Faschisten« Son Ngoc Thanh bestochen habe, der unter den Japanern kambodschanischer Regierungschef gewesen war, nachdem er den größten Teil des Zweiten Weltkrieges in Tokio verbracht hatte, und der später zur CIA überwechselte und dieser treue Dienste erwies – ein Beispiel, wie es nicht eben ungewöhnlich ist.[11] Diese Gruppe setzt sich aus Kambodschanern zusammen, die von den amerikanischen Special Forces in Südvietnam ausgebildet worden sind und von Stützpunkten in Südvietnam und Thailand aus gegen Kambodscha operierten.[12] Wir werden gleich auf diese interessante Organisation und ihre jüngsten Unternehmungen zurückkommen.

10 Michael Leifer, *Cambodia,* in: *Asian Survey,* Januar 1967.

11 Der Diktator Thailands unter japanischer Herrschaft zum Beispiel, der den Vereinigten Staaten sogar den Krieg erklärt hatte, wurde nach einer von den Amerikanern unterstützten Machtübernahme durch die Militärs im Jahre 1948 wieder eingesetzt: Der Liberale Pridi Phanomyong, der während des Krieges gegen die Japaner mit der OSS zusammengearbeitet hatte und später die einzigen relativ freien Wahlen in Thailand vom Jahre 1946 ohne Schwierigkeiten gewinnen konnte, fand bald seinen Weg ins kommunistische China, wo er sich nach jüngsten Berichten noch immer aufhält. Es sollte allerdings angemerkt werden, daß die enge Beziehung eines südostasiatischen Politikers zu den Japanern für sich genommen sehr wenig beweist, da es hierfür verschiedenartige Motive geben kann, einschließlich einer oppositionellen Haltung gegenüber dem westlichen Kolonialismus.

12 Diese Beschreibung Son Ngoc Thanhs und Songsaks wird von Daniel Roy gegeben (*Le Coup de Phnom Penh,* in: *Le Monde diplomatique* vom April 1970). Andere Quellen weisen darauf hin, daß Songsak ein Millionär sei, der es nicht nötig gehabt habe, sich mit einem kleinen Diebstahl abzugeben, und daß Son Ngoc Thanh eigentlich nur ein apolitischer Opportunist sei. Zum Beispiel deutet der englische Journalist Michael Field in seinem Buch *The Prevailing Wind;* London, Methuen, 1965, an, daß Thanh sich immer nur dann den Vietnamesen und Thais zuwandte (d. h. den von den Amerikanern gestützten rechtsgerichteten Diktaturen), wenn er keine anderweitige Unter-

Das Weißbuch der kambodschanischen Regierung vom Januar 1970 (siehe Anmerkung 8) behandelt Ereignisse bis zum Mai 1969. Seither hat es eine Vielzahl weiterer Zwischenfälle gegeben. Der amerikanische Biologe Arthur Westing, der eine Untersuchung der amerikanischen Entlaubungsaktionen in Kambodscha durchgeführt hat (vgl. Anmerkung 8), inspizierte den Schauplatz eines derartigen Vorfalls, kurz nachdem er sich – im November 1969 – zugetragen hatte, und beschreibt ihn als ein »ganz besonders niederträchtiges« Beispiel. Ein Dorf wurde angegriffen, und Häuser, eine Schule, Viehherden, ein auf dem Dach mit einem unübersehbar großen roten Kreuz kenntlich gemachtes Hospital sowie ein deutlich als solcher gekennzeichneter Ambulanzwagen, der versuchte, die Verwundeten aufzulesen, wurden sämtlich durch Bomben, Raketen und Napalm zerstört. Die ICC (Internationale Kontrollkommission) konnte keine Anhaltspunkte für die Anwesenheit von Vietcong-Verbänden feststellen, ebensowenig wie die USA irgendwelche photographischen (oder sonstige) Beweise dafür beizubringen vermochten – trotz täglicher Aufklärungsflüge. Der Geschäftsträger der USA mutmaßte, daß »unsere Piloten ihre klare Besonnenheit verloren« haben müßten – für etwa achtundvierzig Stunden. Westing äußert die Vermutung, daß der Angriff »eine Bestrafungs- und Vergeltungsmaßnahme« gewesen sei, »der auf die Zerstörung eines US-Hubschraubers vom 24. Oktober vergangenen Jahres erfolgt sei und insbesondere auf den Ver-

stützung bei seinem Bemühen erhalten konnte, gegen den weitaus populäreren Sihanuk zu opponieren. Wer mit der kambodschanischen Innenpolitik vertraut ist, betrachtet die westlichen Beobachtern zugänglichen Informationen ihrer Qualität nach als überaus zweifelhaft und ungesichert, so daß jeder Versuch einer eingehenden Interpretation sicher mit gebührender Zurückhaltung behandelt werden muß.

Das Zusammenspiel der CIA mit den Khmer Serei kann indessen nicht bezweifelt werden. Bestimmte Einzelheiten hierzu drangen durch die unlängst durchgeführte Zeugenvernehmung des Green-Beret-Offiziers John J. McCarthy, Jr., der wegen der Ermordung eines Angehörigen der Khmer Serei verurteilt worden war, an die Öffentlichkeit. Vgl. *New York Times* vom 28. Januar 1970.

lust einer US-Maschine vom Typ F-105 am 14. November, die beide im Verlauf eines Luftangriffs auf Dak Dam abgeschossen wurden, bei dem geflissentlich und rücksichtslos die Neutralität Kambodschas mißachtet worden war«.[13] Die amerikanische Regierung entschuldigte sich und zahlte 11 400 $ Wiedergutmachung. Ich werde weiter unten auf andere Vorkommnisse aus jüngster Vergangenheit zurückkommen, von denen am Schauplatz anwesende Amerikaner berichtet haben.

Wie im Falle von Laos muß man sich auch hier die Frage vorlegen, was die USA mit diesen wiederholten Angriffen auf Kambodscha zu erreichen hofften, bei denen, soweit bekannt ist, kein einziger Vietcong oder Nordvietnamese getötet wurde und an keiner einzigen vietnamesischen militärischen Einrichtung jemals Schaden entstand. Wiederum ist es möglich, daß »unzutreffende Berichte des Geheimdienstes« dafür verantwortlich sind. Ich vermute allerdings, daß die Luft-, See- und Bodenangriffe zum größten Teil willkürlichen Charakter hatten oder Racheakte waren, wie im Falle jenes Ereignisses, von dem Westing berichtet hat. Das amerikanische Militär gesteht niemandem das Recht zu, das eigene Territorium gegen amerikanische Angriffe oder Verletzungen des Luftraums zu verteidigen oder amerikanischen Plänen dadurch in die Quere zu kommen, daß man Gebiete besiedelt, die von der amerikanischen Regierung zur Entlaubung ausersehen oder als Kraterlandschaften vorgesehen sind. Und wenn solche Menschen aggressiv auf diesen Rechten bestehen sollten, glauben die Verantwortlichen der USA, völlig freie Hand in der Wahl der Mittel zu haben, mit denen sie darauf reagieren. Wo überhaupt Beweise vorliegen, scheint es, daß die amerikanischen Angriffe auf Kambodscha von derartigen Überlegungen geleitet waren, wenngleich man wohl in einigen Fällen (offenbar fälschlich) angenommen hat, man greife militärische Ziele der Vietnamesen an.

Ein in Phnom Penh lebender Europäer schilderte einem

13 Brief in *New Republic* am 28. März 1970.

Reporter kurz vor dem unlängst stattgefundenen Staatsstreich einen Besuch in Svay Rieng, einer Stadt im Gebiet des »Papageienschnabels«, fünf Kilometer vom grenznächsten Punkt entfernt:

> »Während der Mittagszeit kam ein amerikanisches Flugzeug herüber und flog einen Looping über dem Haus des Gouverneurs. Es flog sodann eine kambodschanische Flagge an, die im Vorgarten flatterte. Ein Polizist zog seine Pistole und gab einige Schüsse auf das Flugzeug ab. Hätte er es getroffen, dann wären, wie ich annehme, die Amerikaner zurückgekommen und hätten die gesamte Stadt mit Napalm belegt.«[14]

Übertreibung oder Scherz? Das wird man angesichts der vorliegenden Zeugnisse über amerikanische Militäraktionen[15] schwerlich behaupten können. Sehr wahrscheinlich haben manche, wenn nicht gar die meisten solcher Angriffe auf Kambodscha eine derartige Vorgeschichte.
Der erste Fall, in dem nachgewiesen werden konnte, daß der Vietcong innerhalb Kambodschas Stützpunkte eingerichtet hatte, wurde im November 1967 gemeldet, als amerikanische Journalisten behaupteten, sie seien vier Meilen innerhalb kambodschanischen Territoriums auf ein Vietcong-Lager gestoßen.[16]
Seit dieser Zeit haben Vietcong und NVA-Verbände nach intensiven Bombenangriffen und amerikanischen Säuberungsaktionen zu Lande im Ostteil Kambodschas Zuflucht gesucht, wobei sie diese Territorien in der gleichen Weise verwende-

14 Allman, *Far Eastern Economic Review* vom 26. Februar 1970.
15 Zahllose Beispiele hierfür, die Presseberichten entnommen sind, finden sich in der Broschüre *In the Name of America;* Annandale, Va., Turnpike Press 1968, veröffentlicht von der Gesellschaft Clergy and Laymen Concerned About Vietnam. Willkürliche Terror-Bombardements gegen Zivilisten sind sogar seit vielen Jahren von Stellen berichtet worden, die dem Pentagon überaus freundlich gesonnen sind. Vgl. zum Beispiel Richard Tregaskis, *Vietnam Diary.* New York, Holt, Rinehart & Winston, 1963.
16 Vgl. Leifer, *Rebellion or Subversion in Cambodia.*

ten, wie die USA Thailand, Vietnam, die Philippinen, Taiwan, Japan, Okinawa, Guam, Hawaii, die Meere Asiens und den Pazifik benutzen. (Die Analogie ist natürlich sehr ungenau, da die Vietnamesen offensichtlich über nichts verfügen, was jenen Reserven der USA gleichwertig wäre, die diese gegen die Völker Vietnams, Laos' und jetzt auch Kambodschas einsetzen.) T. D. Allman, einer der kenntnisreichsten und wagemutigsten der heute in Kambodscha tätigen amerikanischen Korrespondenten, schildert die Situation folgendermaßen:

»... obgleich Zehntausende kommunistischer vietnamesischer Soldaten seit langem auf kambodschanischem Boden stehen, halten sie sich in den Grenzgebieten versteckt und haben bisher nur wenige Schwierigkeiten verursacht... Dies Arrangement bedeutete zwar die Anwesenheit fremder Truppen auf kambodschanischem Boden, aber es hat Kambodscha auch als einzigem unter seinen Nachbarländern den Vorteil gebracht, daß es den Gefahren des Vietnamkrieges entrinnen konnte, ohne daß seine Landschaft verwüstet und seine Bevölkerung Grausamkeiten ausgesetzt wurde.«[17]

Ich kann hier auf die Heuchelei der amerikanischen Regierung wie ihrer Propagandisten und Apologeten mit ihren Hinweisen auf »Stützpunkte« nicht noch näher eingehen. Die vielleicht zutreffendste Bemerkung wurde in diesem Zusammenhang von Prinz Sihanuk nach dem Putsch gemacht:

17 *Anatomy of a Coup*, in: *Far Eastern Economic Review* vom 9. April 1970, eine glänzende Analyse der unmittelbaren Hintergründe des Staatsstreichs vom 18. März. Eine noch weiter zurückreichende Analyse der Ereignisse, die zu dem Putsch führten, findet sich in dem oben zitierten Artikel Daniel Roys. Diese Ereignisse sind von Jean Lacouture in den hierfür relevanten historischen Kontext eingebracht worden: *Opération – suicide*, in: *Le Nouvel Observateur* vom 20. April 1970. Für weitere Informationen s. die oben zitierten Artikel von Michael Leifer und auch Roger M. Smith, *Prince Norodom Sihanouk*, in: *Asian Survey*, Juni 1967, sowie die bereits genannten Aufsätze.

»Der Zynismus der US-Führung erreichte seinen Höhepunkt, als sie verlangte, daß die Widerstandskräfte unserer drei Völker [Vietnam, Laos und Kambodscha] als Gegenleistung für den teilweisen Abzug amerikanischer Streitkräfte ihre Länder verlassen, und insbesondere, indem unser Widerstand auf eigenem Boden kurzerhand zur ›Intervention durch das Ausland‹ erklärt wurde. Wohin aber sollen unsere Befreiungsarmeen denn gehen? Etwa in die Vereinigten Staaten?«[18]

Sihanuk hat ganz recht. Wenn Präsident Nixon sich auf den Mangel an Aufrichtigkeit auf seiten der »Nordvietnamesen« (ein Ausdruck, der sich in der amerikanischen Propaganda als Deckname für Kambodschaner, Laoten, Südvietnamesen und Nordvietnamesen eingebürgert hat, die sich hartnäckig weigern, amerikanischen Weisungen zu gehorchen) in Laos, Kambodscha und in Südvietnam bezieht, auf ihre fortgesetzte Aggression trotz der Truppenabzüge der Amerikaner, die jetzt in Südvietnam eine Streitmacht belassen, die erheblich größer ist als die gesamte nordvietnamesische Armee, dann ist die Bedeutung dieser Worte wohl darin zu suchen, daß diese »Aggressoren« sich bislang geweigert haben, sich den rechtsgerichteten, von den Vereinigten Staaten eingesetzten Regierungen, und den einheimischen Militärstreitkräften, die sie organisieren, ausbilden, mit Nachschub versorgen, bezahlen

18 Rede auf der Schlußsitzung der Gipfelkonferenz der Völker Indochinas, die am 25. April 1970 an einem unbekannten Ort in Südchina stattfand, übersetzt und geringfügig gekürzt von Maria Jolas. Ich benutze ihre Übersetzung sowie einige Sätze, die von Stanley Karnow in der *Washington Post* vom 1. Mai zitiert werden.
Prinz Sihanuk fährt fort mit der Frage: »Sind die US-Aggressoren durch irgendeinen Akt des Heiligen Geistes reinblütige Indochinesen geworden? Wer hat den Krieg in Laos und Kambodscha eskaliert? Von welchem Flugplatz (ganz gewiß nicht von Gia Lâm) steigen Maschinen zu den täglich eintausend Luftangriffen über Laos auf? Sind die ›Columbia Eagle‹- und ›Caribou‹-Flugzeuge, die ein ganzes Waffenarsenal für Lon Nol und Sirik Matak und ihre Söldner einfliegen, etwa von General Giap geschickt? Und die Hunderte von ›Sonderberatern‹ der CIA, die in Vientiane eingetroffen sind – sind sie ein ›Präsent‹ von Premierminister Pham Van Dong?«

und »beraten«, zu ergeben. Mit demselben Recht hätte Hitler sich über die Aggression des französischen Maquis auslassen können, die nun allerdings von den Engländern versorgt und beraten wurden, und Tojo sich über den Mangel an Ehrlichkeit seitens der chinesischen Banditen ereifern können, die es ablehnten, sich der Herrschaft von Wang Ching-wei zu unterwerfen, den die Japaner 1940 als Marionette eingesetzt hatten.

Immerhin war Wang Ching-wei zumindest noch ein führender chinesischer Nationalist und kein General Thieu. Und die Deutschen ließen keine Expeditions-Streitmacht aufmarschieren, die auch nur entfernt an amerikanische Größenordnungen herangereicht hätte, um die Herrschaft der Vichy-Regierung sicherzustellen. Es kann nicht nachdrücklich genug unterstrichen werden, daß das Bemerkenswerte am Indochina-Krieg die Unfähigkeit der amerikanischen Invasoren ist, einheimische Regierungen einzusetzen, die wirklich zu regieren und ihre Gesellschaften mit eigenen Mitteln zu kontrollieren verstehen. In dieser Hinsicht fallen die Vereinigten Staaten in Indochina hinter ihre erlauchten Vorgänger zurück, wenngleich das amerikanische Weiße Haus es mit ihnen an Zynismus spielend aufnehmen kann und sämtliche Konkurrenten der jüngsten Zeit in seinem Vertrauen auf Gewalt und Terror überbietet.

II.

Um wieder auf Kambodscha zurückzukommen: Das Land wurde schließlich nach und nach doch in den Indochina-Krieg hineingezogen, obwohl es Prinz Sihanuk durch einen heiklen Balanceakt gelungen war, seine Neutralität zu wahren und es vor dem Terror zu retten, der Vietnam und Laos verwüstete. Der Gegensatz zwischen Kambodscha und seinen unmittelbaren Nachbarn wurden von T. D. Allman 1970 folgendermaßen beschrieben:

»Wenige Tage später überflog ich in einer Verkehrsmaschine die Svay-Rieng-Provinz. Aus der Luft zeichnet sich die Grenze nun ganz deutlich ab: jenseits des Papageienschnabels, der bestellten Reisfelder und sauberen kambodschanischen Dörfer, ist das Land schrundig und zerfetzt durch buchstäblich Hunderttausende von Bomben und Granaten. An manchen Stellen haben die jahraus, jahrein, Tag und Nacht geflogenen Bombenangriffe die Konturen der Landschaft verändert; kleine Flußläufe haben, indem sie Kilometer auf Kilometer die Krater mit Wasser auffüllten, Seen gebildet. Über all dieser Verwüstung, entlang und ein kurzes Stück noch jenseits der kambodschanischen Grenze, kreisen unablässig amerikanische Hubschrauber und Flugzeuge, die ihre Maschinengewehre und Bordkanonen abfeuern und Bomben werfen.«[19]

Der Putsch vom 18. März gegen Sihanuk bezeichnete das Ende einer Periode immerhin recht wirksamer Neutralität. Mit Sicherheit läßt sich vorhersagen, daß der Grenzverlauf nicht länger derart klar eingeschrieben bleiben wird.

Ganz offensichtlich war es der Militärputsch vom 18. März, der die Situation Kambodschas in Unsicherheit stürzte und eine völlig neue Situation innerhalb des Landes schuf. Es könnte sich erweisen, daß er die langjährigen Beziehungen der Völker Indochinas untereinander ausschlaggebend in Mitleidenschaft gezogen hat. Kambodscha besteht, gleich den anderen Staaten dieser Region, aus einem Völkergemisch. Die überwiegende Mehrheit seiner Bevölkerung von insgesamt etwa sieben Millionen Menschen stellen die Khmer (eine Bezeichnung, die oft als Synonym für »Kambodschaner« gebraucht wird), doch gibt es daneben nicht unbedeutende chinesische und vietnamesische Minderheiten von vielleicht je etwa einer halben Million, zu denen noch einige Bergstämme kommen. Viele Vietnamesen wurden von den Franzosen nach Kambodscha (wie auch nach Laos) zur Arbeit auf den

19 *Far Eastern Economic Review* vom 26. Februar 1970.

Gummiplantagen (oder in den Minen, wie in Laos) gebracht, jedoch auch zum Verwaltungsdienst für die Kolonialregierung herangezogen, oder aber sie kamen als private Geschäftsleute selbst ins Land, wobei es ihnen gelang, einen großen Anteil am lokalen Handel zu gewinnen. Die Franzosen machten sich die Minderwertigkeitsgefühle unter den einheimischen Khmer und Lao gegenüber den zugewanderten Vietnamesen zunutze und stärkten so diese Gefühle ohne Zweifel noch. Sie sind auch heute noch ein wichtiger Faktor in der Politik. Die Franzosen wandten das Standardverfahren der Kolonialpolitik an, Minoritäten oder Außenseiter zur Hilfe bei der Kontrolle der einheimischen Bevölkerung zu benutzen. Jean Lacouture beschreibt das französische Kolonialsystem als das einer »doppelten Herrschaft: die der [französischen] Administration über die drei vietnamesischen Regionen und die der vietnamesischen Kader über die beiden kleinen Länder im Westen [Laos und Kambodscha]«.[20] Der französische Indochina-Kenner Jean Chesneaux schreibt:

> »Wurden die Volksbewegungen in Kambodscha von den ›annamitischen Grenadieren‹ niedergeschlagen, so waren es die ›kambodschanischen Grenadiere‹, die zur Wiederherstellung der Ordnung unter den Vietnamesen am unteren Mekong eingesetzt wurden.«[21]

(Die Amerikaner tun genau dasselbe, wenn sie sich in Südvietnam auf die Khmer-Söldner verlassen – vgl. Anmerkung 31 – und die Saigoner Armee einsetzen, um die Ordnung in Kambodscha wiederherzustellen.)
Zugleich gibt es auch im westlichen Teil von Südvietnam eine Khmer-Minorität, die etwa 700 000 Menschen umfaßt und Chesneaux zufolge, durch Saigons Politik und Rassendiskriminierung unterdrückt, der NLF »massive Unterstützung« leistete.[22]

20 Lacouture, a.a.O.
21 *Le Monde diplomatique* vom Mai 1970.
22 Einer der Vizepräsidenten der NLF ist ein buddhistischer Mönch aus der

Er berichtet auch, daß sich die Khmer-Bauern an den jüngsten, von der Lon Nol-Regierung gegen die vietnamesische Minderheit in Kambodscha angezettelten Pogromen nicht beteiligt haben.
Beobachtungen wie diese legen nahe, daß stets die Möglichkeit zu friedlicher Zusammenarbeit zwischen den Völkern Indochinas besteht – den Viet, den Lao, den Khmer, den Chinesen und den Angehörigen der Bergstämme –, wenn die westlichen Imperialisten, deren Anwesenheit alle potentiellen Konflikte aufbrechen ließ, nur abzögen. Es ist in diesem Zusammenhang interessant, daß auf dem Kongreß der NLF vom Jahre 1962 die Forderung nach einem neutralistischen Block erhoben wurde, der Südvietnam, Laos und Kambodscha umfassen sollte. Die Vereinigten Staaten, in ihrer Hoffnung, Südvietnam in einen ›permanenten‹ Stützpunkt für ihre kolonialen Operationen umwandeln zu können, zeigten kein Interesse an diesem Vorschlag (obwohl sie ihn sogar offiziell zur Kenntnis nahmen).
Im Jahre 1965 berief Prinz Sihanuk eine »Konferenz der Völker Indochinas« nach Phnom Penh ein. Sie brachte Vertreter der Demokratischen Republik Vietnam (Nordvietnam), der NLF Südvietnams, des Pathet Lao, der regierenden Sangkum-Partei Kambodschas und anderer Südvietnamesen zusammen, »die sich der amerikanischen Hegemonie entgegenstellen«.[23] Sie hatte nur sehr wenig Erfolg, was durchaus verständlich ist, wenn man bedenkt, daß sie unmittelbar nach dem Einsetzen der intensiven und regelmäßigen Bombardierungen Süd- und Nordvietnams in den ersten Februartagen 1965 stattfand.
Als sich der Vietnamkrieg ausweitete, begannen sich Spannungen zwischen Sihanuk und dem Vietcong abzuzeichnen.

kambodschanischen Minorität, der sich der NLF nach einer Saigoner Säuberungsaktion in seiner Provinz im Jahre 1961 angeschlossen hat. Vgl. George M. Kahin und John W. Lewis, *The United States in Vietnam.* New York, Dial Press, 1967.
23 Lacouture, a.a.O.

Sihanuks Presse begann von einer Unterstützung des Vietcong für die kleinen einheimischen Guerilla-Gruppen, die sogenannten »Roten Khmer« oder »Khmer-Vietminh« zu sprechen. T. D. Allman, der über diese Entwicklungen im Februar 1970[24] berichtete, schilderte die Auseinandersetzungen als eher potentielle denn wirkliche Konflikte; sie seien vielleicht nur deshalb entstanden, weil Sihanuks »enorme Popularität auf dem Lande unvermindert anhält«.

Unmittelbar nach dem Putsch vom 18. März trat die Führung der »Roten Khmer« mit dem Angebot an Prinz Sihanuk heran, sich ihm im Kampf gegen den amerikanischen Imperialismus anzuschließen.[25] Sihanuk nahm dieses Angebot an und rief zum Guerilla-Krieg auf. In seiner Rede auf der Abschlußsitzung der Gipfelkonferenz der Völker Indochinas vom April 1970 in China (vgl. Anmerkung 18) erklärte Sihanuk, daß die imperialistische US-Aggression eine neue Einheit unter den Völkern Indochinas geschaffen habe:

> »Dieser Prozeß der Einigkeit und Kooperation entspricht dem Gang der historischen Entwicklung in gleicher Weise wie Entkolonisierung und Befreiung der unterdrückten Völker in der Dritten Welt. Noch gestern spalteten die Kolonialmächte diese Völker, um sie zu ›beherrschen‹, und sie waren nicht zur Entkolonisierung bereit, bis sie durch bewaffneten Widerstand dazu gezwungen wurden. Die einstigen Kolonialisten sind heute durch Imperialisten und Neokolonialisten ersetzt worden, und es besteht keine Hoffnung, durch Diplomatie, Verhandlungen, Konferenzen oder selbst freundschaftliche Neutralität der tödlichen Gefahr zu entgehen, die sie für uns darstellen. Wo immer diese Gefahr auftritt, ist allein bewaffneter Kampf das Mittel ihrer Beseitigung.«

24 *Far Eastern Economic Review* vom 26. Februar 1970.
25 Lacouture, a.a.O.

Seine abschließenden Worte lauteten: »Lang leben die vereinigten Völker Indochinas.«
Ob eine echte Einheit unter den indochinesischen Völkern erreicht werden kann, muß abgewartet werden. Einige der wohlinformiertesten Beobachter geben sich in dieser Beziehung optimistisch. Jean Chesneaux schreibt:

»Die Geschichte der Viet-Lao-Khmer-Beziehungen hat diesen Völkern nicht die Bürde territorialer Konflikte als Vermächtnis hinterlassen: Die im Zuge der Kolonisierung festgesetzten Grenzen sind nicht in Frage gestellt worden. Ihre moralischen Beziehungen untereinander sind ebenfalls von den Spannungen der Vergangenheit befreit worden ... Kambodscha ist heute durch den Eingriff von außen direkt in diesen Krieg gestürzt worden, dessen Initiatoren sich zweifelsohne vorher nicht über alle Konsequenzen im klaren gewesen sind: insbesondere nicht über das Aufkommen von Solidarität zwischen Vietnamesen, Laoten und Kambodschanern.«[26]

In der Vergangenheit hoffte Sihanuk mit gutem Grund, daß für die nächste Zukunft China der Garant einer kambodschanischen Neutralität gegenüber möglichen Übergriffen der Vietnamesen sein würde. China hat keine Veranlassung, in seinem Süden einen mächtigen Block geeinter Staaten zu wünschen, die entweder von außen oder von einem dominierenden Mitgliedsland kontrolliert werden, und dies genauso wenig, wie die UdSSR nach dem Zweiten Weltkrieg eine Balkan-Allianz unter Führung Titos mit Wohlwollen betrachtet hätten.[27] Folglich stellt China sich der amerikanischen Vorherrschaft in Indochina entgegen, wie es zweifellos auch

26 Chesneaux, a.a.O.
27 Wie wiederholt bemerkt wurde, war dies, und zwar ganz im Gegensatz zu Behauptungen der amerikanischen Propaganda, die bis auf diesen Tag erhoben werden, wahrscheinlich einer der Gründe dafür, warum Stalin in den vierziger Jahren den kommunistischen Guerillas in Griechenland keine Hilfe leisten wollte.

gegen eine Vorherrschaft der Thai oder Vietnamesen Front machen würde, wäre diese auch nur wahrscheinlich. Die amerikanische Propaganda kommt natürlich immer wieder darauf zurück, daß China in diesem Gebiet selbst herrschen oder die Herrschaft von der »Marionettenregierung« in Hanoi ausüben lassen möchte, wenngleich es für derartige Behauptungen keinerlei ernstzunehmende Beweise gibt. Sihanuk, in der Vergangenheit selbst leidenschaftlicher Antikommunist, scheint, zum Teil aus den soeben erwähnten allgemeinen Erwägungen heraus, aber zum guten Teil auch aufgrund der Haltung, die China seit Bestehen seines Regimes eingenommen hat, Vertrauen in die Absichten Chinas zu setzen. Michael Field bemerkt hierzu:

»... wie er [Sihanuk] immer wieder hervorhebt, hat sich China gegenüber Kambodscha stets vorbildlich verhalten; seine Unabhängigkeit und territoriale Integrität sind nicht vom chinesischen Koloß, sondern von Südvietnam und Thailand, den Spießgesellen des Westens, angetastet worden.«[28]

Nun hat Sihanuk natürlich ein direktes Bündnis mit der kambodschanischen Linken und China geschlossen, und es bleibt abzuwarten, wie sich die Situation unter diesen veränderten Bedingungen entwickeln wird, doch hat es sehr den Anschein, als würden die langfristigen Ziele Chinas unverändert bleiben, sogar jetzt noch, nachdem die populärste politische Persönlichkeit Kambodschas, der frühere antikommunistische Wortführer des kambodschanischen Nationalismus, zu einem Bündnis mit den Kommunisten getrieben worden ist.
Der unmittelbare Hintergrund für den Putsch vom 18. März in Kambodscha wird von T. D. Allman folgendermaßen beschrieben:

28 Field, a.a.O.

»Die Ursache für den Sturz Sihanuks ist wahrscheinlich darin zu suchen, daß er, obwohl er die Außenpolitik Kambodschas und sein Verhältnis zu Bauern und Arbeitern von Grund auf neu gestaltete, er der traditionalen Khmer-Elite zu viel freie Hand ließ, Ämter zu besetzen und ihre traditionelle Macht schließlich auch gegen ihn einzusetzen.«[29]

Der Bericht stellt ferner fest, daß das »einfache Volk Sihanuk auch weiterhin verehrte«, daß jedoch »eine winzige Minorität... Sihanuk am Ende zu Fall brachte«. Doch

»werden die neuen Herrscher, die sich nun eifrig daranmachen, sich an Macht und finanziellen Privilegien zurückzuholen, was ihnen von Sihanuk genommen worden war, einen wesentlich schwereren Stand haben, sich die Loyalität der Menschen auf dem Lande zu erhalten – wo alle asiatischen Revolutionen in Wirklichkeit beginnen und gewonnen werden. Indem sie in die Hand bissen, die sie fütterte, hat die winzige Gruppe der Aristokraten, Armeeoffiziere und Geschäftsleute, die Sihanuk stürzten, wahrscheinlich schon ihren eigenen Untergang besiegelt.«

Der Putsch, so schreibt Allman an anderer Stelle[30], war nicht nur kurzsichtig, indem er die heikle Balance zerstörte, die Sihanuk zu halten verstanden hatte, sondern entsprang auch eigensüchtigen Motiven. Die Hauptbeschwerde der winzigen Elite, die den Staatsstreich einfädelte, lautete, daß Sihanuk »die Aristokratie, die Bourgeoisie und die Armee ihres traditionellen Anteils an den Finanzgeschäften und ihres angestammten Platzes an der Sonne beraubt hat. Es war der Putsch einer Oberkaste und keine Revolution.«
Dieser Umstand muß gebührend gewürdigt werden; denn er

29 *Far Eastern Economic Review* vom 2. April 1970.
30 Ebenda, am 9. April 1970.

führt ja ein gutes Stück näher zu einer Erklärung für die amerikanische Invasion Kambodschas.
Der Putsch vom 18. März war die Kulmination einer sorgfältig vorbereiteten Reihe von Aktionen über viele Jahre hinweg, Aktionen, die die Stellung der – bestenfalls unbedeutenden – kambodschanischen Linken innerhalb der Regierung unterhöhlten.
Bei den Wahlen von 1966 wich Sihanuk von seiner bisher geübten Praxis ab, bestimmten Kandidaten seine Unterstützung zu geben. Angesichts der herrschenden gesellschaftlichen Verhältnisse in Kambodscha mußte das Resultat auf ganzer Linie in einem Sieg der korruptesten und reichsten Kandidaten bestehen, jener Kräfte also, die freigebig Bestechungsgelder, Protektion und Versprechungen austeilen konnten. Oder wie Jean Lacouture es formulierte: »Die Khmer-Gesellschaft erhielt jene Art durch Geld und feudale Verhältnisse manipulierter Repräsentation, wie sie ihr in dieser Phase ihrer Geschichte nur natürlich war.«
Die einzigen Ausnahmen waren drei linksstehende Delegierte – Hu Nim, Hu Yuon und Khieu Samphan –, die mit Leichtigkeit gewinnen konnten. Zu diesem Zeitpunkt schon wurde Sihanuk von seinem linksgerichteten Minister Chau Seng gewarnt, daß möglicherweise ein von Lon Nol eingefädelter Putsch von Rechts in Vorbereitung sei, doch fühlte Sihanuk sich offenbar stark genug, im Vertrauen auf die Loyalität und die Unterstützung seines Volkes, die Rechte unter Kontrolle zu halten. Schritt für Schritt unterwarf er sich dem wachsenden Druck der Rechten, der ebensosehr gegen seine ökonomischen Reformen gerichtet war wie gegen seine persönliche, auf der Unterstützung durch die Bauernschaft und durch das kleine städtische Proletariat basierenden Macht. Gegen Ende des Jahres 1969 war Sihanuks »Khmer-Sozialismus« zum großen Teil dementiert[31]; die wenigen Regierungsmitglie-

31 Über den eigentlichen Charakter des »Khmer-Sozialismus« schreibt Field, a.a.O. Einige Beobachter sehen in dem Konflikt zwischen den »Sozialisten« und jenen, die eine »Liberalisierung der Wirtschaft« befürworten, im wesentli-

der vom linken Flügel sind inzwischen entfernt worden. Entwicklungen, die weitgehend als ein interner Machtkampf innerhalb der kambodschanischen Elite gewertet werden müssen.

Während sich innerhalb der Regierung dieser Umschwung nach Rechts vollzog, verfolgte die radikale Linke in den Städten mehr eine Aktivistenpolitik mit Demonstrationen und Agitation der Bevölkerung; in ländlichen Gebieten wurden Rebellenverbände aufgestellt. Die Intensivierung des Vietnamkrieges und sein Übergreifen auf Kambodscha trug gleichermaßen dazu bei, die Polarisierung innerhalb dieses Landes, das nun nur noch von Sihanuks persönlicher, volkstümlicher Macht zusammengehalten wurde, zu beschleunigen.

Wenige Monate vor dem Putsch begannen die Khmer Serei nach Kambodscha überzuwechseln und sich mit ihren Waffen und Ausrüstungen der kambodschanischen Armee anzuschließen. Im nachhinein will es ganz so scheinen, als seien die Khmer Serei das Trojanische Pferd gewesen, das die kambodschanischen Streitkräfte infiltrierte, und dies womöglich auf Betreiben der CIA, um den rechtsgerichteten Elementen, die sich für den Putsch gegen Sihanuk bereitmachten, Rückhalt zu geben.[32]

chen einen Kampf zwischen Elementen der kambodschanischen Elite. Andere wieder betrachten den »Khmer-Sozialismus« als einen Schritt auf dem Wege zu einer egalitären und modernen Gesellschaft im Rahmen des spezifischen Kontexts kambodschanischer Geschichte und Kultur. Ich verfüge nicht über hinreichende Kenntnisse, um hierüber eine Beurteilung zu versuchen.

32 Siehe hierzu und zu weiteren Einzelheiten Roy, a.a.O. Unter den derzeitigen amerikanischen Verbündeten in Kambodscha sind auch, organisiert in der »Nationalen Befreiungsfront der Khmer von Kampuchea Khrom« (K. K. K.), etliche tausend »Semi-Piraten, Semi-Söldner« der Khmer-Minorität in Südvietnam. Die Geschichte dieser Befreiungsfront ist interessant. Sie wurde »zur Zeit der japanischen Okkupation gebildet, dann, während des ersten Indochinakrieges, stellte sie Söldner für die Franzosen und nun, während des zweiten, für die Amerikaner . . .«. Ihr Führer, Kim Keth, ein ehemaliger französischer Fallschirmjäger, erklärte, daß sie »das Fleisch von Vietnamesen sehr gern essen, insbesondere die Leber, das beste Stück«. Vgl. Jean-Claude Pomonti, in: *Le Monde* vom 25. April 1970.

Die Anwesenheit der Söldner wurde eine Woche später von der amerikanischen Presse bemerkt. Die *New York Times* vom 3. Mai stellt fest, daß in der

Am 4. März übernahm General Lon Nol, damals Präsident des Ministerrates und Verteidigungsminister, noch zusätzlich den Posten des Informationsministers, wodurch er die Kontrolle der Presse, des Rundfunks und des Fernsehens an sich brachte. Wenige Tage später organisierte die Armee in der Provinz Svay Rieng antivietnamesische Demonstrationen und inszenierte eine Demonstration in Phnom Penh, wo Soldaten in Zivil die Botschaften der RSV und DRV plünderten. Sihanuk, der gerade auf einem Staatsbesuch in Paris war, erkannte sehr wohl die sich hier auftuende Gefahr für seine Regierung und stellte zu dem Geschehen fest:

> »Wenn ich keine befriedigende Zusage erhalten sollte, daß die Kommunisten die Neutralität Kambodschas respektieren, werde ich zurücktreten. Eine Machtprobe zwischen dem extremen rechten Flügel und mir ist jetzt sehr wahrscheinlich.«

Sihanuk sprach dann von der Möglichkeit eines Staatsstreiches, der vielleicht von General Lon Nol geführt würde, und bemerkte ferner, daß viele Armeeoffiziere naturgemäß ganz rechts stünden und »sehnsuchtsvoll auf amerikanische Hilfe

voraufgegangenen Nacht 2000 ihrer gut bewaffneten Mitglieder nach Phnom Penh eingeflogen worden seien (Kim Keth, dessen Behauptung zufolge die K. K. K. über 4500 bewaffnete Mitglieder verfügen soll, kam in Wirklichkeit schon im Jahre 1956 nach Kambodscha, wo er dann, wie er behauptete, bis zu ihrer Schließung Dolmetscher für die amerikanische Botschaft in Phnom Penh gewesen sei, worauf er dann Schauspieler wurde). Kim Keth erklärt, daß sie Sihanuk gehaßt hätten. Aus anderen Quellen verlautet, daß Sihanuk einer pro-K. K. K.-Zeitung das weitere Erscheinen gestattet habe, obwohl linksgerichtete Blätter in jüngster Vergangenheit unterdrückt worden seien. Es wäre zu wünschen, daß man mehr über die Geschehnisse in Kambodscha und Südvietnam während der letzten fünfzehn Jahre erführe.

Interessant ist, daß Premierminister Lon Nol sich den Einsatz dieser Truppen von Präsident Nixon direkt erbat. Offensichtlich hat er ein sehr gutes Gespür dafür, wer in Indochina regiert.

Es ist vielleicht bedeutsam, daß ein Putschversuch gegen Sihanuk aus dem Jahre 1959 vielerorts auf das Betreiben der CIA zurückgeführt wird. Vgl. Field, a.a.O., der eine kurze (wenngleich irgendwie skeptische) Darstellung von diesen Ereignissen gibt.

warten, die es ihnen gestatten würde, sich ein leichtes Leben zu machen«. »Die Amerikaner sind innerhalb der Befestigungsmauer – das heißt, sie stehen schon mitten in unserem Haus.« Sihanuk brachte die Gewißheit zum Ausdruck, daß rechtsgerichtete Kräfte in der Regierung zu den Vereinigten Staaten bereits Kontakt aufgenommen hätten, »ob durch die Botschaft, die CIA oder irgendeine andere derartige Organisation, weiß ich nicht zu sagen«.[33]
Der Putsch fand, geführt von General Lon Nol und Sirik Matak, am 18. März statt. Eine winzige kambodschanische Elite stürzte, in der Hoffnung, sich einen größeren Einfluß auf die Wirtschaft und das politische Leben zu sichern, und voller Ressentiment gegenüber Sihanuks persönlicher Autorität und Prestige, das Land in einen Bürgerkrieg und bereitete den Schauplatz für die amerikanische Invasion, die heute droht, Kambodscha in ein weiteres Laos oder Vietnam zu verwandeln.

Welche Rolle ausländische Regierungen in jenem Putsch vom 18. März spielten, kann man nur ahnen. Wahrscheinlich werden die Einzelheiten nie bekannt werden. Die meisten Beobachter halten es für ausgemachte Sache, daß die Amerikaner mit von der Partie waren: Chesneaux zum Beispiel stellt fest, daß »die Machtergreifung durch die Gruppe Lon Nol das Resultat einer von langer Hand vorbereiteten Reihe von Versuchen der kambodschanischen Rechten gewesen ist, worin sie von den Vereinigten Staaten unterstützt worden ist«.[34]

33 John L. Hess, in: *New York Times* vom 13. März 1970.
34 Chesneaux, a.a.O. In derselben Ausgabe von *Le Monde diplomatique* kommentiert François Honti: »Es steht heute fest, daß die, die es auf sich genommen haben, Sihanuk mit seiner Politik des Neutralismus im Stich zu lassen, dazu von amerikanischen Militärkreisen ermuntert worden sind, die die Hoffnung hegten, daß sie bald in Phnom Penh auf eine freundlich gesinnte Regierung würden rechnen dürfen und nun Gelegenheit erhalten würden, den Vietcong und die nordvietnamesischen Truppen von ihren ›kambodschanischen Schlupfwinkeln‹ abzuschneiden. Man muß sich fragen, ob die Vereinigten Staaten, die außerstande sind, den Krieg in Vietnam zu gewinnen, wohl weise gehandelt haben, den Kriegsschauplatz auszuweiten . . .«

Wie bereits erwähnt, scheinen die Aktionen der Khmer Serei diese Annahme zu bestärken. Auch die Rolle der französischen Regierung regt zu mancherlei Vermutungen an. Nicht wenige vermuten, daß die französische Regierung direkt in den Staatsstreich verwickelt gewesen sei. Auf alle Fälle leistete sie Sihanuk, als der Putsch stattfand, nur geringe Unterstützung. Jean Lacouture beschreibt das Verhalten der französischen Regierung folgendermaßen:

> »Es scheint also festzustehen, daß Prinz Sihanuk auf die Nachricht vom Staatsstreich Lon Nols hin unverzüglich mit dem Elysée telefonierte – wo er noch vor sechs Tagen Staatsgast bei M. Pompidou gewesen war –, um zu sondieren, ob Paris ihm Unterstützung gewähren würde: Wäre ihm Hilfe zugesagt worden, dann hätte er, komme was da wolle, am nächsten Tag in Phnom Penh zu landen versucht. Die französische Antwort war, so ist uns geschildert worden, derart ausweichend, daß der Prinz sich an Moskau und Peking wandte. Man könnte zu dem Urteil gelangen, daß dies einer der Augenblicke gewesen ist, wo die Ausschaltung General de Gaulles eine Rolle in der internationalen Politik gespielt hat.«[35]

An anderer Stelle bemerkt Lacouture, daß »viele Prinz Sihanuk unterstützende Vietnamesen und Khmers sich privat oft die Frage stellen, ob man in dieser »Neutralität« Frankreichs angesichts der offenkundigen Zerstörung einer Politik der Neutralität nicht eines der Ergebnisse der Reise Pompidous in die USA sehen müsse«.[36] Zweifellos eine interessante Überlegung.

Unmittelbar nach dem Putsch kam es an vielen Orten gleichzeitig zu Sihanuk-freundlichen Demonstrationen. Achtzig bis einhundert, sämtlich unbewaffnete Kambodschaner, wurden bei der Niederschlagung dieser Demonstration getötet. (»Be-

35 Lacouture, a.a.O.
36 Lacouture, in: *Le Monde diplomatique,* Mai 1970.

zeichnenderweise«, so vermerkt Allman, »wurde kein Vietnamese getötet.«) Jean-Claude Pomonti von *Le Monde* berichtet:

> »Die Unterdrückung der Sihanuk-freundlichen Demonstrationen unter den Bauern gegen Ende März, die dem Putsch folgten, konnte einzig den Zweck verfolgen, die Bedeutung der kleinen Aufständischengruppen aufzubauschen, die gewöhnlich – zu Recht oder zu Unrecht, das sei dahingestellt – ›Rote Khmer‹ genannt werden. Viele Bauern, die nach den Demonstrationen ihre Verhaftung fürchteten, schlugen sich lieber in den Dschungel, als in ihre Häuser zurückzukehren. Und heute sind die Roten Khmer in der Lage, sich die Unzufriedenheit in jenen Landesteilen zunutze zu machen, wo die Armee das Feuer auf die Bauern eröffnete. Die Bedingungen für eine aktive Rebellion sind eine nach der anderen erfüllt worden.«[37]

Pomonti fährt fort:

> »Anfang vergangener Woche eingetroffene Informationen scheinen zu bestätigen, daß die Khmer-Bauern in Vietcong-Gebieten heute bewaffnet und militärisch ausgebildet sind. Höchstwahrscheinlich hat sich inzwischen der Kern einer ›Befreiungsarmee‹ herausgebildet, und die Regierung von Phnom Penh könnte sich, insbesondere wenn es ihr mißglückt, ihre Autorität in den Gebieten wiederherzustellen, die die Zentralregierung vor mehr als zwei Wochen aufgegeben hat, einer heikleren Lage gegenübersehen denn je zuvor.«

Pomonti zitiert dann einen Diplomaten:

37 *Le Monde Weekly Selection* vom 22. April 1970. Pomonti ist einer der wenigen Korrespondenten, die ausführlich aus Kambodscha berichtet haben.

»Für mich kam es nicht im mindesten überraschend, als ich von ›befreiten Gebieten‹ . . . oder einer aufgestellten ›Befreiungsarmee‹ erfuhr. Es würde mich ebensowenig überraschen, wenn der Vietcong erklärte, daß er sich aus gewissen Gebieten zurückzieht und daß Abmachungen von nun an mit den ›neuen Khmer-Verwaltungen‹ getroffen werden müßten. Es könnte dann sehr wohl geschehen, daß sie die Rückkehr von Prinz Sihanuk in eines dieser Gebiete ankündigen – ausgerüstet mit einem leistungsstarken Radiosender.«

Innerhalb nur weniger Tage nach dem Putsch drangen Elite-Truppen der Saigoner Armee mit Luft- und logistischer Unterstützung durch die Amerikaner auf kambodschanisches Territorium vor und griffen Stellungen des Vietcong an. Amerikanische Berater begleiteten diese Truppen und nahmen auch an Beratungen mit Armeeoffizieren der ARVN und des kambodschanischen Heeres teil. Die Angriffe zu Lande und zu Luft dauerten die letzten März- und die ersten Aprilwochen hindurch an. Der Vietcong und die nordvietnamesischen Truppeneinheiten zogen sich darauf aus den spärlich besiedelten Grenzgebieten einfach tief ins Landesinnere Kambodschas zurück und begannen zum erstenmal eine aktive Rolle beim Aufbau einer kambodschanischen Guerilla-Armee zu übernehmen. Erstmalig auch führten sie militärische Operationen gegen kambodschanische Truppen durch. Kurz bevor in den letzten Apriltagen die von den Amerikanern und der ARVN eingeleitete Invasion ihren Höhepunkt erreichte, wurde die Lage von T. D. Allman folgendermaßen beschrieben:

»Unter Sihanuk wurden die vom Vietcong kontrollierten Gebiete in Kilometern – oder sogar Metern – von der Grenze gemessen. Jetzt werden sie nach Distrikten oder ganzen Provinzen gerechnet. In den Provinzen Takeo, Kampot und Kandal südlich von Phnom Penh sind Dörfer von gemischten Verbänden bewaffneter Kambodschaner und Vietnamesen eingenommen worden, die sich ›Armee Sihanuks‹ nennen.«[38]

Le Monde kommentiert in einem Leitartikel, daß »die Bewegung der Roten Khmer von fähigen Leuten geführt wird und daß sie jetzt, wo sie einige Unterstützung in den ländlichen Gebieten gewonnen hat, nicht mehr – wozu die Amerikaner neigen – als bloßes Anhängsel der kommunistischen Partei Nordvietnams übersehen werden kann«. Zu der neuen, von Peking aus durch Sihanuk ausgerufenen Exilregierung, werden voraussichtlich die drei vorhin erwähnten Abgeordneten des kambodschanischen Parlaments gehören, die während der letzten Wahlen (1966) mit »überwältigenden Mehrheiten« gewählt worden waren und wohl kaum als »vietnamesische Agenten« angesehen werden können.[39] Allgemein werden sie als die einzigen gewählten Abgeordneten betrachtet, die andere Schichten repräsentieren als die feudalen und wohlhabenden Elemente der kambodschanischen Gesellschaft (vgl. Roy, a.a.O.). Offenbar stehen sie in dem Ruf unbestechlicher Ehrlichkeit und Integrität, was unter kambodschanischen Politikern überaus selten ist.

38 *Far Eastern Economic Review* vom 23. April 1970. Eine detaillierte Analyse amerikanischer Presseberichte über militärische Aktionen der ARVN und Amerikaner in Kambodscha seit Mitte März ist in einem bisher unveröffentlichten Aufsatz von Jeff Pearson und Jessica Smilowitz vorgenommen worden: *Biting the Fishhook: How the United States Raped Cambodia,* Ann Arbor, Michigan. Einige Einzelheiten werden in den Wochenberichten des Bay Area Institute, 9 Sutter Street, Suite 300, San Francisco, mitgeteilt.
39 *Le Monde Weekly Selection* vom 22. April 1970. Vorausgesetzt allerdings, daß sie noch am Leben sind. Nach ihrem Verschwinden während der allgemeinen Säuberungswelle, von der vor wenigen Jahren die Linke betroffen war, gingen Gerüchte um, daß sie ermordet worden seien. Vor kurzem nun haben die kambodschanische und französische Presse erklärt, daß die kambodschanischen Politiker noch am Leben seien und sich den Guerillas angeschlossen hätten. Mir wurde in Hanoi dieselbe Auskunft erteilt, aber ich weiß nicht, welches Gewicht die Beweise dafür haben. Als zusätzlicher Anhalt mag dienen, daß die neue Regierung inzwischen gebildet worden ist und die drei mit wichtigen Ministerposten (nationale Verteidigung, Information und Propaganda sowie für Innere Kommunalreform und Genossenschaftswesen) ebenfalls auf der Liste stehen. Tillman Durdin, *New York Times* vom 6. Mai 1970.

Unter jenen, die sich Sihanuk in China angeschlossen haben, sind Huot Sambath, Kambodschas Delegierter bei den Vereinten Nationen, Penn Nouth, einer seiner engsten und langjährigen Vertrauten und Berater (Field beschreibt ihn als »einen engen Mitarbeiter Sihanuks und gemeinsam mit ihm ein Architekt der kambodschanischen Neutralität«) und schließlich Chau Seng, ehemaliger Erziehungs- und Wirtschaftsminister sowie Herausgeber des führenden linksgerichteten Blattes, eine der herausragendsten Persönlichkeiten und die führende Gestalt in der Politik Kambodschas (bis zu seinem Pariser Exil im Jahre 1967) während der ersten Anfänge der Vorbereitung zur Machtergreifung durch die Rechte.
Bei seiner Abreise aus Paris – um sich Sihanuk anzuschließen, – erklärte Chau Seng, daß der Putsch die Sache der Revolution um fünf Jahre vorangebracht habe. Dazu bemerkt Lacouture:

> »Hat man jemals ähnlich unfähige Zauberlehrlinge wie die Verschwörer von Phnom Penh gesehen, die in nicht weniger als einem Monat ihr Land in einen Bürgerkrieg gestürzt und es an den Rand eines internationalen Krieges gebracht haben werden, und die die wichtigste und angesehenste Persönlichkeit ihres Landes zu einem bedingungslosen Gefolgsmann der revolutionären Bewegung gemacht haben?«[40]

Lacouture, der die Hand der Amerikaner bei diesem Putsch im Spiel sieht, beschreibt ihn als »ein selbstmörderisches Unternehmen für die amerikanische Seite, die ihren Feinden damit die Gelegenheit bietet, sich, von einer populären Basis ausgehend, über den gesamten indochinesischen Schauplatz zu verbreiten«.
Wie bereits erwähnt, wird die Auffassung, daß die Verantwortlichen für den Staatsstreich »damit bereits ihren eigenen

40 Lacouture, in: *Le Nouvel Observateur,* 20. April 1970.

Untergang besiegelt haben«, von T. D. Allman geteilt. Henry Kamm von der *New York Times* bemerkt darüber hinaus, daß sich unter den ausländischen Beobachtern in Phnom Penh angesichts des neuen Regimes »schlagartig Ernüchterung« eingestellt habe:

»Die nicht eben wohlmeinenden Gefühle der meisten Beobachter gegenüber der Regierung Lon Nol werden ergänzt von dem inzwischen erbrachten Beweis für ihre völlige militärische Unfähigkeit, von der Ablehnung ihrer Greueltaten und brutalen Rücksichtslosigkeit gegenüber der großen vietnamesischen Minderheit, vom Ärger über die politische Naivität der Führer, die sie dazu verleitete, echtes Vertrauen in die Hilfsbereitschaft der Internationalen Kontrollkommission oder der Vereinten Nationen bei der Vertreibung des Vietcong zu setzen, und von der Ungeduld über eine Kakophonie aufgespreizten, chauvinistischen Geredes und leerer, operettenhaft-martialischer Gesten, wie etwa der, Oberschülerinnen in Khaki-Hemden zu stekken, um damit den Eindruck kraftloser Unentschlossenheit zu überdecken.«[41]

Kamm stellt ferner fest, daß auch die US-Regierung diesen Widerwillen teilt, was aus der Art und Weise gefolgert werden könne, mit der sie die Invasion geführt haben, wobei sie sich kaum darum kümmerten, die Kambodschaner auch nur zu informieren:

»Worin auch der Grund dafür zu suchen sein mag – Amerika scheint fest entschlossen zu sein, den Krieg in Kambodscha ohne Beteiligung der Kambodschaner zu führen. Und man mag die geringe Moral Kambodschas daran

41 *New York Times* vom 3. Mai 1970. Ein ehemaliger amerikanischer Lehrer in Kambodscha teilte mir mit, daß solche »operettenhaft-martialischen Gesten« mit Studenten als den Akteuren unter Sihanuk vielgeübter Brauch gewesen seien.

ermessen, daß dies ohne einen Aufschrei der Empörung hingenommen worden ist, ganz so, als sei es, wie das Eindringen der vietnamesischen Kommunisten, eine schlichte Tatsache, die außerhalb ihrer Kontrolle liegt.«

Ein Diplomat aus Phnom Penh stellte unlängst fest, daß »wir wahrscheinlich auf jene Tage als auf die Eröffnungsphase eines kambodschanischen Bürgerkrieges zurückblicken werden«. Indem er diese Beobachtung aufnahm, schrieb T. D. Allman:

»... zum ersten Mal seit dem Erringen der Unabhängigkeit im Jahre 1953 töteten Kambodschaner eigene Landsleute ... Der Einfluß der Regierung in Phnom Penh auf die Landbevölkerung war in Zweifel gestellt.
Der Durchschnitts-Kambodschaner wünscht sich vor allem, in Frieden leben zu können, doch man zwingt ihn inzwischen, sich für eine Seite zu entscheiden. Auf der Regierungsseite stehen die Armee, die Mehrheit der Kaufleute, die Aristokratie, die Intellektuellen und Regierungsfunktionäre. Front gegen die neue Regierung machen etwa 40 000 Mann vietnamesische Truppen (NLF und Nordvietnamesen) – die bisher nur eine unbedeutende Rolle in der Anti-Regierungsbewegung gespielt haben –, die winzige Guerillabewegung der Khmer Rouge und, was am wichtigsten ist, ein beträchtlicher, wenngleich seiner genauen Zahl nach unbekannter Teil der sechs Millionen kambodschanischer Bauern, die in Sihanuk noch immer den von Gott gegebenen König und einzigen Führer der Nation sehen.«[42]

Bei Überlegungen, die er vor nunmehr einem Jahr über die Erfolgsaussichten der Rebellen anstellte, schrieb Michael Leifer, daß diese Aussichten »nicht nur (von äußerlichen Faktoren einmal abgesehen) von der Nutzbarmachung echter Überstände abhängen werden, sondern auch von der Fähig-

42 *Far Eastern Economic Review* vom 9. April 1970.

keit, sich mit der nationalen Sache zu identifizieren, für die Prinz Sihanuk der eifrigste und leidenschaftlichste Verfechter gewesen ist. Dies aber muß als unwahrscheinlich angesehen werden.«[43]

Vor dem 18. März war das noch eine vernünftige Einschätzung. Jetzt aber hat sich Sihanuk, der »eifrigste und leidenschaftlichste Verfechter« der nationalen Sache, die Persönlichkeit also, die ein amerikanischer Experte als »einen signifikanten Ausdruck kambodschanischen Volkswillens«[44] beschrieben hat, sich mit den Rebellen identifiziert. Es ist zweifelhaft, ob die rechtsgerichtete Lon Nol-Regierung mit ihrer schmalen Basis in den Städten dieser volkstümlichen Kraft etwas entgegenzusetzen hat bzw. sie besiegen kann.

Der Putsch vom 18. März spiegelt eine Spaltung innerhalb der kambodschanischen Elite wider, deren genaue Beschaffenheit nicht eindeutig klar zu bestimmen ist. Zwei Dinge indessen scheinen klar. Erstens, die bekanntesten Mitglieder der kambodschanischen Linken sind jetzt mit Sihanuk verbündet. Zweitens, die kambodschanische Linke ist nun in der Lage, die Bauernschaft zu mobilisieren, wobei sie aus Sihanuks persönlichem Ansehen Kapital schlagen kann und worin sie die Unterstützung der vietnamesischen Widerstandskräfte gefunden hat, während die von der Bauernschaft isolierte Lon Nol-Regierung zunehmend in ein Bündnis mit den extrem rechtsstehenden Kräften in Indochina, mit den Saigoner Machthabern und mit den Amerikanern getrieben werden wird.

Der Bankrott jener Elite, die den Putsch anzettelte, zeigt sich unmißverständlich darin, daß sie zu Terrormaßnahmen gegen die vietnamesische Minderheit gegriffen hat, von denen in aller Ausführlichkeit in der Presse berichtet worden ist. Die Berichte über militärische Operationen der Kambodschaner sind dazu angetan, den Eindruck der Schwäche und Unvernunft zu verstärken. Wir wissen, was davon zu halten ist,

43 *Current History* vom Februar 1969.

44 Roger Smith, *Prince Norodom Sihanouk,* in: *Asian Survey* vom Juni 1967.

wenn wir in einem kürzlich veröffentlichten Artikel[45] diese Schilderung des befehlshabenden Offiziers lesen, der kambodschanische Zivilisten, der ethnischen Zugehörigkeit nach Vietnamesen, »Freiwillige« genannt, in die vordersten Linien schickte, wo sie im Feuerhagel niedergemäht wurden.

»Der kambodschanische Kommandeur, ein eleganter, jugendlicher Mann, lag, ohne Hemd und mit schwerer goldener Halskette, wie ein Sultan auf einem Feldbett inmitten einer Lichtung zwischen den Bambus-Bäumen... Sich räkelnd sprach er mit kühler Stimme in ein Feldtelefon. Dann fragte er, ob es Nachrichten aus Phnom Penh über Hilfe von den Amerikanern gebe.«[46]

Es ist interessant, die Vietcong-Strategie innerhalb desselben Geschehens zu beobachten. Einem ausführlichen Bericht Allmans[47] zufolge eroberte der Vietcong das Dorf Saang, tötete acht Soldaten und »verteilte sodann im Namen der Armee Sihanuks Waffen und Munition an die Dorfbewohner«. Drei kambodschanische Spitzel berichteten, daß »der Vietcong von einheimischen Khmer- und Cham-Dorfbewohnern unterstützt wurde, die sich den kambodschanischen Streitkräften angeschlossen hatten«.
Etwas allgemeiner gehalten, bemerkt *Le Monde,* daß »die NLF in Kambodscha nicht den Versuch macht, die Hauptstadt einzunehmen, sondern bestrebt ist, ›freie Zonen‹ zu schaffen, wo die ›Roten Khmer‹ ihre eigenen Armeen aufbauen können... (die Nordvietnamesen) ziehen es vor, die Bauern zu bewaffnen, statt ein Marionettenregime einzusetzen«.[48]
Nach der amerikanischen Invasion berichtet Jean-Claude Pomonti, daß das Kriegsziel

45 Vgl. *Le Monde* vom 23. April 1970.
46 Victoria Brittain, *Cambodias Grimm Lesson,* in: *New Statesman,* vom 1. 5. 1970.
47 *Washington Post* vom 22. April 1970.
48 *Le Monde Weekly Selection* vom 29. April 1970.

». . . nicht mehr darin besteht, (den Vietcong) aus Kambodscha zu vertreiben, sondern ihn daran zu hindern, ausreichende Unterstützung der Einheimischen und genügend Macht zu gewinnen und früher oder später General Lon Nols Regierung zu bedrohen. Auf der einen Seite hat sich eine im Aufbau begriffene Kommunistische Partei der Khmer, die aktive und lebenswichtige Unterstützung von den Vietcong erhält, zeitweilig mit Prinz Sihanuk verbündet, um eine Befreiungsarmee aufzustellen. Auf der anderen Seite hat ein beträchtlicher Teil der Oberklasse ausländische Hilfe angefordert, um ihre Machtpositionen im ganzen Land aufzubauen.«[49]

Pomontis Bericht hat für uns einen vertrauten Klang.

III.

Die vom Vietcong gewählte Strategie der befreiten Zonen, in denen die Roten Khmer, gestützt auf die Bauernschaft, ihre eigenen Armeen aufbauen können, erklärt ohne Zweifel Stanley Karnows Beobachtung, wonach »die Kommunisten in vorsichtiger Zurückhaltung nicht gegen Städte vorrückten, die sie wahrscheinlich hätten einnehmen können, ohne einen einzigen Schuß abzufeuern«.[50] Wie er weiterhin feststellt, haben sie nicht einmal versucht, »Aufstände in Gebieten wie der Provinz Battambang im Westen zu schüren, wo sich seit langem eine einheimische linksgerichtete Bewegung von Dissidenten etabliert hat«. Sie scheinen voller Zuversicht, daß sie ohne Einsatz größerer Kräfte[51] eine von den Bauern getragene Guerilla-Streitmacht schaffen können, die loyal zu Siha-

49 Ebenda, 6. Mai 1970.

50 *Washington Post* vom 24. April 1970.

51 »Wohlinformierten Quellen zufolge haben die Kommunisten etwa 24 000 Mann in Kambodscha oder nahe der Grenze stationiert (Ian Wright, in: *London Guardian* vom 27. April 1970). Andere Schätzungen sprechen sogar von 50 000 Soldaten. Wie bereits erwähnt, hielten sie sich vor dem Putsch ausnahmslos in den unbewohnten Gebieten auf. Wright erklärt, daß amerika-

nuk hält und ihm wieder zur Macht verhelfen wird, diesmal allerdings im festen Bündnis mit der kambodschanischen Linken und einer von der Bauernschaft ausgehenden Volksbewegung.

Berichte vom Kriegsschauplatz bestätigen diese Beurteilung. Zweifellos stimmen ihr auch die Amerikaner zu. Dies ist mit Sicherheit einer der Hauptgründe für die Invasion Kambodschas während der letzten Aprilwoche gewesen.

Allerdings gab es zweifelsohne noch weitere Gründe, die dafür sprachen. In seiner Rede vom 30. April, mit der er die Invasion ankündigte, wies Nixon darauf hin, daß die Alternative entweder Eskalation oder Niederlage heiße. Das scheint keine ganz unvernünftige Einschätzung der Situation. Die Invasion könnte ein Anzeichen dafür sein, daß die »Vietnamisierung« ein derart anfälliges Unterfangen ist, daß schon eine Reduzierung der amerikanischen Streitmacht auf eine Viertelmillion in Washington als undurchführbar angesehen wird, so daß man bereits befürchtet, daß zur Sicherung dieser gewaltigen Besatzungsarmee noch weitaus größere Gebiete Indochinas in leere und verwüstete Zonen verwandelt werden müssen.

Jedoch gibt es schwerlich »Gründe« in irgendeinem ernsthafteren Sinne für die erneute Eskalation, ebensowenig wie man hoffen darf, eine vernünftige und zureichende Erklärung für jene Denkweise zu finden, die im Jahre 1965 zu der durch nichts herausgeforderten Bombardierung Nordvietnams führte. Kurz nach dem Putschversuch gegen Sihanuk vom Jahre 1959 sagte der diplomatische Vertreter der Saigoner Regierung in Phnom Penh, der unter Diem später Minister wurde und von dem angenommen wird, daß er seinerzeit in den Staatsstreich verwickelt gewesen ist, zu einem Reporter:

nische Militärkreise den Berichten der kambodschanischen Armee über militärische Aktionen des Vietcong und der nordvietnamesischen Armee wenig Glaubwürdigkeit einräumen. Allerdings sind sämtliche offiziellen amerikanischen Regierungserklärungen beinahe ohne allen Wert, solange sie nicht Gegenstand einer unabhängigen Nachprüfung werden. Ich werde im Zusammenhang mit Laos auf diesen Punkt zurückkommen; vgl. das Kap. ›Laos‹.

»Begreifen Sie doch, daß wir in Saigon verzweifelte Leute sind. Wir sind eine Regierung von Desperados.«[52]

Eine zutreffende Beschreibung, die in gleicher Weise auch auf die zutrifft, welche die amerikanische Politik planen. Diesen Männern steht eine enorme Macht zur Verfügung, und sie können, von geringfügigen Einschränkungen einmal abgesehen, weitgehend das tun, was ihnen beliebt. Wie die jüngsten Ereignisse abermals zeigen, gelten die Verfassung und eine unorganisierte öffentliche Meinung nicht als ernstzunehmendes Hemmnis, und internationales Recht sowie unsere »feierlichen Bündnisverpflichtungen« – beispielsweise gegenüber der Charta der Vereinten Nationen, die noch immer, sofern sie überhaupt noch von irgend jemandem für verpflichtend angesehen wird, »höchstes, gültiges Gesetz in unserem Lande« ist[53] – sind längst aus dem Bewußtsein geschwunden. Sich auf sie zu beziehen, hält man inzwischen für »moralistisch« oder »naiv«, was es auch zweifellos ist.
Was noch schwerwiegender ist: für die Opfer gibt es kein Mittel, gegen die Vereinigten Staaten, die Quelle der Aggression, zurückzuschlagen, und es ist unwahrscheinlich, daß ihre Verbündeten das Chaos eines amerikanischen Atomangriffs riskieren werden, indem sie den USA mit Vergeltung drohen. Deshalb kann die amerikanische Regierung mit einer Zerstörungstechnik nach der anderen »experimentieren« – mit Methoden der »Bevölkerungskontrolle« und anderen Polizeistaat-Taktiken, mit Totschläger-Banden, die die »Infrastruktur« des Feindes zerstören, mit Entlaubung, Zwangsevakuierung, Konzentration der Bevölkerung in Lagern und urbanen Slums, Bombardierungen in einem Ausmaß, wie sie in

52 Field, a.a.O.
53 Eine Tatsache, die zu den absonderlichsten Verdrehungen führt. Zum Beispiel stellte der frühere Botschafter William Sullivan, heute Abteilungsleiter für ostasiatische und pazifische Angelegenheiten im Außenministerium, die absurde Behauptung auf, daß die Truman-Doktrin im Sinne der Charta der Vereinten Nationen sei (vgl. Hearings des Symington-Unterausschusses).

der Geschichte der Menschheit bisher unbekannt waren[54], mit der Invasion anderer Länder und was immer sonst noch sie ausgebrütet haben. Die Disparität zwischen den der amerikanischen Regierung zur Verfügung stehenden Machtmitteln und denen ihrer Opfer ist so gewaltig, daß die amerikanischen Planer sich so gut wie alles leisten können, ohne daß sie ernstlich mit Vergeltung zu rechnen hätten. Angesichts einer derartigen Situation ist es nachgerade zwecklos, die Handlungsweise dieser vor Schrecken starren und gehandikapten Menschen mit rationalen Überlegungen erklären zu wollen. Die Amerikaner haben die Macht auf ihrer Seite und können sie straflos anwenden. Weiterreichende Erklärungen sind gewissermaßen überflüssig.

Präsident Nixon versucht uns einzureden, daß nach einem Putsch der Rechten in Kambodscha der Vietcong und die Nordvietnamesen zu einer ernsteren militärischen Bedrohung für Südvietnam geworden seien als vorher. Dies ist genauso überzeugend wie seine Phantasien zu Nordvietnam, das angeblich den Süden mit seiner furchterregenden militärischen Macht von allen Seiten bedrängt. Ebenso dunkle Andeutungen machte er über Schlupfwinkel in der Provinz Svay Rieng (»Papageienschnabel«), »die von Saigon genauso weit entfernt sind wie Baltimore von Washington«, und er sprach vom rapiden Ansteigen der NVA-Streitkräfte in Kambodscha während des Monats April. Was das letztere angeht, berichten militärische Beobachter in Saigon, daß ihnen von einer Massierung kommunistischer Truppen in Kambodscha nichts bekannt sei.[55] Wie jedoch sah die Lage im dichtbevölkerten flachen Reisland der Provinz Svay Rieng vor dem Einmarsch

54 Pentagon-Quellen zufolge erreichte die bei Luftangriffen zwischen 1965 und 1969 über Indochina abgeworfene Bombenlast 4,5 Millionen Tonnen, das Neunfache der Gesamttonnage, die auf dem pazifischen Schauplatz während des Zweiten Weltkrieges detonierte. Im 2. Weltkrieg selbst betrug der gesamte Aufwand an Explosivstoffen etwa nur die Hälfte.

55 Robert G. Kaiser, in: *Washington Post – Boston Globe* vom 3. Mai 1970.

aus? Die Provinz war wenige Monate zuvor von T. D. Allman besucht worden.[56] Vier Dinge scheinen ihm als Resultat seiner Nachforschungen von unbezweifelbarer Gewißheit. Ich zitiere:

»1. Der Vietcong benutzt kambodschanisches Territorium in weitaus geringerem Maße, als die Amerikaner in Saigon behaupten.
2. Flugzeuge der USA verletzen den kambodschanischen Luftraum, bombardieren und beschießen kambodschanisches Territorium mit schweren Bordwaffen, unter Verletzung von Richtlinien, die die Vereinigten Staaten selbst erlassen haben, und dies häufig völlig grundlos, jedenfalls aber öfter, als die USA selbst zugeben wollen.
3. Um allen Seiten Gerechtigkeit widerfahren zu lassen: Es ist offensichtlich, daß die Amerikaner, Südvietnamesen, der Vietcong und die Nordvietnamesen alle bis zu einem gewissen Grad bemüht sind, den Krieg von Kambodscha fernzuhalten.
4. Das Bemühen der Kambodschaner, allen Eindringlingen gegenüber die Stellung zu halten, straft alle Berichte Lügen, denen zufolge sie ein ›Abkommen‹ mit den Kommunisten – oder wegen diesen mit den Amerikanern – geschlossen haben sollen.«

Allman beschreibt diesen angeblich gefährlichen »Schlupfwinkel« als »absolut flaches Land – Reisfelder, Dörfer, mit gelegentlich eingestreuten Baumgruppen ... soweit man auch den offenen Horizont absucht, der nur von kambodschanischen Dörfern und Mango-Hainen unterbrochen wird, scheint es nichts zu geben, wo sich ein Vietcong verstecken, geschweige denn einen dauerhaften Stützpunkt errichten könnte.« Allman verbrachte einen ganzen Tag im Grenzdistrikt Chantrea. Am Abend vorher hatten amerikanische Flugzeuge ein Dorf, »2300 Meter tief auf kambodschanischem

56 Vgl. *Far Eastern Economic Review* vom 26. Februar 1970.

Gebiet gelegen und über das Reisfeld hinweg deutlich sichtbar«, bombardiert und mit Bordwaffen beschossen, wobei sie zwei Bauern töteten und einen Hektar Reisland vernichteten. Der Distriktsbeamte erklärte dazu:

> »Im Chantrea-Distrikt gibt es keinen Vietcong. Sie dringen auf unser Territorium höchstens einmal bis 500 Meter tief vor, und dies auch nur bei Nacht. Meist ziehen sie nur hindurch. Lager gibt es hier keine, und auch keine Stützpunkte.
> Während des Jahres 1969 sind in dieser einen Provinz, Svay Rieng, neun Kambodschaner durch amerikanische Bomben oder Schußwaffen getötet worden; 20 Kambodschaner wurden verwundet, hundert Hektar Reisland vernichtet; von Viehbeständen wurden mehr als 100 Tiere getötet. Kein einziger Vietcong wurde von den Amerikanern und kein einziger Kambodschaner durch den Vietcong getötet.«

Während sie noch miteinander sprachen, trat ein Polizist ein, um Bombenabwürfe und Bordwaffenbeschuß 200 Meter auf kambodschanischem Gebiet zu melden. Er meint: »Dort wird man übrigens niemanden antreffen. Keinen Vietcong, keinen Kambodschaner. Nur ein Reisfeld und ein Wäldchen von Mango-Bäumen wurden vernichtet.«
Anhand dieser Berichte läßt sich unschwer der Charakter der Invasion der Provinz Svay Rieng vorhersagen, die jetzt in ihrer Anfangsphase ist. Sie wird zur Zerstörung von Dörfern und zur Umsiedlung der Bevölkerung führen und höchstwahrscheinlich zu sonst nichts. Erste Berichte deuten darauf hin, daß es genau das ist, was erreicht wurde. James Sterba berichtet, daß »nur wenige Menschen im Gebiet des Papageienschnabel zu sehen waren . . . aber Tiere sah man überall, Wasserbüffel und Rinder in der Nähe verlassener Häuser«.[57]

57 *New York Times* vom 3. Mai 1970.

Die ARVN-Soldaten stahlen wie gewöhnlich Hühner. »Dutzende von Häusern waren im Papageienschnabel von südvietnamesischen Truppen niedergebrannt worden. Ihre verkohlten Gerippe starrten als schwarze Flecke überall aus der Landschaft.«

Die amerikanischen Truppen werden das von der ARVN Erreichte nicht überbieten können, weil das »Angelhaken«-Gebiet, in das sie vordringen, wesentlich dünner besiedelt ist. Doch zumindest scheuen sie nicht den Versuch:

> »... Truppen des 11. US Armored Cavalry Regiment brannten mindestens fünf Dörfer nieder, jedes mit etwa 30 bis 40 Häusern. Offiziere erklärten, daß sie den Befehl hätten, die Dörfer einzuäschern, da sie für die Truppen der Nordvietnamesen und für den Vietcong von Nutzen sein könnten. Die Amerikaner trafen auf keinen Widerstand. Die Dorfbewohner flüchteten.«[58]

Von Peter Arnett wird ein Bericht zitiert, wonach in Snoul einmarschierende amerikanische Truppen den Befehl erhalten hätten, »die Stadt in die Luft zu jagen«.[59]

58 AP, *Boston Globe* vom 4. Mai 1970.

59 Rundfunkmeldung der CBS vom 5. Mai 1970. Das taten sie dann auch: »Berichten von der Front zufolge zerstörten am Dienstag amerikanische Panzer und Bomber unter Abwurf von Napalm die Stadt Snoul im Inneren Kambodschas. Der UPI-Korrespondent Leon Daniel berichtete, daß einige der GIs am Mittwoch beim Durchkämmen der 1000 Einwohner zählenden Stadt im Herzen des Landes der Gummiplantagen Waren aus verlassenen Geschäften plünderten.« Henry Huet berichtet aus Snoul, daß die Stadt am Vortage ihrer Einnahme von Panzergeschützen und durch Luftangriffe in Schutt und Asche gelegt worden sei. Der französische Verwalter einer Gummiplantage teilte ihm mit, daß etwa fünfzig bis sechzig Nordvietnamesen am 22. April eine Garnison in einer Stärke von 500 Mann vertrieben hätten. Sie bewaffneten die 1600 Arbeiter, zu 95% Kambodschaner, und nahmen sie mit sich, als sie vor amerikanischen Panzer- und Luftangriffen fliehen mußten. »Sie gaben dem Volk Gewehre, und jetzt kämpft es gemeinsam mit dem Vietcong«, berichtet der Plantagenverwalter (*Boston Globe* vom 7. Mai). Daniel berichtet, daß die einzigen Toten, die er gesehen habe, kambodschanische Zivilisten gewesen seien, darunter »ein kleines Mädchen, das, wahrscheinlich von Napalm, entsetzlich verstümmelt war«. Die US-Army behauptete, 88 feindliche Kommunisten in diesem Gebiet getötet zu haben. Daniel zieht dies stark in Zweifel (*Boston Globe* vom 8. Mai 1970).

Um nun wieder auf unsere Waffengenossen zurückzukommen: Gloria Emerson berichtete aus Prasaut, das völlig geräumt worden war, bevor die südvietnamesischen Truppen einmarschierten. Der französisch sprechende General Do Cao Tri (»pfeiferauchend und mit einem Offiziersstöckchen herumfuchtelnd«) hielt seine Truppen nicht davon ab, antikambodschanische Parolen auf Hauswände zu schmieren, wie zum Beispiel: »Nun ist die Zeit für die Mörder gekommen, mit ihrem Blut zu bezahlen«, eine Anspielung auf das kambodschanische Massaker, bei dem am 10. April neunundachtzig Vietnamesen in Prasaut getötet worden waren, nachdem die Lon Nol-Regierung verzweifelt versucht hatte, ihre Macht zu halten, indem sie ethnische Feindschaften schürte:

> »Wenn dies ein Tag des Triumphes für die Südvietnamesen gewesen ist, dann war es für die Kambodschaner, die sich im Inneren ihrer Häuser nahe der Route 1 versteckt hielten oder aus ihren Häusern geflüchtet waren, ein Tag der Bestürzung und der Furcht. Bei Godauha nahe der vietnamesischen Grenze beobachteten nur wenige Menschen, wie die südvietnamesischen Truppen vorbeizogen. Sie starrten mit verschlossenen, finsteren Gesichtern herüber. Etwas außerhalb Prasauts war es vor den Türen der auf Pfähle gebauten Holzhäuser leer und still. An den Türen der besseren Häuser waren schwere Schlösser angebracht; an einer Fassade hing noch immer ein Porträt des Prinzen Sihanuk, des abgesetzten Staatschefs von Kambodscha.«[60]

Der Londoner *Observer* zitiert am 3. Mai 1970

> »... Berichte, denen eine schreckliche Bedeutung zuzukommen scheint. Abgesehen von den Vietcong-Gefallenen, haben die Amerikaner gemeldet, daß von den alliierten Streitkräften eine große Zahl von ›Personen‹ in Gewahrsam genommen worden sei. Sie sind unter Bewachung aus diesem Gebiet abgeführt worden, mit verbundenen Augen und

60 Gloria Emerson, in: *New York Times* vom 3. Mai 1970.

auf den Rücken gefesselten Armen; sie stehen unter dem Verdacht, nordvietnamesische Soldaten zu sein. Das Gebiet wird von vielen Zivilisten bewohnt, sowohl Vietnamesen wie Kambodschanern, Familien der in den Gummi-Plantagen beschäftigten Arbeiter und Holzfäller. Dies nun verleiht Bemerkungen amerikanischer Offiziere eine besonders furchterregende Tragweite, wonach den amerikanischen Aufklärungs- und Kampfhubschraubern jetzt die Genehmigung gegeben worden sei, ›auf alles zu schießen, was sich bewegt‹ in einem Gebiet, das sich vom Ort der Bodenkämpfe drei Meilen nach Norden und Westen streckt.«

Wie aber steht es mit den kambodschanischen Truppen? Der aus Svay Rieng berichtende Jack Foisie beschreibt »das ungehobelte Gebaren der kambodschanischen Soldaten, die entsetzt darüber zu sein schienen, daß die Saigoner Regierungsarmee, obgleich sie doch im Augenblick ihr Verbündeter war, ihre Stadt besetzte«[61] – für den einfachen Bauernverstand offenbar ein zu schwieriger Sachverhalt.

Und so setzen wir auch weiterhin alles daran, das kambodschanische Volk vor der vietnamesischen Aggression zu retten, wie wir bereits die Laoten und die Vietnamesen selbst davor gerettet haben.

Es ist schwer zu glauben, daß die amerikanischen Strategen wirklich erwarten, die höchst beweglichen Einheiten des Vietcong und der Nordvietnamesen säßen nach einigen Tagen offenkundiger Vorbereitungen für eine Invasion erst einmal untätig herum und warteten ab, ebenso wie sie wohl schwerlich annehmen dürfen, über den Marktplatz schlendernde Truppen der Nordvietnamesen und der Pathet Lao anzutreffen, während sie aus der Luft ein laotisches Dorf auslöschen. Die bei früheren Säuberungsaktionen innerhalb Südvietnams gemachten Erfahrungen zeigen, daß es nur wenig Berührung

61 *Los Angeles Times – Boston Globe* vom 5. Mai 1970.

mit kommunistischen Streitkräften gegeben hat, und praktisch keinen Zusammenhang zwischen solchem Kontakt und vorherigen Geheimdienstinformationen. Dies ist eine Geschichte für sich, die noch weitgehend unerzählt ist. Nur ein Beispiel: eine Karte der Operation Junction City im Jahrbuch 1966/67 der 25. Infantry-Division verzeichnet ausgedehnte »Zielgebiete«, die vor der Säuberungsaktion verwüstet worden waren, doch wird tatsächlich kein »Kontakt« – Heckenschützen oder Soldaten, tot oder lebendig – innerhalb dieser zum Teil sehr dicht besiedelten Gebiete gemeldet.[62]

Mit Gewißheit läßt sich vorhersagen, daß man bei der Invasion Kambodschas von phantastischen Erfolgen zu hören bekommen wird und daß die Militärs Berichte über aufgefundene Waffenverstecke, vernichtete Reislager, zerstörte Militärstützpunkte und eine große Zahl getöteter »Nordvietnamesen«, d. h. Menschen, die einem amerikanischen Panzer im Wege standen oder sich in einem Gebiet aufhielten, das mit Bomben belegt oder von Bordwaffen beschossen wurde, in die Welt setzen werden. Mancher Ruf und manche Karrieren stehen auf dem Spiel, also sind Siege von vornherein eine ausgemachte Sache.

Manche dieser Berichte mögen im übrigen sogar zutreffen. Allein schon aus Gründen der Wahrscheinlichkeit darf man erwarten, daß der militärische Geheimdienst der Amerikaner sich nicht immer über auch jeden Sachverhalt täuschen kann. Die Hauptquartiere der vietnamesischen Widerstandstruppen

62 Ein weiterer Beweis für schwere Kriegsverbrechen, wie kaum noch betont werden muß. Diese Tatsachen kamen anläßlich einer am 7. Mai 1970 in Boston abgehaltenen Pressekonferenz ans Licht, die vom Nationalkomitee für eine Untersuchungskommission von Bürgern zur Aufklärung von Kriegsverbrechen der Vereinigten Staaten (156 Fifth Avenue, Room 1005, New York 10010) veranstaltet worden war. Ich darf vielleicht hinzufügen, daß diese Organisation verzweifelt Geldmittel zur Fortführung der dringlichen Aufgabe benötigt, es den ehemaligen Soldaten, von denen viele zur Zusammenarbeit bereit sind, zu ermöglichen, ihre Erfahrungen mitzuteilen. Es dürfte schwer sein, die Bedeutung der Aufgabe zu unterschätzen, Informationen dieser Art über das Wesen des Krieges zusammenzutragen und damit bekannt zu machen.

und die Stützpunkte, die sie zur Sammlung und Auffrischung ihrer Streitkräfte benutzen, müssen schließlich irgendwo sein, und es ist durchaus möglich, daß sie während dieser Säuberungsaktion der Amerikaner und ihrer Saigoner Komplizen gefunden und zerstört werden. Ob die Invasionstruppen wieder abgezogen werden, bleibt abzuwarten. Daß das Land verwüstet und die Bevölkerung vertrieben oder vernichtet werden wird, erscheint gewiß. Und sehr wahrscheinlich, daß falls diese von den Invasionsstreitkräften verlassen werden, zumindest einige davon mit Gebietsteilen auf der südvietnamesischen Seite der Grenze zu einer erweiterten »Freien Feuerzone« zusammengeschlossen werden.

IV.

Die erstaunliche, unvorhergesehene Empörung gegen die amerikanische Invasion Kambodschas läßt erkennen, daß es zumindest kurzfristig für die Regierung sehr schwierig sein wird, amerikanische Bodentruppen zu verwenden, um sich Kontrolle auch über jene zu sichern, die sich noch immer hartnäckig widersetzen. Das Pentagon wird sich deshalb einmal mehr und mit noch größerer Effektivität auf die Technologie der Zerstörung verlassen müssen. Die Wahrscheinlichkeit ist groß, daß ein Ring aus Feuer und Verwüstung Südvietnam, den Außenposten der »Freien Welt«, umgeben wird, der die amerikanische Armee mit ihrer Viertelmillion Mann und ihre festen Stützpunkte vor Angriffen schützen soll. Wenn der Osten Kambodschas diesem Ziel geopfert werden muß, wird man weder von General Thieu noch von seinen Brotherren erwarten können, daß sie darüber viele Tränen vergießen werden.

Wie schon in Laos und Vietnam, intervenieren die Vereinigten Staaten – was ihre nächstliegenden Begründungen auch gewesen sein mögen – auch hier, um reaktionäre, ja, feudalistische Elemente zu unterstützen und eine fortschrittliche, von

Bauern getragene nationale Unabhängigkeitsbewegung zu unterdrücken. Wie bereits ausgeführt, gibt es Beweise dafür, daß die CIA bei jenem Putsch vom 18. März ihre Finger, wenn nicht gar ihre Hand, im Spiel hatte. Jedenfalls, als Sihanuk sich weigerte, sich wie ein folgsamer Bao Dai in Frankreich zur Ruhe zu setzen, als die Strategie des Vietcong eindeutig darauf abzielte, die Bauern zu bewaffnen und die Bildung einer kambodschanischen, Sihanuk freundlichen Befreiungsarmee zu betreiben, wurde die amerikanische Intervention dringend erforderlich. Tad Szulc berichtete aus Washington, daß die »Khmer Rouges, das kambodschanische Gegenstück zu den südvietnamesischen Vietcong-Guerillas, nach Meinung von US-Regierungsexperten für Indochina-Fragen zu einem wichtigen Element in Kambodscha werden könnten«.[63] Es steht zu erwarten, daß sich die Befreiungsarmee der Khmer, sollte sie sich wie bisher weiterentwickeln, mit der NLF (jetzt: Provisorische Revolutionäre Regierung Südvietnams, RSV), mit den Pathet Lao und den Nordvietnamesen zu einem allgemeinen Indochinakrieg gegen die von den USA unterstützten rechtsgerichteten Elemente zusammenschließt.

Vielfach wird anerkannt, daß die revolutionären Gruppen, denen wir in Laos und Vietnam – und sehr bald wahrscheinlich auch in Kambodscha – gegenüberstehen, die einzigen einheimischen Kräfte sind, die unmittelbar Aussicht haben, die Unterstützung der Massen Indochinas für ihre Sache zu mobilisieren. Zum Beispiel wird in einer kürzlich von der RAND Corporation veröffentlichten Studie zugegeben, daß es abgesehen von der Neo Lao Hak Sat (oder politischen Partei der revolutionären Bewegung in Laos) keine »politische Organisation mit breiter Basis« in Laos gebe, einem Land, das von einer »extrem kleinen Elite« beherrscht wird[64], die, um

63 *New York Times* vom 19. April 1970.

64 Paul F. Langer und Joseph J. Zasloff, *Revolution in Laos: The North Vietnamese and the Pathet Lao,* RM–5935, September 1969. Die Verfasser behaupten allerdings, daß der Pathet Lao ohne die Kontrolle der Nordvietna-

genauer zu sein, kaum mehr als eine Fassade für die Amerikaner abgibt.
Ähnliche Schwierigkeiten hat der Beraterausschuß für Vietnamstudien bei der SEADAG (Southeast Asia Development Advisory Group) in seiner Sitzung vom 3. Mai 1969 mit der Erklärung der Tatsache, daß die NLF die »bestorganisierte politische Gruppe«, die »stärkste politische Organisation in Südvietnam« ist.[65]
Dieselben Schlußfolgerungen werden auch in der wissenschaftlichen Literatur gezogen. Der Vietnam-Kenner Allen Goodman zum Beispiel kommt zu dem Ergebnis:

> »In der Tat hat es ganz den Anschein, als würden der Aufbau von Kader-Strukturen und die Bildung starker lokaler Regierungen auch späterhin, wenn in Südvietnam wieder Verhältnisse wie in Friedenszeiten eingetreten sein werden, die entscheidende Stärke des Vietcong ausmachen. Endgültiger Sieger in Südvietnam wird nicht die Partei sein, die den Krieg unvermeidlich gewinnt, sondern eher die Partei, die sich vorzeitig auf Frieden einrichtet.«[66]

Daher sehen sich die USA genötigt, auf das »Phoenix-Programm« zur Zerstörung der Infrastruktur des Vietcong zurückzugreifen und auf all die anderen Vernichtungsmittel

mesen aktionsunfähig wäre. Die an dieser Stelle und anderwärts hierfür vorgelegten Beweise, die ihnen angeblich zugänglich waren, scheinen mir eine derartige Schlußfolgerung nicht zu unterstützen.

65 In einem Brief vom 26. Februar 1970 an *The New York Review* war ich naiv genug, Samuel Huntingtons Erklärung Glauben zu schenken, wonach die Hauptaufgabe des Beratergremiums vorwiegend darin bestehe, Geldgeber für wissenschaftliche Arbeiten über Vietnam zu finden. Nachdem ich nun den Bericht über diese Sitzung gelesen habe, in der man sich damit befaßte, eine geeignete Strategie dafür zu entwickeln, wie man angesichts des beharrlichen Bestrebens der Öffentlichkeit, die militärische Rolle der Vereinigten Staaten in immer düstererem Licht zu sehen, auf nationaler Ebene Einfluß auf unsere Meinung von uns selbst gewinnt, würde ich meine Leichtgläubigkeit gern ungeschehen machen.

66 *South Vietnam: Neither War nor Peace,* in: *Asian Survey,* Februar 1970.

und Methoden der Bevölkerungskontrolle, mit denen sie bisher in ganz Indochina experimentiert haben. Das macht es mehr als wahrscheinlich, daß die Vereinigten Staaten sich auch in Kambodscha wie in Laos zu intensiven Bombenangriffen auf zivile Ziele oder zu direkter Okkupation werden entscheiden müssen, um die rechtsstehenden Elemente an der Macht zu halten, denen sie verpflichtet sind.

Und dies wird aller Wahrscheinlichkeit nach nicht einmal das Ende sein. Die *Far Eastern Economic Review* schreibt in einem Leitartikel, es gebe Gründe, die befürchten lassen, »daß die revolutionäre Lage in der gesamten Region ausgezeichnet ist«. Und die Zeitung fährt in ihren düsteren Spekulationen zu Indochina fort:

> ». . . um einem Volkskrieg entgegenzusehen, der von Laos aus Nachschub und Unterstützung erhält, den Nordosten und den Norden Thailands umschließt, sich schließlich, geschürt von Ching Peng und den Überbleibseln der kommunistischen Partei Malayas, mit den Dissidenten im Süden vereinigt und sich über das ganze Land ausbreitet, um dann den zahlreichen Gruppen von Aufrührern die Hände zu reichen, die innerhalb Burmas zu offener Revolte übergegangen sind. Von hier aus führt die revolutionäre Front weiter über die Nagas und andere Minoritäten bis hin zu den Naxaliten und nach Westbengalen.«[67]

Es fällt nicht schwer, sich bei jedem der genannten Länder andere Gründe für die Ausweitung des »Volkskrieges« vorzustellen. Die Beteiligung der Amerikaner allein ist schon ein Faktor, der dazu beiträgt. Die Vereinigten Staaten können kaum erwarten, daß sie Thailand in eine Militärbasis für ihre südostasiatischen Kriege umwandeln können, ohne daß sie die Reaktion der »Kommunisten« heraufbeschwören, die nach diesen Regeln nicht mitspielen wollen.[68] Auch nationale

67 9. April 1970.
68 Über die Rolle der Amerikaner bei der Auslösung von Guerillaaktivitäten

Gründe ließen sich unschwer anführen. In dem erwähnten Kommentar der *Far Eastern Economic Review* wird weiter festgestellt, daß »China über ein neutralistisches Laos und ein neutralistisches Kambodscha wahrscheinlich weitaus glücklicher wäre«. Das ist zweifellos wahr. Sihanuk jedenfalls hat, wie wir an anderer Stelle festgestellt haben, diesen Punkt wiederholt nachdrücklich betont. Die Vereinigten Staaten aber würden eine derartige Option nicht zulassen.

Bei der stupiden Hartnäckigkeit, mit der sie sich darauf versteifen, den Völkern Indochinas rechtsstehende Regierungen ohne jeden Rückhalt in der Bevölkerung aufzuzwingen, wird es den Vereinigten Staaten am Ende doch noch gelingen, einen pazifischen oder sogar globalen Krieg heraufzubeschwören. Vielleicht ist diese Aussicht auch im Moment nicht wahrscheinlich, doch läßt sich leicht eine Folge von Ereignissen denken, die zu einer solchen Konsequenz führen könnten. Was auch geschehen mag – die Völker Südostasiens sehen einer düsteren Zukunft entgegen. Die USA setzen ihre unvergleichlichen technologischen Reserven und ihre international stationierte militärische Streitmacht dazu ein, gewaltige Gebiete zu besetzen und zu verwüsten, deren Bevölkerung zu entwurzeln und zu demoralisieren, das gesellschaftliche Leben in denjenigen Gebieten zu zerschlagen, die sie nicht durch ihre Anwesenheit kontrollieren können. Solange das amerikanische Volk diese Greuel duldet, können die Völker Südostasiens auch weiterhin nur dem Elend entgegensehen.

Man kann diese Expansionspolitik, die das Ziel hat, tief ins Innere Asiens vorzudringen, natürlich bis weit in die amerikanische Geschichte zurückverfolgen. Das Bemühen Nachkriegs-Amerikas, Südostasien zu beherrschen, enthält ein Element von »Vernunft«, gemäß den erkannten Interessen derjenigen, die die amerikanische Gesellschaft dirigieren – zum

in Thailand siehe die interessanten Kommentare George Kaluns in: Richard M. Pfeffer (Hrsg.), *No More Vietnams?* New York, Harper & Row, 1968. Diese Kommentare haben auch die Zustimmung Chester Coopers vom State Department gefunden.

Unglück der Völker Indochinas und der Vereinigten Staaten, die den Preis dafür entrichten müssen. Es ist nicht unwahrscheinlich, daß dieser Preis der von Professor Fairbank beschriebene sein wird (s. Bd. I, S. 9 ff.): Krieg gegen die Völker Asiens und wachsende totalitäre Gefahr in den Vereinigten Staaten selbst.

Aber damit ist das düstere Spiel noch keineswegs zu Ende. Solange der Krieg andauert, wird es sich, ohne daß jene Art von Kontrollen notwendig wird, die für die kapitalistische Wirtschaft unannehmbar sind, vielleicht als unmöglich erweisen, Inflation und Arbeitslosigkeit innerhalb »erträglicher« Grenzen zu halten. Geschieht das, könnten die amerikanischen Arbeiter sich eines Tages weigern, ihre Arbeitsplätze und ihren Lebensunterhalt auch weiterhin für die Sache der amerikanischen Herrschaft über Südostasien zu opfern. Vielleicht werden noch weit größere Kreise in die Bewegung gegen den Krieg einbezogen. Ohne Zweifel sind viele, sehr viele Menschen fassungslos und besorgt. Es gibt Widerstand in den Streitkräften selbst und anhaltenden Widerstand gegen die Einberufung – einem kürzlich vorgelegten Bericht zufolge »hat die zentrale Einberufungsstelle in Oakland, die Gestellungsbefehle in ganz Nordkalifornien und in einem Teil Nevadas verschickt, erklärt, daß die Hälfte der jungen Männer zur befohlenen Musterung nicht erschienen ist und daß 11% von denen, die zur Musterung antreten, den Wehrdienst verweigern«.[69]

Noch viel mehr Menschen weigern sich, kriminelle Handlungen durch die Entrichtung einer Wehrsteuer zu unterstützen. Während ich dies schreibe, führen Studenten Streikaktionen durch, wie es sie niemals vorher gegeben hat. Sabotageakte gegen das Militär nehmen zu. Ein Untergrund ist im Entstehen, wenn »Kriminelle« wie Daniel Berrigan sich weigern, die Legitimität einer Behörde anzuerkennen, die sie zu Gefängnisstrafen verurteilt für den Versuch, der Kriegsmaschinerie Sand ins Getriebe zu streuen. Im Kongreß gärt es, und die

69 *New York Times* vom 5. Mai 1970.

staatliche Legislative registriert überraschend starke Opposition. Kurzum, jene, die noch immer hoffen, ihre südostasiatischen Kolonien zu unterjochen und zu halten, haben noch viele Schwierigkeiten zu erwarten, sowohl hier wie dort.
Um den Krieg fortzuführen, wird die Regierung Opposition und Protest, die mit Sicherheit immer militantere Formen annehmen werden, je mehr sich der Krieg ausweitet und sein Charakter sich zunehmend deutlicher abzeichnet, ersticken müssen. Sie wird dann vor die Wahl gestellt sein, entweder diesen Krieg aufzugeben, was für die Weltpolitik Amerikas langfristige und unabsehbare Konsequenzen haben wird, oder das über Bord zu werfen, was an den Strukturen amerikanischer Demokratie noch übriggeblieben ist. Und man wird vielleicht schon sehr bald seine Wahl treffen müssen. Man denke zum Beispiel an den von den Senatoren Hatfield, McGovern und anderen eingebrachten Gesetzesentwurf, der vorsieht, die Geldmittel für eine Fortsetzung des Krieges zu sperren – ein mutiger Schritt dieser Politiker, der ein scharfes Kriterium setzt, mit dem sich feststellen läßt, ob ein Kongreßmitglied für Krieg oder Frieden in Indochina votiert. Angenommen, der Vorschlag würde Gesetz. Dann wäre man ganz eindeutig vor die Wahl gestellt. Ich würde zögern, das Ergebnis vorherzusagen.

Nachtrag

Kaum mehr als ein Monat ist vergangen, seit in der ersten Maiwoche der voranstehende Aufsatz über Kambodscha zur Veröffentlichung gegeben worden ist. In der Zwischenzeit hat sich mancherlei Interessantes zugetragen. Unser Mann in Saigon, Vizepräsident Ky, hat offiziell das »törichte Argument törichter Leute« zurückgewiesen, »daß, wenn eines Tages die Amerikaner Kambodscha verlassen, ihnen auch die Südvietnamesen aus Kambodscha folgen müssen«.[70] Am selben Tag

70 *New York Times* vom 22. Mai 1970.

noch, an dem sich der Marschall so unbefangen in Saigon aussprach, erklärte ein Sprecher der Regierung Lon Nol, Major Am Rong, daß »wir niemals von den Südvietnamesen beherrscht sein werden – das ist der Grund, warum die Bevölkerung sich gegen sie stellt«, und stellte ausdrücklich fest, daß dies auf alle Südvietnamesen gemünzt sei.[71] Es gibt weitere, diese Erklärung bestätigende Hinweise. Henry Kamm berichtet von einem »tiefen Unbehagen in jenen Schichten der Bevölkerung, die die Regierung ... Lon Nol und ... Sirik Matak einst überaus enthusiastisch unterstützten«, ein Ergebnis der Besetzung eines Hauptteils von Kambodscha östlich des Mekong durch Truppen der ARVN und die Anwesenheit südvietnamesischer Truppen in Phnom Penh:

> »An der Universität und an den Oberschulen zirkulieren Berichte über Mord, Vergewaltigung und Plünderung durch südvietnamesische Truppen, die eifrige Zuhörer finden. Mitglieder des Lehrkörpers berichteten heute, daß eine Delegation von Studentenführern an General Sirik Matak appelliert habe, seine Besorgnis über die Machtübernahme in weiten Teilen Kambodschas durch Südvietnamesen und über das Verhalten jener Truppen zum Ausdruck zu bringen.«[72]

In der Hauptstadt Phnom Penh

> »tauchten an den Glaswänden des regierungseigenen Warenhauses Plakate auf, die die südvietnamesischen Truppen auffordern, sich von kambodschanischem Boden zurückzuziehen. Die Plakate legten den Truppen aus Saigon zur Last, kambodschanische Frauen geschändet und kambodschanisches Eigentum zerstört zu haben. Solche Anklagen sind den Korrespondenten, seit die südvietnamesischen Verbände in Kambodscha einmarschiert sind,

71 *Boston Globe, New York Times* vom 22. Mai 1970.
72 *New York Times* vom 25. Mai 1970.

wohlvertraut, aber niemand hat damit gerechnet, daß die Regierung in Phnom Penh so bald schon derart unverhüllte Anschuldigungen erheben würde.«[73]

Derselbe Korrespondent berichtet, daß die »territoriale Besetzung von Teilen Kambodschas Saigons Aufgabe in einer Abmachung ist, die es mit Amerika geschlossen hat, um Kambodscha zu einem sicheren Hort der Demokratie zu machen«.

General Do Cao Tri, Oberbefehlshaber der ARVN in Kambodscha, erklärte die Schwierigkeit, zu entscheiden, ob die Kambodschaner in den besetzten Dörfern »für Sihanuk, für Lon Nol oder für den Vietcong« seien.[74] Ebenso beklagte er die Lustlosigkeit der kambodschanischen Armee, zu kämpfen. Er kündigte an, daß, »falls die Kambodschaner weiterhin unsere Landsleute mißhandeln (womit er auf das von der kambodschanischen Armee begangene Massaker anspielte), unsere Armee in geeigneter Weise darauf reagieren wird«, wobei er sich auf Einzelheiten nicht näher einließ.[75] Auch Marschall Ky erklärte: »Wir werden auch weiterhin in Kambodscha militärisch präsent bleiben, nicht nur, um die Kommunisten zu vernichten, sondern auch, um den Schutz für Leben und Eigentum der 600 000 in Kambodscha lebenden Vietnamesen zu gewährleisten.«[76] Der mit den Problemen des ethnisch den Vietnamesen zuzurechnenden Bevölkerungsteils von Kambodscha beauftragte vietnamesische Minister schlug vor, daß diese Menschen in die kambodschanischen Grenzprovinzen Svay Rieng, Takeo und Kampot umgesiedelt werden sollten, wo sie »unter dem sichern Schutz der dort operierenden südvietnamesischen Einheiten leben würden und ihren Lebensunterhalt zum großen Teil damit verdienen könnten, daß sie für die Armee tätig sind oder mit ihr Handel trei-

73 T. J. S. George, in: *Far Eastern Economic Review* vom 28. Mai 1970.
74 Daniel Southerland, in: *Christian Science Monitor* vom 20. Mai 1970.
75 *New York Times* vom 23. Mai 1970.
76 *New York Times* vom 22. Mai 1970.

ben«.[77] Offenbar ist vorgesehen, daß ARVN-Truppen in beträchtlicher Stärke in diesen Regionen bleiben sollen.
Bei einer Ansprache in der kambodschanischen Stadt Neak Luong kündigte Marschall Ky an, daß von der südvietnamesischen Armee auf kambodschanischem Gebiet elf Flugplätze angelegt würden, um Operationen aus der Luft zu erleichtern.[78] Auch Präsident Thieu ist mit von der Partie, indem er vorhersagt, daß »seine Streitkräfte in Kambodscha in einen langen Krieg verwickelt sein werden«. – »Wir müssen Kambodscha helfen, wie wir uns selbst helfen«, setzte er hinzu, und sicherstellen, daß weder Sihanuk noch »ein anderer kommunistischer Führer« jemals an die Macht zurückkehrt.[79] Aus Saigon berichtet Terence Smith, Präsident Thieu nehme an, daß ARVN-Truppen »auch nach dem Abzug von US-Einheiten noch auf unbegrenzte Zeit in Kambodscha operieren werden«, »weiterhin mit logistischer Unterstützung durch die Amerikaner und mit ihrer direkten Kampfunterstützung, um jene Operationen in Gang zu halten«.[80] Präsident Thieu scheint ein wenig das Unbehagen der Kambodschaner über das Auftreten Marschall Kys und General Tris in Kambodscha zu teilen. Henry Kamm berichtet aus Saigon, daß man sich von Marschall Ky erzähle, »er strebe Machtpositionen an, die ihn zu so etwas wie dem Vizekönig von Ost-Kambodscha machen würden«, und daß man ebenfalls Besorgnis über das »anmaßende Gehabe« General Tris äußert, das ein Hinweis auf mögliche politische Ambitionen sein könnte.[81]
Die Absicht Saigons, »seine Truppen für unbestimmte Zeit auf kambodschanischem Territorium zu belassen«, erfreut sich, so berichtet man aus Washington, »offensichtlich des uneingeschränkten Segens der Vereinigten Staaten«.[82] Szulc bemerkt

77 Nach einem Bericht Henry Kamms in der *New York Times* vom 6. Juni 1970.
78 François Nivolon im *Figaro* vom 13. Mai 1970.
79 John Hess in der *New York Times* vom 14. Juni 1970.
80 *New York Times* vom 28. Mai 1970.
81 *New York Times* vom 2. Juni 1970.
82 Tad Szulc, in: *New York Times* vom 26. Mai 1970.

zudem, daß die Behörden »durchaus die Möglichkeit einräumen, daß die USA auch nach ihrem Abzug den südvietnamesischen Truppen in Kambodscha taktische Luftunterstützung gewähren würden«. Weitaus interessanter noch ist: Szulc macht die Beobachtung, daß Ministerialbeamte heute unbefangen von der »sich wandelnden Mission der Saigoner Truppen« sprechen – vom »Angriff auf Schlupfwinkel zu Anfang zur Unterstützung der Regierung Lon Nols«. Den eigentlichen Grund hierfür erläutert er in einem weiteren Bericht aus Washington:

> »... das Lon Nol-Regime wird, wenn es sich erfolgreich mit subversiven Umtrieben und Guerillaaktivitäten auseinandersetzen will, Beistand benötigen. Einige Beamte erklärten, daß die Situation, wie sie sich in Kambodscha entwickle, in mancherlei Hinsicht derjenigen Südvietnams im Jahre 1960 entspreche, als der Vietcong die offene Rebellion gegen das Saigoner Regime begann.«[83]

Es ist immerhin beruhigend, daß hohe amerikanische Beamte heute zu begreifen (oder zumindest zu ahnen) beginnen, was seit Ende März wohl jedem einigermaßen aufmerksamen Leser der Weltpresse nicht verborgen geblieben sein dürfte.
Tatsächlich ist es wahrscheinlich eines der ursprünglichen Motive der USA-ARVN-Invasion gewesen, der Regierung Lon Nol gegen die wachsende Bedrohung durch »subversive Umtriebe und Guerillaaktivitäten« zu Hilfe zu kommen. Der Kongreßabgeordnete Hamilton Fish faßte in einem Brief an die Wählerschaft eine vertrauliche Instruktion des Staatssekretärs im Außenministerium Richardson an ausgewählte Kongreßmitglieder zusammen.[84] Den Kongreßabgeordneten war folgendes erklärt worden:

> »Unmittelbar nach dem Sturz Sihanuks unterbrach die neue

83 *New York Times* vom 21. Mai 1970.
84 13. Mai, ich zitiere nach *J. F. Stone's Bi-Weekly* vom 18. Mai 1970.

antikommunistische Regierung sämtliche Nachschublinien (der Nordvietnamesen und des Vietcong), außer den Ho-Chi-Minh-Pfad.[85] Um ihrer ernstlich gefährdeten Nachschubwege wieder habhaft zu werden, begannen VC und NVA aus ihren Enklaven hervorzukommen, wodurch die kambodschanische Regierung vom Umsturz bedroht wurde ... Vor diesem Hintergrund wurde der unverzügliche Befehl zum amerikanisch-südvietnamesischen Eingreifen gegeben.«

Eine vollständigere Instruktion hätte wohl die Erklärung geliefert, daß die Vorstöße der US-ARVN-Militärs über die Grenze hinweg, die unmittelbar nach dem Putsch Lon Nols begannen, ebenfalls ein Faktor gewesen sind, durch den die kommunistischen Truppen gezwungen wurden, ihre Enklaven zu verlassen und das Putsch-Regime mit seinem Sturz zu bedrohen.
Nixons ursprüngliche Behauptung lautete, daß die US-ARVN-Invasion durch die gesteigerte militärische Aktivität der Nordvietnamesen motiviert worden sei, die die militärische Position der Amerikaner in Vietnam gefährdet habe. Wie bereits früher hierzu bemerkt wurde, ist dies schlechterdings absurd; ein antikommunistischer Putsch in Phnom Penh konnte die Bedrohung der amerikanischen Truppen in Südvietnam durch die Nordvietnamesen schwerlich vergrößern, und wie bereits weiter oben erwähnt wurde, verneinten es militärische Kreise in Saigon, von irgendeiner solchen stärkeren Bedrohung Kenntnis zu haben. Seither sind wir mit weiteren Informationen bekanntgemacht worden. Ein Bericht des Stabes des Senate Foreign Relations Committee trifft die Feststellung, daß die militärischen Stellen der USA in Saigon und Washington die Behauptung Nixons nicht bestätigen könnten; aus der Lagebeurteilung durch den Geheimdienst geht hervor, daß die kommunistischen Streitkräfte sich in Ver-

85 Der natürlich größtenteils außerhalb kambodschanischen Territoriums verläuft.

teidigungsstellungen zurückgezogen hätten und sich in die westlichen Gebiete Kambodschas, weit von der Grenze nach Südvietnam, absetzten.[86] Dem Stab war mitgeteilt worden, daß die amerikanische Invasion gegen feindliche Schlupfwinkel gerichtet sei, und »gegen die COSVN-Hauptquartiere [Central Office, South Vietnam] zur Kontrolle Südvietnams«, wenngleich bereits neun Tage nach der Invasion »COSVN aus der militärischen Berichterstattung völlig verschwunden war«. (Vgl. weiter unten, Seite 172)
Tad Szulc berichtet aus Washington[87], man habe in Erfahrung gebracht, »daß die USA ein langfristiges Pazifizierungsprogramm in Kambodscha« unter Aufsicht der Südvietnamesen und Thais befürworteten. Wie in Vietnam werden auch weiterhin B-52-Einsätze gegen »feindliche Nachschublinien« geflogen werden, eine Redensart, deren Sinn sich in Kambodscha in der gleichen Weise erfüllen wird wie bisher in Vietnam. Der Grund für dieses langfristige Pazifizierungsprogramm ist darin zu suchen, daß sich Prinz Sihanuk »in den ländlichen Gebieten Kambodschas noch immer weit verbreiteter Popularität erfreut und daß diese Popularität ein ausgezeichneter Nährboden für die Sache der Aufständischen ist«, deren Anhängerschaft, seit in den Dörfern revolutionäre Zellen gebildet worden sind, sprunghaft zunimmt. Ein weiteres Problem ist die kambodschanische Wirtschaft. Wie Szulc sehr zurückhaltend formuliert, wurde sie »schwer getroffen durch die Zerstörung von Gummiplantagen während der alliierten Vorstöße nach Kambodscha« – d. h. »*durch* alliierte Vorstöße«, um genauer zu sein. Kambodschas größte Gummipflanzung, die Chup-Plantage, wurde am 23. Mai von 10 000 Mann ARVN-Truppen und Panzerfahrzeugen angegriffen. Einem AP-Bericht[88] zufolge wurden am ersten Tag des Angriffs etwa »ein Dutzend Männer, die als Mitglieder der Khmer Rouge, einer kambodschanischen kommunistischen

86 John Finney, in: *New York Times* vom 7. Juni 1970.
87 *New York Times* vom 7. Juni 1970.
88 *New York Times* vom 24. Mai 1970.

Guerilla-Organisation, identifiziert worden sind, im äußersten Südteil der Plantage als getötet und weitere 15 als gefangen gemeldet«. Ebenfalls als gefallen gemeldet wurden weitere fünfundzwanzig Mann des Feindes, deren Nationalität nicht festgestellt werden konnte. Henry Kamm ergänzt hierzu in einem Beitrag aus Phnom Penh, Augenzeugenberichten sei zu entnehmen, daß Maschinen der südvietnamesischen Luftwaffe die gummiverarbeitenden Betriebe bombardiert und mit Bordwaffen beschossen hätten, »die darauf in Flammen aufgingen, in denen mindestens 15 von insgesamt 550 Arbeitern umgekommen sind« und weitere 80 Menschen verletzt wurden. Zeugen berichten, »daß sich zum Zeitpunkt des Angriffs und auch vorher niemals Vietcong oder nordvietnamesische Streitkräfte auf der Pflanzung aufgehalten« hätten. Weniger als eine Stunde später warf ein zweiter Bomberverband Napalm über dem Plantagen-Gebiet ab, wobei eine Anzahl von Menschen verwundet wurde, die gerade versuchten, jenen Hilfe zu bringen, die beim ersten Angriff verletzt worden waren. Kurz darauf wurde gemeldet, daß »Flugzeuge die rings um die südliche Hälfte der ausgedehnten Plantage verstreuten Dörfer angegriffen und ebenso den Zentralmarkt sowie die Hauptschule bombardiert hätten«.
Eine andere Überschrift in derselben Ausgabe der *Times* lautet: »Vorstoß nach Kambodscha laut US-Befehlshaber voller Erfolg«. So wird zum Beispiel vom Beschuß »nordvietnamesischer Truppen« berichtet, die sich rings um ein »Dorf aus kleinen Bambushütten« eingegraben hätten; Beschuß mit Granaten und Luftangriffe »zerbombten jedes Bauwerk einschließlich der buddhistischen Pagode, bis nur noch Ruinen übrig waren ... Über das Schicksal der 35 kambodschanischen Einwohner ist nichts bekannt«. Derselbe Bericht erwähnt, daß »sogar in Gebieten, von denen man wußte, daß sich dort kambodschanische Dörfer befanden«, der Einsatz schwerer B-52 gefordert wurde. Südvietnamesische Truppen meldeten, daß sie »33 tote Zivilisten gefunden hätten«, die während dieser Angriffe »offenbar von US-Bomben getötet

worden sind«.[89] Die 43 000 Mann südvietnamesischer Truppen »haben nach dem Urteil von US-Befehlshabern ausgezeichnet gekämpft«. Auch die amerikanischen Piloten haben ihre Aufgabe mit der gewohnten Kompetenz erledigt, wie der Bericht klarstellt.

Ein amerikanischer Biologe, Arthur Westing, besuchte im vergangenen September mit der Gruppe, die Untersuchungen über amerikanische Entlaubungsaktionen in Kambodscha vornimmt (vgl. Anmerkung 8), die Gummiplantage von Chup. Nach der Lektüre der Berichte, die »bis in alle entsetzlichen Einzelheiten die Verwüstung der Gummiplantagen in der Provinz Kompong Cham schildern, ferner die Plünderungen der gummiverarbeitenden Fabriken durch ARVN-Streitkräfte (ausgerüstet mit US-Waffen, versehen mit US-Munition und geschützt durch US-Luftunterstützung)«, schrieb er einen Brief an die *New York Times* (datiert vom 25. Mai, nicht zur Veröffentlichung angenommen), in dem er bemerkte:

> »Gummi ist immer Kambodschas wichtigstes internationales Zahlungsmittel gewesen. Im Dezember schaute ich mir mit einiger Gründlichkeit die Plantagen an, die heute verwüstet daliegen. Auf den endlosen Flächen der sorgfältig gepflegten Pflanzungen wurde der wohl ergiebigste Gummi gewonnen, dessen Qualität nirgendwo sonst auf der Welt seinesgleichen fand – es war auch eine Freude für jeden Pflanzenliebhaber, sie sich anzuschauen. Der nun unter dem Verlust zahlreicher unschuldiger Menschenleben ausgeplünderte und zerstörte Verarbeitungsbetrieb bei Chup war einst ein Prunkstück der Automation und schimmernden Stahls – der ganze Stolz jenes armen Landes.«

So also marschieren die amerikanischen Streitkräfte und ihre

89 Drei Tage früher (*New York Times* vom 21. Mai 1970) hatte derselbe Reporter, Ralph Blumenthal, berichtet, daß amerikanische Truppen die Leichen von 33 kambodschanischen Zivilisten gefunden hätten – vermutlich dieselben Unglücklichen –, »die offenbar durch den Bombenangriff amerikanischer B-52 in der letzten Nacht getötet worden sind«.

Verbündeten auf stets neu entdeckte Angriffsziele los und weiteren glorreichen Siegen entgegen.
Ein Korrespondent der *Far Eastern Economic Review*[90] äußert die Vermutung, daß *eines* der Ziele der USA-ARVN-Invasion darin bestanden habe, »der südvietnamesischen Armee moralische Aufrüstung zu geben«. Diese Truppen, so hebt er ferner hervor, »sind mit etwas ausstaffiert worden, das auf einen Papiersieg hinausläuft (weil sie in Kambodscha niemals wirklich auf kommunistische Einheiten von irgendwelcher Stärke getroffen sind)«. Kambodschanische Dörfer zu zerstören, fällt wesentlich leichter, als zu Hause gegen den Vietcong zu kämpfen. Joseph Kraft kommentiert:

> »Wie General Do Cao Tri, der südvietnamesische Patton, sich ausdrückte: ›Hier gibt es keine Minenfallen. Und keine politische Infrastruktur‹.«[91]

Zumindest gegenwärtig noch nicht. Und es gibt zudem manch anderes Lohnende zu holen. Henry Kamm berichtet: »Augenzeugen in Chup sagten aus, daß Soldaten der südvietnamesischen Kampfverbände alle verwendungsfähigen Fahrzeuge mit sich nahmen, wobei sie einige mit Klimaanlagen, Kühlschränken und anderen Einrichtungsgegenständen aus den Häusern der französischen Verwaltungsangestellten beluden.«[92] AFP berichtet, daß auch die kambodschanischen Söldnertruppen eine glanzvolle Vorstellung böten.[93] So »nahmen zwei Bataillone eines Truppenkontingents, das früher den United States Special Forces in Südvietnam unterstellt gewesen war, die Stadt Tonle Bet ein«, wobei sie auf nur geringfügigen Widerstand der »Nordvietnamesen« stießen, »die die Stadt offenbar wenige Stunden vorher verlassen hatten«. Die Stadt

90 Vom 28. Mai 1970.
91 *Boston Globe* vom 8. Juni 1970.
92 *New York Times* vom 25. Mai 1970. Inzwischen haben sich auch amerikanische Truppen daran beteiligt, vgl. Anmerkung 94.
93 Ebenda.

»war eine Woche lang mit kambodschanischem Artillerie- und Granatwerferfeuer belegt worden. In der Hauptstraße türmt sich der Schutt anderthalb Meter hoch. Wände und Dächer sind geborsten. Keine einzige Glasscheibe, die unzerbrochen geblieben ist. Kein Gebäude im Stadtzentrum ist vom Granatfeuer verschont worden. Wohin man blickt, klaffende Lücken, und Tausende von Patronenhülsen und scharfkantige Granatsplitter liegen überall im noch immer schwelenden Schutt.«

Einige Tage zuvor besuchte Gloria Emerson die durch amerikanische Granaten, Panzer und Artillerie zerstörte »Ruinenstadt« Snoul im »Angelhaken«-Gebiet.[94] Niemand dort wußte zu berichten, daß er »in der Stadt oder auf der 10 × 17 Kilometer großen Gummiplantage, die gleichfalls Snoul genannt wird«, auch nur einen einzigen Nordvietnamesen gesehen hätte. Die amerikanische Journalistin äußert die Vermutung, daß der Grund für dieses Ableugnen darin zu suchen sei, daß die Bewohner Furcht hätten, wenngleich nur schwer einzusehen ist, was, wenn sie die Anwesenheit nordvietnamesischer Truppen abstreiten, sie dadurch gewinnen können, jetzt, da ihre Stadt von den Amerikanern zerstört worden ist. »Sind die verrückt geworden?« fragte einer der Arbeiter von den Gummiplantagen, wobei er sich auf den Angriff bezog: »Warum zerstört man die ganze Stadt, wenn es keinen Widerstand gegeben hat, am Boden keine Schüsse gefallen sind? Alles nur, um chinesische Händler zu töten?« Dieser Zeuge, der vor Beginn der Kämpfe die Stadt verlassen hatte, »glaubte nicht, wie zivile amerikanische Beobachter berichtet hatten, daß die Nordvietnamesen auf amerikanische Panzereinheiten das Feuer eröffnet hätten«. In dem Bericht heißt es weiter:

»Niemand scheint zu wissen, wieviele Tote es bei den Kämpfen und durch US-Luftangriffe gegeben hat. Man fin-

94 *New York Times* vom 23. Mai 1970.

det frisch aufgeworfene Gräber, aber die Kinder sind alle zusammen beerdigt worden.«

Und die Journalistin fügt hinzu: »Amerikanische Militärbefehlshaber in Kambodscha glauben, daß den in Snoul angerichteten Schäden allzuviel Aufmerksamkeit geschenkt worden sei.« Lassen wir also dieses Thema fallen und wenden wir uns anderen zu. Peter Arnett berichtet[95], daß die amerikanischen Truppen sich einem »politischen Problem« gegenübersehen. Amerikanische Infanteristen sind gezwungen, inmitten der kambodschanischen Zivilbevölkerung zu operieren. »Die Amerikaner, die in Vietnam Schwierigkeiten haben, ›Freund‹ und ›Feind‹ in der Zivilbevölkerung auseinanderzuhalten, müssen jetzt versuchen, zwischen ›guten‹ und ›bösen‹ Kambodschanern zu unterscheiden.«

»So wiederholt sich hier also, was in Vietnam geschehen ist. Die Taktik der verbrannten Erde hat die Amerikaner dahin gebracht, Häuser in Brand zu setzen, weil sie von den Kommunisten benutzt werden könnten. Aus demselben Grund wird das Vieh abgeschlachtet. Rauchspiralen steigen am Sonntag über dieser Gegend auf. Ganze Gruppen von Häusern sind in schwelende Aschenhaufen verwandelt worden.«

Arnett zitiert einen amerikanischen Kommandeur, der erklärt hat: »Mein Befehl lautet, alles niederzubrennen«, und berichtet weiter, daß die Stadt Memot durch Luftangriffe teilweise

95 *Le Monde* vom 6. Mai 1970, aus dem Französischen rückübersetzt. Es ist eine interessante Frage, was mit den Berichten Peter Arnetts, einem der bedeutendsten Kriegsberichterstatter in diesem Gebiet, geschehen ist. Ich habe nur sehr wenige zu Gesicht bekommen. *Newsweek* (vom 18. Mai) berichtet, daß AP aus einer Story, die über Fernschreiber in die Heimat übermittelt wurde (Fernschreiber ins Ausland waren nicht davon betroffen), die Erwähnung von Plünderungen durch amerikanische Soldaten rausgestrichen habe. AP gab den »Irrtum« (der durch die politische Situation in den Vereinigten Staaten motiviert ist) zu und erklärte: »Die Angelegenheit ist bereinigt.« Es könnte von Nutzen sein, weitere Nachforschungen anzustellen.

zerstört worden sei, Dörfer niedergebrannt und Tausende von Zivilisten geflüchtet seien. Ein Beobachter kommentiert:

> »Derartige Aktionen sind geeignet, die vietnamesischen Bewohner der Gummiplantagen in die Reihen des Vietcong zu treiben und die kambodschanische Bevölkerung in die Arme der ›Khmer Rouges‹, wenn wir nicht vorsichtig sind.«

Ein amerikanischer Militärberater erklärte einer Gruppe von Hubschrauber-Piloten die »Regeln des Engagements«:

> »Es gibt hier unten zahlreiche Dörfer. Schießt nicht auf die Dörfer, bevor ihr nicht von dorther unter Feuer genommen werdet. Ein Kommunist auf freiem Feld – das ist fairer Kampf, aber wir wollen doch keine unschuldigen Zivilisten töten. Noch Fragen?«[96]

Nur noch eine. Wie unterscheidet man einen Kommunisten auf freiem Feld von einem unschuldigen Zivilisten? Und welche Unterscheidungen treffen wohl die anderen Boden- und Lufteinheiten, die eine breite Spur verwüsteter Dörfer hinter sich zurücklassen, während sie von Sieg zu Sieg weitermarschieren?

Bislang jedenfalls bestand der grundlegende Fehler einzig in dem Unvermögen, irgendeines der Hauptziele auszumachen. Wie Präsident Nixon beim Anrollen der Invasion großartig verkündete, war das ursprüngliche Ziel der Amerikaner die Zerstörung des legendären COSVN, des kommunistischen Pentagon, das er während seiner Rede auf einer Landkarte zeigte. Inzwischen sind Hinweise auf das COSVN aus sämtlichen Verlautbarungen verschwunden. »Trotz gelegentlich gegenteiliger Berichte erklären eingeweihte militärische Kreise, daß bisher nicht einmal ein Teil des COSVN erobert worden ist.«[97] Ein Mitarbeiter der *Far Eastern Economic Review* definiert COSVN als »ein hypothetisches Gebilde in

96 *New York Times* vom 21. Mai 1970.
97 Ralph Blumenthal, in: *New York Times* vom 9. Juni 1970.

den Köpfen frustrierter amerikanischer Militärplaner in Saigon«.[98] Ein NLF-Offizier, der in den letzten Maitagen in Cholon, Südvietnam, gefangengenommen worden war und der die Auffassung vertritt, daß der Verlust an Waffen und Material die kommunistischen Streitkräfte um drei Monate zurückwerfen könnte (militärische Quellen der Amerikaner und Südvietnamesen sprechen dagegen zuversichtlich von sechs Monaten), brachte sein Erstaunen darüber zum Ausdruck, daß die Amerikaner erwarteten, das Hauptquartier des Vietcong zu erobern, nachdem, wie er hervorhob, »die Amerikaner und Südvietnamesen nach einem ganzen Monat militärischer Operationen nicht einmal in der Lage gewesen sind, auch nur ein einziges der zahlreichen Kriegsgefangenenlager entlang beider Seiten der Grenze ausfindig zu machen«.[99] Jean-Claude Pomonti hat beobachtet, daß die seit dem 20. März von ARVN-Truppen und kambodschanischen Sondereinheiten durchgeführte Serie von Angriffen genügend Warnung gewesen sei und ihnen ausreichend Zeit gegeben habe, sich tiefer ins Landesinnere Kambodschas zurückzuziehen. Anderslautende Berichte deuten an, daß der Vietcong durch seine Agenten im Generalstab der ARVN vorgewarnt worden sei.[100] Pomonti glaubt nicht, daß die ARVN in der Lage sein werde, ihre Streitkräfte auch außerhalb des »Papageienschnabel«- und des »Angelhaken«-Gebiets zu halten, und zwar aufgrund der wachsenden Stärke des Vietcong. Selbst im Papageienschnabel »fällt es schwer, zu sagen, wer Jäger und wer Gejagter ist«, stellte General Tri fest. Sich in die evakuierten Gebiete Kambodschas abzusetzen, dürfte nicht leicht sein: »Beim nächstenmal werden wir dort in Fallgruben stürzen und auf Minen treten. So was ist schlecht für die Moral der Truppe«, erklärte ein südvietnamesischer Offizier, als er aus Chup abrückte, und General Tri klagte:

98 Carl Strock, 14. Mai 1970.
99 Jean-Claude Pomonti, in: *Le Monde Weekly Selection* vom 10. Juni 1970.
100 Jean-François Kahn, in: *L'Express* vom 8.-14. Juni 1970.

»Die Kambodschaner weigern sich, die Sache selbst in die Hand zu nehmen. Sobald wir aus einem Gebiet abziehen, wird nach uns sofort der Vietcong einrücken. Kambodschanische Verwaltung und Armee sind auseinandergefallen. Außerhalb Phnom Penhs sind sie praktisch nicht mehr existent.«

Darüber hinaus aber, so fügte er hinzu, entwickelten sich die ethnisch den Kambodschanern zuzurechnenden Vietnamesen, die von den Amerikanern ausgebildet und nach Kambodscha gebracht wurden, um dort die Kerntruppe einer neuen kambodschanischen Armee zu bilden, »mehr und mehr zu Banditen«. Die Moral ist zusammengebrochen, und es scheint, als würden sie sich bald schon wieder nach Südvietnam absetzen. Pomonti äußert die Bemerkung, daß eines der Ziele der amerikanischen Intervention die Stärkung der Regierung Lon Nol gewesen sei, »die ins Schwimmen geraten war und Ende April nurmehr die Hauptstadt und wenige andere Städte unter Kontrolle halten konnte«. Doch dieses Ziel ist nicht erreicht worden. »Die einzigen in relativ festen Händen befindlichen Gebiete sind jene, die von der südvietnamesischen Armee besetzt gehalten werden.«
Pomonti kommentiert:

»Eine der Ironien der Kambodscha-Operation liegt darin, daß von amerikanischen Truppen erbeutete Dokumente die Erkenntnis brachten, daß Prinz Sihanuks Vereinigte Befreiungsfront weitaus straffer organisiert ist, als ursprünglich angenommen wurde. Ihr Ziel ist die Bildung einer starken Organisation, deren Wurzeln in der Bauernschaft ruhen und die auf enger Zusammenarbeit zwischen kambodschanischen und vietnamesischen Kommunisten basiert. Den Roten Khmer ist eine führende Rolle innerhalb einer Bewegung zugewiesen worden, die in strategisch wichtigen Provinzen, wie beispielsweise Battambang, bereits am Werk ist.«

Sollte die ARVN den Versuch machen, die Invasion Kambodschas zu wiederholten, dann wird der südvietnamesische Patton diesmal sowohl Minenfallen wie eine politische Infrastruktur vorfinden, und nicht nur schwach verteidigte Dörfer, die leicht auszuradieren sind.
Amerikanische Berichte bestätigen, daß »nordvietnamesische Truppen Berichten zufolge eine intensive Rekrutierungs- und Aufklärungskampagne unter der Landbevölkerung Kambodschas durchführen, worin amtliche Stellen hier den Versuch sehen, eine kommunistische Guerilla-Organisation auf breitester Basis ähnlich dem Vietcong in Südvietnam zu schaffen«.[101] Dies ist eine »bedeutende Abweichung von der Politik der Nordvietnamesen während der letzten fünf Jahre, relativ isoliert in ihren Grenzstützpunkten zu bleiben und sich von der kambodschanischen Landbevölkerung fernzuhalten«. Die Aussichten dieser neuen Politik seien gut, sagt der Bericht und fährt fort:

> »Die traditionelle Unterstützung des früheren kambodschanischen Staatschefs durch die Landbevölkerung wird noch immer für sehr stark angesehen, und einige Quellen sowie unabhängige Beobachter glauben, daß ein einheimischer Guerilla- und politischer Apparat in Kambodscha in weitaus kürzerer Zeit aufgebaut werden können, als man in Südvietnam dazu benötigte.«

Weite Teile Kambodschas befinden sich unter kommunistischer Kontrolle, die sich seit der USA-ARVN-Invasion erheblich ausgeweitet hat. Gefangene und Überläufer berichteten, daß nordvietnamesische Einheiten in kleinere Gruppen aufgeteilt worden seien, die kambodschanische Dorfbewohner rekrutieren, »wobei sie kommunistische Führungsgruppen zusammenstellen und Guerillas ausbilden«. Die eingeborenen Roten Khmer bilden den Kern der Organisation. Die Quellen,

101 James Sterba, in: *New York Times* vom 29. Mai 1970.

auf denen dieser Bericht beruht, gaben ihre Analyse der Situation offensichtlich in der Absicht weiter, »die alliierten Vorstöße nach Kambodscha zu rechtfertigen«. Der Hintergedanke ist zu beweisen, daß die Invasion auf die von den »Nordvietnamesen« unternommenen Schritte hin erfolgt sei, eine Sihanuk-freundliche Armee aufzubauen und eine auf das Volk gestützte Guerilla-Bewegung zu organisieren. Jene »Quellen« unterließen es allerdings, zu erwähnen, daß die USA-ARVN-Vorstöße unmittelbar auf den Putsch Lon Nols vom 18. März hin erfolgt sind, wodurch es den Streitkräften des Vietcong und der NVA unmöglich gemacht wurde, in den abgelegenen Grenzgebieten zu bleiben, die sie stets als Rückzugsgebiete benutzt haben, seitdem die Blitzaktionen am Boden und die Luftangriffe zwischen 1966 und 1967 jene Gebiete Vietnams, in denen sie ihre Stützpunkte gehabt hatten, völlig unbewohnbar machten. Diese von den USA eingeleiteten militärischen Aktionen schlossen zudem für die Lon Nol-Regierung jede Möglichkeit aus, eventuell eine Übereinkunft zu erzielen, die es ihr gestattet hätte, Sihanuks neutralistische Politik fortzusetzen, was sie nach Auffassung einiger Kenner der Verhältnisse beabsichtigte.[102]
Andere Berichte aus Washington bestätigen diese Beurteilung der Lage. Tad Szulc zitiert Lagebeurteilungen des Geheimdienstes, »in denen die Vermutung geäußert wird, daß die von China gestützte Exilregierung Sihanuks jetzt ihre Operationen mit dem nordvietnamesischen Kommandostab in Kambodscha koordiniere ... Die Khmer-Rouge-Guerillas sind ein Teil dessen, was Beamte in Washington als stetig wechselnde Unterstützung des Sihanuk-Regimes in den abgelegenen Gebieten Kambodschas ansehen«.[103]

»Bruchstückhaft hier eintreffende Informationen lassen darauf schließen, daß die Anhänger Sihanuks im Nord-

102 Vgl. zum Beispiel Milton Osborne, *Cambodia: Runaway Coup d'état*, in: *The Nation* vom 8. Juni 1970.
103 *New York Times* am 18. Mai 1970.

osten Kambodschas tatkräftig mit dem Aufbau einer politischen Organisation beschäftigt sind und die Verwaltung in den Dörfern übernehmen. Hiesige Experten haben festgestellt, daß Prinz Sihanuk an traditionelle Gruppen in Kambodscha, einschließlich ›unserer geliebten buddhistischen Mönche‹ einen Hilfeappell gerichtet hat ... Mit den Worten eines amerikanischen Experten: ›Hier wird das Szenario für einen Bürgerkrieg geschrieben‹.«

Französische, im allgemeinen weitaus besser informierte Quellen neigen zu derselben Auffassung. Ein sachkundiger Beobachter schreibt in *Le Monde diplomatique:*

»In Zukunft ist die Situation klar. Auf der einen Seite die ›Reaktionäre‹: die Regierung des General Lon Nol; auf der anderen die ›Revolutionäre‹: die kambodschanische Regierung und die Nationale Einheitsfront von Kampuchea Peking. Die erstere hat die Städte im Griff, die letztere das Land. Die erstere vermag nur dank imperialistischer Militärhilfe zu überleben, die letztere genießt die volle Unterstützung der Bevölkerung. Ein einfaches Schema, übersichtlich, unwiderlegbar: man weiß, wer Freund und wer Feind ist.«[104]

Die kommunistischen Bemühungen, eine volkstümliche Guerilla-Streitmacht aufzubauen, stützen sich auf mehr als nur die unbestrittene Popularität Sihanuks unter der Bauernschaft. In einigen Gebieten existierten sogar schon während der Regentschaft Sihanuks Kampfverbände der Roten Khmer von einiger Stärke. Im Jahre 1967 war von der Armee Lon Nols ein Bauernaufstand in Battambang niedergeschlagen worden, und die Streitkräfte der Bauern hatten sich, angeblich unter der Führung der populären linksgerichteten Abgeordneten

104 François Joyaux, Juni 1970. Dies ist die Situation, wie sie von der Anhängerschaft Sihanuks gesehen wird – durchaus zutreffend nach Meinung dieses antikommunistischen Kommentators.

aus dieser Region, in den Dschungel abgesetzt.[105] Einige Experten führen die Rebellion auf einen Versuch der Armee Lon Nols zurück, die Bauern zugunsten einiger Militärführer und ihrer zivilen Helfershelfer von ihrem Land zu vertreiben.[106] Es ist interessant, daß Dokumente der Aufständischen aus dieser Zeit von den »Männern der Partei des Verrats« sprechen, »mit Lon Nol an ihrer Spitze, die mit den amerikanischen Imperialisten und ihren Lakaien gemeinsame Sache machen«: die Regierungen Thailands und Südvietnams, dazu die von Amerikanern ausgebildeten und von den Amerikanern geführten Khmer Serei – im Dezember 1967 eine überaus scharfsichtige Vorhersage.[107] Die Aufstände sind in diesem Gebiet nie abgerissen, wie auch amerikanische Quellen berichten. Melvin Gurtov, ein für die RAND Corporation arbeitender Wissenschaftler, stellt fest, »daß die Khmer Vietminh [Roten Khmer] in Zentral- und West-Kambodscha nicht weniger aktiv gewesen sind als in den Provinzen an der Grenze nach Vietnam«.[108] Ähnlich sind aus den nordöstlichen Grenzregionen der Provinz Ratanakiri während der vergangenen Jahre Aufstände von beachtlicher Heftigkeit gemeldet worden. Wie Jaques Decornoy feststellt[109], waren die

105 Vgl. die Seiten 32-33.
106 Léon Boramy und Malcolm Caldwell, *Cambodia,* Peace Press, März/April 1970. 6 Endsleigh Street, London W.C.1. Jean-François Kahn (a.a.O.) erklärt, daß der Aufstand »durch die Korruption der (Regierungs-) Beamten« provoziert worden sei. Prinz Sihanuk schrieb sie zu jener Zeit den maoistischen Eindringlingen aus Thailand zu (*Le Monde* vom 7. März 1968, zitiert nach François Joyaux, a.a.O.) und behauptete, daß erbeutetes Propagandamaterial diese Deutung bestätige.
107 Zitiert nach Jacques Decornoy, in: *Le Monde diplomatique,* Juni 1970.
108 *Southeast Asia Tomorrow.* Baltimore, The Johns Hopkins Press, 1970. Gurtov scheint dies als einen Hinweis darauf zu interpretieren, daß Nordvietnam nicht nur in Vietnam eigene Interessen vertritt, sondern Pläne auch in Kambodscha verfolgt. Eine plausiblere Auslegung ist wohl, daß Khmer-Aufstände nicht von den Nordvietnamesen geschürt werden, weil es nicht den geringsten Beweis dafür gibt, daß die Khmer-Vietminh in Gebieten wie etwa der Provinz Battambang von den Nordvietnamesen erst geschaffen oder gelenkt worden sind.
109 a.a.O. vgl. auch *Le Monde* vom 6. Mai und 10. Juni 1970.

kommunistischen Streitkräfte so stark, daß ein amerikanischer Versuch, während der kürzlich eingeleiteten Invasion in dieses Gebiet vorzudringen (nach intensiven B-52 Einsätzen, in Wellen bis zu 40 Flugzeugen, bei denen 1000-Tonnen-Bomben abgeworfen wurden), schnell zurückgeschlagen werden konnte, wobei die gemeldeten Verluste beinahe den »geschätzten« Verlustziffern auf feindlicher Seite gleich waren. Man erwartet, daß diese Guerilla-Einheiten binnen kürzester Frist verstärkt werden können, zumal jetzt, nachdem Prinz Sihanuk mit seinem großen Prestige im Volk Unterstützung zugesagt hat und seit die Regierung Lon Nol durch den Gang der Ereignisse immer mehr zu autoritärem Auftreten und Unterdrückungsmaßnahmen Zuflucht nehmen muß.

Das politische Programm der Guerillas beruht auf »Demokratisierung«, Reformen zugunsten der Bauernschaft, die das Recht auf privates Eigentum an Parzellenland zur individuellen Nutzung und »eine gerechte Regelung ungerechter Schuldenlasten« betreffen; Bildungsreformen mit dem Schwerpunkt auf Khmer-Sprache und -Kultur und noch vieles mehr auf jener Linie, die sich in Südvietnam und Laos als so überaus erfolgreich erwiesen hat.[110] Genauso scheinen auch militärische Taktiken ganz auf den mit viel Geschick unternommenen Versuch ausgerichtet, politische Ziele zu erreichen, und dies zum Teil durch die Anwendung der »Judo«-Methoden, wie man sie von den anderen indochinesischen Revolutionen kennt. T. D. Allman nennt hierfür ein schlagendes Beispiel.[111] Er erwähnt, daß seinerzeit, als die Guerillas Ang Tassom im Süden eingenommen hatten, »die kommunistischen Truppen, wie übrigens überall dort in Kambodscha, wo sie Halt machen, weitaus mehr daran interessiert schienen, politische Schulungsversammlungen abzuhalten, als den Bewohnern irgend etwas wegzunehmen«. Sie rührten die Reisvorräte nicht an und weigerten sich sogar, wie ein Dorfbewohner berichtet, ein ihnen angebotenes Huhn anzunehmen.

110 Vgl. Decornoy, a.a.O.
111 *Far Eastern Economic Review* vom 7. Mai 1970.

»Demnach ergab sich ein Kontrast zwischen kleinen und überaus disziplinierten Vietcong-Einheiten, die praktisch ohne jeden Verlust an Menschenleben unter der Zivilbevölkerung und ohne Zerstörung von Eigentum die Regierung in Phnom Penh demütigten, und den zahlenmäßig viel stärkeren kambodschanischen Streitkräften, die sich durch das Land prügelten, wobei sie nach Belieben vietnamesische Zivilisten – und durch wahlloses Herumschießen viele Kambodschaner – töteten, während ihre Taschen von gestohlenen Nahrungsmitteln ausgebeult waren. Das Fehlen jeglichen militärischen Geschicks, mangelnder Mut und fehlender Respekt vor Leben und Eigentum der Zivilisten schienen die Behauptung der Kambodschaner eher zu widerlegen als zu unterstützen, daß der wahre Grund für ihr wenig erhebendes Auftreten auf dem Schlachtfeld einzig im Ausbleiben fremder Militärhilfe zu suchen sei.«

Mit besonderer Wahrscheinlichkeit haben die kommunistischen Taktiken in Städten wie Ang Tassom Erfolg gehabt, wo 84 Bauern am 29. März bei der Niederschlagung einer spontanen Pro-Sihanuk-Demonstration von Regierungstruppen getötet worden waren.[112]
Einheiten der Kambodschaner haben sich wiederholt in einer Weise aufgeführt, die, genau wie in Vietnam, die Bauern zu ihren Gegnern machten. Nur schwach verteidigte Städte sind durch Artilleriebeschuß und Luftangriffe in Trümmer gelegt worden, und Soldaten haben bei der Rückeroberung von Städten mehrfach geplündert. Zudem sind Demonstrationen der Bevölkerung mit grausamer Härte niedergeschlagen worden, und zwar nicht nur die unmittelbar im Anschluß an den Putsch erfolgenden Pro-Sihanuk-Kundgebungen, bei denen nach Schätzung T. D. Allmans 200 Kambodschaner von Einheiten der kambodschanischen Armee niedergemetzelt wur-

112 Vgl. Jean-Claude Pomonti, in: *Le Monde Weekly Selection* vom 3. Juni 1970.

den.[113] Nachdem Regierungsflugzeuge vom Typ MIG in der Svay-Rieng-Provinz mehrere Dörfer bei dem Versuch bombardiert hatten, den Vietcong aufzuhalten,

> »marschierte eine Gruppe aufgebrachter Menschen gegen die Provinzhauptstadt von Svay Rieng... Die Vietcong-Angriffe wurden nicht aufgehalten, wohl aber die Marschkolonne der Demonstranten. Einheiten der kambodschanischen Armee eröffneten aus rückstoßfreien Gewehren vom Kaliber 75 das Feuer auf sie; die meisten Zivilisten flüchteten unter Mitnahme ihrer Toten in nahe gelegene Reisfelder, die bis zur vergangenen Woche noch friedlich bestellt worden waren und heute Schlachtfelder sind.«[114]

Die von der Lon-Nol-Regierung eingeleiteten verbrecherischen Pogrome gegen Vietnamesen, offensichtlich um bei der Bauernschaft chauvinistische Gefühle zu erreichen, verfehlten ihren Zweck. »Im allgemeinen hatte das Volk an den von der Armee und Polizei begangenen Untaten keinen Anteil. Die Befehle dazu kamen von oben.«[115]
Die Mehrzahl der Beobachter glaubt, daß die Erfolgsaussichten der Kommunisten bei ihrem Versuch, eine die Bevölkerung einbeziehende Widerstandsbewegung zu schaffen, sehr groß sind. Die Regierung Lon Nol hat die Kontrolle über das Land weitgehend verloren und wird nur noch durch fremde Gewalt gestützt. Allman bemerkt hierzu:

> »Wenn die militärischen Niederlagen nicht abreißen, die

113 *Far Eastern Economic Review* vom 23. April 1970.
114 Ebda.
115 Jean-Claude Pomonti, in: *Le Monde Weekly Selection* vom 3. Juni 1970. T. D. Allman schätzt, daß während dieser Pogrome wahrscheinlich mehr als 5000 Vietnamesen umgebracht worden sind (*Far Eastern Economic Review* vom 7. Mai). Neunzig Prozent des katholischen Bevölkerungsteils in Kambodscha sind Vietnamesen. Lon Nol verkündete: »Der heute stattfindende Krieg ist übereinstimmend mit den Vorhersagen ein Religionskrieg« (*Le Monde* vom 3. Juni), Buddhismus kontra Kommunismus. Offenbar hat die Bauernschaft Kambodschas auf diesen Köder nicht angebissen.

Wirtschaft noch mehr verfällt und immer größere Gebiete Kambodschas durch den Krieg verwüstet werden, werden mit Sicherheit die Kommunisten, die dank Sihanuks auf dem Lande noch immer ungebrochener Popularität imstande gewesen sind, die Unterstützung der Bevölkerung zu finden, immer mehr Anhänger gewinnen und wird die Popularität der Regierung entsprechend dahinschwinden.
›Sie werden warten, bis die Frucht reif ist, und sie dann von selbst fallen lassen‹, sagte letzte Woche ein desillusionierter Kambodschaner.«[116]

T. J. S. George, der Allman als Korrespondent der *Far Eastern Economic Review* in Kambodscha ablöste[117], stimmt im wesentlichen mit ihm überein:

»Man darf wohl davon ausgehen, daß [die kommunistischen Streitkräfte] in den ländlichen Gebieten auch weiterhin ihre Macht ausbauen werden. Es ist alles genau wie in Vietnam – massive militärische Unterstützung von außen, die die Hauptstadt für die Regierung relativ gut absichert, und rings umher der Vietcong, der den günstigsten Augenblick abwartet.«[118]

Jean François Kahn berichtet, daß »während des Monats Mai Tausende von Bauern sich dem bewaffneten Widerstand angeschlossen haben«.[119] Die amerikanische Intervention, so stellt er fest, hat den revolutionären Streitkräften vorübergehend wohl einigen Schaden zugefügt, sie jedoch keineswegs entscheidend geschwächt. Im Gegenteil »hat sie die Beteiligung einer neuen Macht an den Kampfhandlungen nur noch

116 *Far Eastern Economic Review* vom 7. Mai 1970.
117 Die näheren Begleitumstände der Ablösung Allmans sind meines Wissens in der Öffentlichkeit nicht bekannt geworden. Vielleicht wurde auch er, wie vor ihm schon Jean-Claude Pomonti von *Le Monde,* aus Kambodscha ausgewiesen.
118 21. Mai 1970.
119 a.a.O.

beschleunigt, die bisher vom Saigoner Generalstab unbeachtet geblieben war: der einheimischen Khmer-Guerillas«. Es ist von einiger Ironie, daß die amerikanische Intervention, die zumindest zum Teil in dem Bemühen unternommen worden ist, dem Lon Nol-Regime den Rücken zu stärken, nun möglicherweise dieser Regierung den Gnadenstoß versetzt hat. T. J. S. George[120] zitiert einen »scharfsichtigen Diplomaten«, der der Auffassung ist, daß »vor der amerikanischen Intervention die gegenwärtige kambodschanische Regierung immerhin eine geringe Chance hatte, ihre Position zu konsolidieren«, doch daß die Aufgabe der Neutralität und die Verluste durch den Krieg die Aussichten inzwischen völlig gewandelt haben. Jean Decornoy stellt in einem Bericht fest, daß es dem Lon-Nol-Regime selbst in den städtischen Zentren nicht gelungen sei, »wirklich populäre regimefreundliche Versammlungen zu organisieren«.[121] Jean-Claude Pomonti, der mit den gesellschaftlichen Verhältnissen in Kambodscha besser vertraut zu sein scheint als jeder andere derzeitige Berichterstatter, bemerkt, daß selbst in gewissen Kreisen der dem Lon-Nol-Regime anfangs durchaus wohlwollend gegenüberstehenden Khmer-Elite die Bereitschaft, es auch weiterhin zu unterstützen, immer mehr nachzulassen scheine:

> »Unter den politischen Cliquen, die sich gegen Prinz Sihanuk gestellt hatten, waren für einen kurzen Augenblick nur jene auf dem extrem rechten Flügel dazu bereit, sich um die neue Regierung zu sammeln. Die anderen zögern noch oder befinden sich bereits, wie die ›Roten Khmer‹, im offenen Kampf gegen die Regierung ... [Viele] gelangten nach und nach zu einem Entschluß und wählten schließlich [Sihanuks] Einheitsfront.«[122]

Nur wenige Tage vor der USA-ARVN-Invasion schrieb Ton That Thien in der *Far Eastern Economic Review*, daß »es um

120 *Far Eastern Economic Review* vom 21. Mai 1970.
121 a.a.O.
122 *Le Monde Weekly Selection* vom 3. Juni 1970.

die Sache Kambodschas weitaus schlechter bestellt sein wird, sollte sich die südvietnamesische Regierung dazu entschließen, als Retter Lon Nols und Sirit Mataks auf den Plan zu treten. Einzig die Einsicht Saigons, daß es Lon Nol viel eher in Verlegenheit bringen, als ihm damit helfen würde, hat seine Soldaten bisher davon abgehalten, die Grenze nach Kambodscha zu überschreiten«.[123] Eine vernünftige Überlegung, wenngleich die Verschlechterung der Lage, in die die Regierung Lon Nol durch die USA-ARVN-Angriffe auf »Schlupfwinkel« des Vietcong Ende März und April sowie die darauf erfolgende Reaktion des Vietcong und der NVA – nämlich die Machtübernahme auf dem Land und die Organisierung des bewaffneten Volksaufstandes – gebracht worden war, dies in jedem Falle unmöglich gemacht hätte.

Als nun die Situation sich auch weiterhin verschlechterte, waren die Vereinigten Staaten gezwungen, ihre thailändischen Verbündeten herbeizurufen. Zwanzig Jahre sind es inzwischen – seit dem Abbruch des thailändischen Nachkriegs-Versuchs in parlamentarischer Demokratie durch einen von den USA unterstützten Militärputsch[124] –, daß die Thai-Diktatur den amerikanischen Kriegsanstrengungen in Indochina wertvolle Unterstützung geleistet hat. Zunächst hofften die USA, daß sie imstande sein würden, das Putsch-Regime in Kambodscha mit Hilfe der Khmer Serei und der Khmer Khrom, beides ethnische kambodschanische Bevölkerungsteile, die von den Special Forces in Vietnam ausgebildet und von der CIA gelenkt werden[125], und durch den Einsatz von

123 23. April 1970. Ich vermute, daß der Kommentator der *Review* mit dem früheren Informationsminister in Saigon identisch ist, einem Saigoner Verleger.

124 Der Putsch führte zur Wiedereinsetzung des früheren Diktators, der während des 2. Weltkrieges mit den Japanern kollaboriert hatte.

125 Vgl. die Anmerkungen 12 und 13. Vgl. dazu auch Ralph Blumenthal, in: *New York Times* vom 21. Mai 1970. Er berichtet, daß Green Berets und ein Führer der Khmer Serei im Mekong-Delta Angehörige ethnischer kambodschanischer Minoritäten anwerben, damit diese für sie in Kambodscha kämpfen – dies sehr zum Ärger von lokalen Beamten der Saigoner Regierung.

ARVN-Truppen in Ost-Kambodscha aufrechtzuerhalten. Anfang Juni wurde gemeldet, daß sich auch »Freiwillige« aus Thailand auf dem Anmarsch befänden.[126] Berichten zufolge sollen auch Flugzeugstaffeln der Thai nach Kambodscha entsendet werden.[127] Eine Meldung aus Bangkok gibt diesem Hilfeersuchen an die Thais, dem traditionellen Feind Kambodschas, eine interessante Note:

»Nach Berichten wohlinformierter Kreise hat Kambodschas Premierminister General Lon Nol die Thais um die Entsendung regulärer Truppen zur Verteidigung Phnom Penhs ersucht, da er den Verdacht hat, daß die kambodschanischen Befehlshaber, die gegenwärtig die Hauptstadt schützen sollen, mit Prinz Norodom Sihanuk sympathisieren könnten ...«[128]

Prinz Sihanuk schrieb einst zur labilen Neutralität Kambodschas inmitten feindlicher Nachbarn:

»China ist in der Tat gleichbedeutend mit dem Überleben Kambodschas ... was seine Unabhängigkeit, seinen Frieden und seine territoriale Integrität anbetrifft. Wenn wir uns von China fernhalten, werden wir unweigerlich von den Geiern verschlungen, die seit ewigen Zeiten dem Land der Khmer nachjagen.«[129]

126 Vgl. *New York Times* vom 2. Juni 1970 (Reuters). Aus Washington berichtete am 3. Juni Robert Semple in der *New York Times,* daß die USA gewillt seien, Waffen und Ausrüstungen zu liefern. Auch diese Kampfeinheiten sollten sich aus ethnischen kambodschanischen Volksstämmen zusammensetzen; spätere Berichte deuten jedoch darauf hin, daß unterschiedslos alle Thais als Rekruten angenommen werden. Vgl. Ralph Blumenthal, in: *New York Times* vom 16. Juni 1970.

127 *Boston Globe* vom 10. Juni 1970.

128 Blumenthal, ebenda.

129 *Réalités Cambodgiennes* vom 24. Juni 1966. Zitiert nach Michael Leifer, *Cambodia: The Search for Security.* New York, Frederick A. Praeger, 1967, S. 190.

Dies war bei Sihanuk ein ständig wiederkehrendes Thema. Vor Jahren schon hatte er bemerkt:

»Die Menschen des Westens sind immer wieder erstaunt, daß wir um unsere Zukunft, in der China eine so mächtige Rolle spielen wird, keine Sorge haben. Doch sie sollten einmal versuchen, sich an unsere Stelle zu versetzen: Sollen wir, das harmlose Wild, uns in diesem Dschungel der Realität nicht viel eher für einen Dinosaurier wie China interessieren, solange wir viel direkter, und dies seit Jahrhunderten, vom Wolf und vom Tiger, nämlich Vietnam und Thailand, bedroht werden?«[130]

Dem Wolf und dem Tiger, den Geiern, die das Khmer-Territorium zu verschlingen drohen, ist jetzt von den USA ein Freibrief ausgestellt – und tatsächlich direkt zugestellt – worden. Und auch an manch andere Spießgesellen mag bald schon ein Hilferuf ergehen. Henry Kamm schreibt dazu:

»Gewisse Kreise, deren Denkweise recht genau die Anschauungen Präsident Nguyen Van Thieus widerspiegelt, brachten die Hoffnung zum Ausdruck, daß die kürzlich von Vertretern Kambodschas, Nationalchinas und Südkoreas abgestatteten Besuche und Gegenbesuche alsbald die zügige Entsendung von Truppen aus diesen Ländern nach Kambodscha zur Folge haben werden. Sie befürworten dies, obwohl sie sich bewußt sind, daß ein derartiges Vorgehen entsprechende Gegenmaßnahmen des kommunistischen China und Nordkoreas provozieren könnte.«[131]

Natürlich sind nationalchinesische Truppen von den USA

130 Zitiert nach Cynthia Frederick: *Cambodia: Operation Total Victory No. 43,* in: *Bulletin of Concerned Asian Scholars,* Vol. 2, No. 3 (April-Juli 1970).
131 *New York Times* vom 16. Juni 1970.

schon seit geraumer Zeit in Laos eingesetzt worden, und bereits früher (vielleicht sogar noch heute) in Thailand und Burma, während die Südkoreaner sich in Südvietnam mit einem geradezu aufsehenerregenden Erfolgsregister empfohlen haben.[132] Leider ist es keine Übertreibung, wenn man feststellt, daß sich die USA in den Randzonen Asiens eine Clique von Gangster-Staaten schaffen, in der Hoffnung, daß diese sich ihnen bei ihrer antikommunistischen Treibjagd anschließen werden.

Die gegenwärtigen Aussichten für eine »Balkanisierung« Kambodschas mit einer zentralen Region, die von der Regierung Lon Nol oder ihrer Nachfolgerin gehalten wird, einem Gebiet, das von ARVN-Truppen besetzt sein wird, die »Phnom Penh als ihr militärisches Protektorat ansehen«, ferner einer Region, die der Kontrolle Thailands unterstellt ist, einer Nordost-Region, die in enger Verbindung zu kommunistisch verwalteten Gebieten in Laos und Vietnam[133] steht und schließlich nicht genau festzulegende ländliche Gebiete, in denen die vom Vietcong unterstützten Guerillas der »Roten Khmer« es sich zur Aufgabe machen werden, die Bauern zu organisieren. Mit Recht sagte einer aus der »schwarzseherischen Mehrheit« von Phnom Penh einem Reporter:

»Der Zukunft Kambodschas als eines unabhängigen Staa-

132 Berichte aus Südvietnam lassen die Deutung zu, daß die Koreaner die wohl bösartigsten und brutalsten der alliierten Truppen sind. Schilderungen einiger ihrer Kommandounternehmen finden sich in der *New York Times* vom 10. Januar und 1. Februar 1970 sowie im *Boston Globe* vom 11. Januar 1970. Professor Frank Baldwin vom Columbia East Asian Institute schrieb in einem Kommentar zu den südkoreanischen Taktiken in Südvietnam (und zu der offenen Bewunderung, die ihnen die Amerikaner entgegenbringen, die sich gewünscht hätten, daß die ARVN im Kampf ähnlich aggressiv wären) in einem Brief vom 25. Januar 1970 an die *New York Times:* »Das Schweigen der amerikanischen Asienexperten, die die Realitäten des Krieges in Vietnam sehr wohl kennen, ist eine nationale Schande. Wenn Scheu nicht bald rückhaltloser Offenheit weicht, werden binnen kurzem nur noch wenige asiatische Kulturen und wenige Asiaten zu studieren sein.«

133 Vgl. Robert C. Toth, in: *Los Angeles Times* und *Boston Globe* vom 7. Juni 1970.

tes sehe ich mit wenig Hoffnung entgegen. Ich kann nicht glauben, daß Südvietnam seine militärische Präsenz vor Beendigung des Krieges aufgeben wird. Wann aber wird wohl der Krieg zu Ende sein?«[134]

Letzte Berichte sprechen davon, daß die Südvietnamesen mit drei Bataillonen ständig dort stationierter Marinesoldaten sowie einem nahe gelegenen Flugplatz einen Brückenkopf bei Neak Luong am Mekong zu unterhalten beabsichtigen, ferner einen ständigen Interventions-Korridor auf der kambodschanischen Seite der Grenze, der sich voraussichtlich bis auf 35 Kilometer ins Landesinnere erstrecken wird.[135] Dabei sind allerdings, wie bereits angemerkt, diese Absichten der Saigoner Machthaber nur ein Teil des gesamten Vorhabens. Ich habe bisher nur die unmittelbar sich abzeichnende Situation in Kambodscha geschildert, doch sind die Auswirkungen der amerikanischen Invasion natürlich viel weitreichender. Die Nordvietnamesen und der Pathet Lao reagierten umgehend, indem sie ihre Kontrolle über Süd-Laos ausweiteten, wobei sie mehrere Städte einnahmen, die man lange Zeit der Kontrolle der königlich-laotischen Regierung überlassen hatte, und Stellungen auf dem Boloven-Plateau bezogen.[136] Dies wiederum mag zu weiteren Gegenmaßnahmen der Amerikaner, womöglich zur Eskalation des Krieges im Süden von Laos führen, vielleicht sogar den Versuch nach sich ziehen, den Ho-Chi-Minh-Pfad westlich von Quang Tri zu unterbrechen. Der regierungstreue Senator Nguyen Gai Hien, einer der Führer der katholischen Flüchtlinge aus dem Norden, sagte in Saigon:

»Man kann erste Anzeichen einer amerikanisch-südvietnamesischen Offensive im Gebiet von Süd-Laos und der Ein-

134 Sidney Schanberg, in: *New York Times* vom 8. Juni 1970.
135 Jean-Claude Pomonti, in: *Le Monde* vom 6. Juni 1970; zugrunde liegt dieser Meldung eine Präsident Thieu nahestehende Quelle. Vgl. auch Henry Kamm, in: *New York Times* vom 16. Juni 1970.
136 Vgl. Sidney Schanberg, in: *New York Times* vom 11. Juni 1970.

setzung einer rechtsgerichteten Regierung in Vietnam erkennen. Ein entsprechender militärischer Plan gelangt gerade zur Durchführung. Schon in sehr naher Zukunft werden amerikanische und südvietnamesische Streitkräfte das südliche Laos und den bedrohten Abschnitt der thailändischen Grenze angreifen. Dieser militärische Plan wurde so angelegt, daß er Indochina insgesamt umfaßt und an alle betroffenen Länder die Forderung richtet, eine endgültige und umfassende Lösung zu finden.«[137]

Diese »endgültige und umfassende Lösung« wird natürlich auch Thailand einbeziehen, wo man eine Intensivierung der Guerilla-Kriegführung erwarten darf. Früher oder später wird auch China hineinverwickelt werden. Chau-Seng, ein Minister der Sihanuk-Regierung, traf während eines Interviews in Paris die Feststellung:

> »Die direkte Intervention unserer chinesischen Freunde mit der Entsendung von Freiwilligen nach Kambodscha ist nicht ausgeschlossen, wenn die Aggression der Vereinigten Staaten und ihrer Lakaien eine gewisse Schwelle überschreitet, durch die unsere Widerstandsbewegung in ernstliche Schwierigkeiten geraten würde. China kann und wird eine Niederlage nicht hinnehmen.«[138]

Dies ist ganz gewiß mehr als Großsprecherei. China hat sich, wenn auch bislang nur zwischen den Zeilen, eng mit den neuerdings vereinten Viet-Khmer-Lao-Widerstandskräften identifiziert, und nachdem es diese Verpflichtung eingegangen ist, wird es wohl kaum stillschweigend zusehen, wie eine amerikanische Eskalation die Zukunft dieser Bewegung gefährdet. Amerikanische Beobachter scheinen diesen einfachen Sachverhalt inzwischen auch begriffen zu haben. Eingeweihte Kreise in den USA erkennen mehr und mehr, daß der Krieg,

137 *Le Monde* vom 12. Juni 1970.
138 *New York Times* vom 6. Juni 1970.

»dem die USA gegenwärtig in Südostasien entgegensehen... ein langwieriger Krieg sein wird, in dem praktisch keinerlei Aussicht besteht, in Vietnam zu einer Einigung zu gelangen, solange es nicht zu einer Übereinkunft kommt, die gleichzeitig auch Laos und Kambodscha [und vielleicht auch Thailand] mit einbezieht... Vor dem Eindringen der USA in Kambodscha... war es noch möglich, sich eine Vereinbarung vorzustellen, die nur Nordvietnam und Südvietnam betroffen und Kambodscha und Laos aus dem Spiel gelassen hätte, die vermutlich ihren theoretisch neutralen Status beibehalten würden. Heute... ist kein Gedanke mehr an eine derartige Problemlösung.«[139]

Viele Regierungsbeamte sind heute bereit, zuzugeben, »daß sich in Kambodscha zunehmend schneller Umrisse eines immer mehr um sich greifenden Bürgerkrieges abzeichnen« und daß die Situation dort »veränderlich« und »gefährlich« ist.[140] Viele Beamte erwarten, daß nach dem Ende der Regenzeit im Herbst 1970[141] dieser Bürgerkrieg »auf breitester Front ausbrechen wird«, und es wäre eine große Überraschung, wenn nicht alle Länder Indochinas und vielleicht auch Thailand mit hineingezogen würden. Wie dann die Sowjetunion auf diesen immerhin recht schweren Anschlag auf ihr Prestige und ihren Einfluß – denn zum gegenwärtigen Zeitpunkt jedenfalls scheint sich die heute geeinte indochinesische Revolutionsbewegung unter die Fittiche Chinas zu begeben – reagieren wird, muß abgewartet werden. Rußland verfügt natürlich über die Möglichkeiten, in vielen Teilen der Welt darauf zu reagieren.

Es ist interessant, daß sogar die asiatischen Verbündeten Amerikas einiges Widerstreben an den Tag legen, an der letzten und bis auf den heutigen Tag abwegigsten der ameri-

139 Diese Meinung wird von Harrison Salisbury in der *New York Times* vom 26. Mai 1970 referiert.
140 Tad Szulc, in: *New York Times* vom 31. Mai 1970.
141 Ebda., 24. Mai 1970.

kanischen Unternehmungen in Indochina Anteil zu haben. Auf der Djakarta-Konferenz Mitte Mai dieses Jahres, die nur von pro-westlichen einschließlich einiger Regierungen beschickt wurde, die, wie Japan, direkt in den amerikanischen Indochinakrieg verwickelt sind, verweigerten die Teilnehmer dem Außenminister der Regierung Lon Nol, ihn als bevollmächtigten Delegierten seines Landes anzuerkennen oder ein formelles Hilfeersuchen seiner Regierung entgegenzunehmen.[142] Saville Davis gab eine zusammenfassende Darstellung dieses »bemerkenswerten Ereignisses«[143], wobei er hervorhob, daß die Teilnehmerländer »das Hilfeersuchen für Kambodscha« und die »amerikanische Vorstellung eines Verteidigungsbündnisses« zurückgewiesen und daß sie sogar abgelehnt hätten, »ein Inspektionsteam nach Kambodscha zu entsenden«. Nach der Weigerung, die amerikanische Regierungsmeinung zu Fragen der asiatischen Sicherheit zu akzeptieren, verteilten diese Länder »ihre Schuldvorwürfe vorurteilslos auf die Großmächte« und unternahmen den Versuch, die Grundlagen für eine weitaus breiter angelegte, weniger militärische Gruppierung zu schaffen. In Anbetracht der Zusammensetzung der Konferenz war dies in der Tat ein »bemerkenswertes Ereignis«, eine weitere Quittung für den Triumph amerikanischer Diplomatie und amerikanischer Waffen in Kambodscha.

Die Ereignisse in Kambodscha lassen innerhalb höchster Regierungskreise inzwischen unüberhörbar einige Gegenstimmen laut werden. Tad Szulc[144] zufolge beklagen sich hohe Beamte mit »einiger Bitterkeit«, daß das Weiße Haus sich über die Lagebeurteilungen des Geheimdienstes hinweggesetzt und Analysen des State Department wie der CIA mißachtet habe und »zu einem totalen Fehlurteil hinsichtlich der politischen und militärischen Reaktion der Kommunisten« gelangt sei: Wenn man nicht ein Komplott des Weißen Hauses

142 T. J. S. George, in: *Far Eastern Economic Review* vom 28. Mai 1970.
143 *Christian Science Monitor* vom 21. Mai 1970.
144 *New York Times* vom 14. Juni 1970.

zur Stärkung Chinas auf Kosten der Sowjetunion annehmen will, muß man vermuten, daß das Weiße Haus bei seinen letzten Manövern einer abgrundtiefen Fehleinschätzung internationaler Zusammenhänge erlegen ist.[145]

Präsident Nixon ist es gelungen, in Kambodscha der Welt den Nachweis zu bringen, daß die Vereinigten Staaten genau das sind, was sie seiner Behauptung nach nicht sind: ein hilfloser (wenn auch schwerlich bedauernswerter) Riese, der wild um sich schlägt, während er sich aus jenem Sumpf herauszuziehen versucht, den er sich selbst geschaffen hat, und dabei immer neue Drohungen ausstößt – wer aber weiß, ob es nur leere Drohungen sind? Wenn die Vereinigten Staaten nicht schrittweise, vielleicht durch eine unberechenbare, provokatorische Handlung der Militärs oder womöglich durch einen verzweifelten Schachzug der zivilen Machthaber bis zum Krieg mit China eskalieren, dann werden die Architekten dieses neuen Desasters in Kambodscha nicht den Preis für ihren sturen Angriffswillen zu entrichten haben. Vielleicht werden sie eines Tages in ihren Memoiren ihre »ehrenhaften Irrtümer« eingestehen, sich auf die schwere Bürde der Weltherrschaft und die tragische Ironie der Geschichte herausreden. Ihre Opfer aber, die Bauern Indochinas, werden keine Erinnerungen schreiben; sie werden in Vergessenheit geraten und sich den unzähligen Millionen früherer Opfer von Tyrannen und Unterdrückern zugesellen.

145 Vgl. hierzu die Bemerkungen von François Joyaux, a.a.O.

Ich kam zusammen mit zwei Freunden, Douglas Dowd und Richard Fernandez in Vientiane an, in der Absicht, am nächsten Tag mit einer Maschine der Internationalen Kontrollkommission nach Hanoi weiterzufliegen. Unsere Reise nach Hanoi hatten wir auf Einladung des »Komitees der Demokratischen Republik Vietnam für Solidarität mit dem amerikanischen Volk« angetreten. Ich hatte diese Einladung schon vor einiger Zeit erhalten, konnte die Reise aber erst in der zweiten Märzhälfte 1970 antreten. Wir alle waren gezwungen, uns auf einen extrem kurzen Besuch zu beschränken. Unsere Zeit war knapp bemessen, so daß wir sehr enttäuscht waren, als wir von dem für den wöchentlichen ICC-Flug zuständigen indischen Beamten erfahren mußten, daß er nicht in der Lage sei, für den nächsten Tag einen Platz für uns zu buchen. Am Flugtag der vorangegangenen Woche war die gesamte nordvietnamesische Delegation von Phnom Penh nach Hanoi zurückgeflogen worden, nachdem ihre Botschaft von (als Zivilisten getarnten) kambodschanischen Truppen gestürmt worden war, und die Maschine, mit der wir fliegen wollten, war bis auf den letzten Platz von den Passagieren besetzt, die für die vorangegangene Woche gebucht hatten. Bemühungen der Botschaften Nordvietnams und der USA blieben ergebnislos, und nachdem wir einige ziemlich umständliche Alternativen überlegt hatten, entschlossen wir uns, zunächst ohne allzu großen Enthusiasmus, in Vientiane zu bleiben und unser Glück in der folgenden Woche noch einmal zu versuchen.

Vientiane ist eine ziemlich kleine Stadt, und schon nach ein paar Stunden hatten wir einige dort lebende Angehörige westlicher Staaten getroffen – Journalisten, ehemalige Mitarbeiter der *International Voluntary Services* in Laos, Südvietnam, und andere. Schon sehr bald wurde klar, daß wir mehr als genug zu tun haben würden, die ganze Zeit auszufüllen. Durch diese Kontakte gelang es mir, in der Stadt mit vielen

Laoten zusammenzutreffen, die die verschiedensten Sympathien und Meinungen hatten und von interessanten Schicksalen auf beiden Seiten der Bürgerkrieger zu berichten wußten. Wir hatten auch Gelegenheit, einige Tage nahe bei Vientiane auf dem Land zu verbringen, wo wir ein traditionelles laotisches Dorf und in Begleitung eines laotisch sprechenden Amerikaners, einem der hervorragendsten Kenner des heutigen Laos, ein Flüchtlingslager besuchten. Ebenso standen Beamte der laotischen, amerikanischen, nordvietnamesischen und anderer Regierungen zu Aussprachen zur Verfügung und halfen uns durch ihre Sachkenntnis. Ich hatte das Glück, Zugang zu einer großen Sammlung dokumentarischen Materials zu erhalten, das von Einwohnern Vientianes während der letzten Jahre zusammengetragen worden war. Viele der Korrespondenten, Franzosen wie Amerikaner, hatten wichtige Dinge zu berichten, nicht nur über Laos, sondern auch über ihre Erlebnisse in anderen Teilen Südostasiens. Leider wollten die meisten, mit denen ich sprach, vor allem die Laoten ihre Identität nicht preisgeben, und sie baten mich, aus Vorsicht beim Zitieren von Quellen Fehler zu machen.
Man braucht nicht lange, um die CIA-Präsenz in Laos zu entdecken. Das Taxi, das uns vom Flughafen zu unserem Hotel am Mekong brachte, fuhr am Flugplatz der Air America vorüber, offiziell eine private Gesellschaft, die jedoch einen Exklusivvertrag mit dem CIA abgeschlossen hat.[1] Viele ihrer Piloten, die zum größten Teil früher der Air Force angehört haben sollen, wohnten in unserem Hotel. Wenn man zufällig schon um 6 Uhr früh auf war, konnte man sie zu ihrer Arbeit gehen sehen, die vermutlich darin bestand, Versorgungsgüter zu den Guerillatruppen der CIA-Armee in Laos zu fliegen,

1 Zu einer guten zusammenfassenden Darstellung ihrer Unternehmungen siehe Peter Dale Scott, *Air America: Flying the US into Laos,* in: *Ramparts,* Februar 1970. Siehe *Indochina und die amerikanische Krise. Im Krieg mit Asien I* (st 32), S. 40 ff., wo ein kurzer Abriß zur Entwicklung der laotischen Krise im Zusammenhang des Indochina-Krieges nachzulesen ist. Ich werde später noch auf Einzelheiten davon zurückkommen.

der vom Meo-General Vang Pao geführten Clandestine Army. Diese Truppen waren früher über den ganzen Norden von Laos verteilt gewesen, doch einige der CIA-Stützpunkte sollten, Berichten zufolge, überrannt worden sein. Diese Stützpunkte wurden nicht nur für Guerillaaktionen in den von den Pathet Lao kontrollierten Gebieten benutzt, sondern auch als vorgeschobene Navigationsposten für die Bombardierung Nordvietnams und zur Rettung abgeschossener amerikanischer Piloten. In Nordlaos sollen Hunderte von kleinen Sandpisten für die Air America und andere CIA-Unternehmungen angelegt worden sein.

Nachdem ich die Air America-Parade an meinem ersten Morgen in Vientiane an mir hatte vorüberziehen lassen, beschloß ich, Genaueres über die Stadt herauszubekommen. Hinter dem Hotel stieß ich auf das baufällige Haus, in dem das laotische Informationsministerium untergebracht ist und wo einer der Räume als Büro für Tourismus ausgewiesen ist. Keiner der dort Beschäftigten sprach Englisch oder auch nur Französisch. In einem der anderen Büros des Ministeriums fand ich jedoch schließlich jemanden, der mein mangelhaftes Französisch verstehen konnte. Ich erklärte ihm, daß ich einen Stadtplan von Vientiane haben wollte, doch man teilte mir mit, daß ich mich mit meinem Wunsch an die falsche Adresse gewandt hätte – ich sollte doch zur amerikanischen Botschaft gehen, wo man Derartiges vielleicht erhalten könnte. Beim Verlassen des Hauses durchquerte ich den Lesesaal des Ministeriums, wo einige Leute in der bereits um diese Stunde drückenden Hitze herumsaßen, Fliegen verscheuchten und die laotischen und französischen Zeitungen durchblätterten, die über alle Tische verstreut waren.

Auf der anderen Straßenseite steht das moderne, siebenstökkige Gebäude des französischen Kulturzentrums. Sein voll klimatisierter Leseraum ist mit einem reichhaltigen Angebot der letzten Pariser Zeitungen und Zeitschriften ausgestattet, und Plakate werben für französische Theaterstücke und Vorträge. An einer anderen Straßenecke trifft man den besten

Buchladen Vientianes an, in dem französische Bücher und Zeitschriften zu kaufen sind.
Der schreiende Kontrast zwischen dem laotischen Informationsministerium und dem französischen Kulturzentrum vermittelt einen gewissen Einblick in das Wesen der laotischen Gesellschaft. Für einen hier ansässigen Europäer oder für einen Angehörigen der kleinen laotischen Elite besitzt Vientiane viele Attraktionen: ein umfangreiches Warenangebot, eine Vielzahl guter Restaurants, einige kulturelle Veranstaltungen (in unserem Hotel wurde auf einem Plakat die Lesung von »Rosenkrantz und Güldenstern sind tot« angekündigt), ferner das Unterhaltungsprogramm des französischen Kulturzentrums. Ein Amerikaner kann in den Vororten mit ihren gutgepflegten Rasenflächen wohnen oder in einer der hübschen, von einem reichen Laoten gemieteten Villen. Schnell gelangt er zu dem riesigen USAID-Gelände mit seinen PX-Läden und anderen Einrichtungen. Für den Laoten gibt es nichts dergleichen. Praktisch alles ist im Besitz von Fremden: Thais, Chinesen, Vietnamesen. Außer einigen Zigarettenfabriken (in chinesischem Besitz), Sägewerken und Zinnminen (von denen eine im Besitz des rechtsgerichteten Prinzen Boun Oum ist) scheint es im Lande wenig Produktives zu geben. Nach Jahrzehnten französischer Kolonialherrschaft und Jahren umfangreicher amerikanischer Hilfe »besaß das Land im Jahre 1960 keine Eisenbahnen, zwei Ärzte, drei Ingenieure und 700 Telefone«.[2] 1963 betrugen die Importe das Vierzigfache der Exporte des Landes:

2 Keith Buchanan, *The Southeast Asian World,* New York, Taplinger Publishing Company, 1967, S. 140 f. Der derzeitige USAID-Bevollmächtigte berichtet über die gegenwärtigen Verhältnisse: »Laos verfügt praktisch über kein eigenes medizinisches Versorgungssystem; es gibt lediglich etwa ein Dutzend im Ausland ausgebildeter laotischer Ärzte im Land.«
Hearings vor dem Unterausschuß für *United States Security Agreements and Commitments Abroad of the Committee on Foreign Relations* (Symington-Unterausschuß), United States 91st Congress, 1st session, Senate, October 20-28, 1969, S. 566, nach mannigfachen Streichungen im April 1970 zur Veröffentlichung freigegeben.

»Eine ökonomische Entwicklung hat praktisch nicht stattgefunden, und die Versuche der Amerikaner, durch freigebige Hilfsprogramme ein rechtsgerichtetes, prowestliches Regime zu stabilisieren, führten lediglich zu Korruption, Inflation und einem neuen Wohlstandsgefälle; sie spielten nur der extremen Linken, den Pathet Lao, in die Hände.«[3]

»Von 1963 bis Juni 1966 exportierte Laos Güter im Werte von etwa 3 Millionen Dollar, während im gleichen Zeitraum Waren im Werte von 108 Millionen Dollar importiert worden sind.«[4] Ein kürzlich von der laotischen Regierung vorgelegter Wirtschaftsbericht spricht von einem Import-Export-Verhältnis von 14:1 in den Jahren 1964 bis 1968.[5]

Im Jahre 1968 machten Zinn, Holz und Kaffee 93% der Exporte aus, während 71% der Importe (nach ihrem Warenwert) aus Nahrungsmitteln, Benzin und Kraftfahrzeugen bestanden. Die Abhängigkeit der laotischen Wirtschaft von ausländischer Hilfe schlägt sich auch im laotischen Budget nieder; nur 40% der Haushaltsmittel werden im Land selbst aufgebracht (davon 83% durch indirekte Steuern). Annähernd 60% des Haushalts werden für Militär und Polizei aufgewendet; etwa 2% für die Entwicklung des Landes.[6]

Das laotische Bildungswesen zeigt ein ähnliches Bild. Schätzungsweise besucht nur etwa die Hälfte aller Kinder jemals eine Schule. Von annähernd 185 000 Kindern, die 1966-1967 zur Schule gingen, besuchten 95% die ersten sechs Klassen; unter diesen wiederum betrug der Anteil der Grundschüler, die bis zur dritten Klasse kamen, 70%. Im Jahre 1969 gingen insgesamt 6669 Schüler auf eine Oberschule. Das amerikani-

3 Ebenda.

4 Fred Branfman, *Education in Laos Today,* Rede auf dem Jahreskongreß der IVS am 10. Februar 1968.

5 *Rapport sur la situation économique et financière, 1968–69.* Andere Berichte nennen Werte bis zu 60:1. Die Diskrepanz ist vielleicht ein Resultat unterschiedlicher Kalkulationsmethoden. Ich hatte keine Gelegenheit, die Einzelheiten nachzuprüfen.

6 Ebenda.

sche Hilfsprogramm hat hier einige Abhilfe geschaffen, aber auch es hat die Tendenz, das einseitige, auf die Elite zugeschnittene Erziehungssystem zu konservieren. Die bereitgestellten Geldmittel für die Oberschulen betragen etwa das gleiche wie die für Grundschulen:

»Die Schule bildet, speziell auf der Sekundarstufe, noch immer eine Minderheit von Jugendlichen aus, damit diese später einen Posten in der Verwaltung einnehmen. Die größten und besten Schulen findet man noch immer in den Städten. Die Werte und Verhaltensweisen, die man den Kindern vermittelt, sind durchweg immer noch die des stadtorientierten, technokratischen Westens. Der Lehrplan besteht noch immer aus einem Sammelsurium von oft beziehungslosen Informationsfetzen. Nirgendwo in der laotischen Gesellschaft wird bislang Verantwortungsbewußtsein gegenüber dem eigenen Land gelehrt.«[7]

Das vernünftige Gesetz zur Bildungsreform vom Jahre 1962 ist weitgehend Papier geblieben. Fred Branfman gelangt zu dem Schluß, daß das »Schulsystem eine Klasse von Konsumenten, nicht aber von Produzenten von Wohlstand hervorbringt«, eine westlich orientierte Elite, die bestenfalls die laotische Gesellschaft im Interesse der einheimischen Elite und ihrer amerikanischen Hintermänner verwalten könnte.

Auch das politische Leben ist auf eine winzige Elite beschränkt. Die *Background Notes* (März 1969) des State Department stellen fest, daß »nur wenige tausend Menschen, von denen viele eine französische Erziehung genossen haben, an Regierung und Politik Anteil haben; die Masse der Bevölkerung besteht aus Analphabeten und ist politisch passiv«. Das gilt mit Sicherheit für die von der Regierung kontrol-

7 Branfman, a. a. O. Er bezieht sich auf den Teil der laotischen Gesellschaft, der der Verwaltung durch die königlich-laotische Regierung untersteht. Die Zahl von 6669 Schülern auf der Sekundarstufe ist dem USAID-Bericht entnommen, der vor dem Symington-Unterausschuß zitiert wurde (vgl. Senate Hearings, S. 570).

lierten Gebiete. Auf die von der Pathet Lao kontrollierten Gebiete komme ich später zurück.
Die laotische Elite scheint sich unter den ausländischen Beobachtern in Vientiane, die immer wieder auf ihre Bestechlichkeit und Korruption hinweisen, keiner allzu großen Beliebtheit zu erfreuen. Außerdem haben sie nicht gerade eine gute Presse. Typisch ist in diesem Zusammenhang der Bericht zweier französischer Journalisten, die nahe Paksane, südöstlich der Ebene der Tonkrüge, Zeugen eines kurzen, aber heftigen Gefechts geworden waren. Sie beschreiben die Ankunft des »starken Mannes von Vientiane, General Kouprasith, ... des mächtigsten unter den Lao-Generalen«, der erst kurz nach dem Gefecht mit einem Hubschrauber eintraf.

> »Ein Mann mit einem großen Gesicht und von klobigem Körperbau, nähert sich, mit einem Tarnanzug bekleidet, einem der sieben verwundeten Soldaten, die auf ihren Abtransport warten, tippt ihm auf die Schulter und ruft, sich uns zuwendend: ›Hier ist kein Amerikaner dabei, alles nur Laoten!‹ Hinter ihm trägt jemand einen Kasten mit Pepsi-Cola und Munition heran. Der General läßt sich, die Arme in die Seite gestemmt, vor einer Leiche, angeblich der eines Nordvietnamesen, fotografieren. Ein Soldat hat den Toten nach Papieren durchsucht – vergeblich. ... Am Flughafen von Paksane begegnen wir dem amerikanischen Piloten, der den Einsatz der T-28-Bomber geflogen hat. Er ist wie ein Sheriff gekleidet mit Sonnenbrille, Patronentasche und Revolver im Gurt. Er sagt zu General Kouprasith: ›Wir haben heute wackere Arbeit geleistet, General.‹ Und fügt hinzu: ›Vergessen Sie nicht, zu Colonel‹ – ein angelsächsischer Name – ›zu gehen, er wartet bereits auf Sie.‹ Kouprasith macht eine ungeduldige Handbewegung.«[8]

8 Jacques Doyon und Guy Hannoteaux, *L'Ambiguité de l'engagement américain au Laos*, in: *Figaro* vom 11. 3. 1970.

Ein gut informierter Beobachter beschreibt die königlich-laotische Regierung mit folgenden Worten:

> »Ihre Korruption, Lethargie und Gleichgültigkeit sind genauso groß wie seit eh und je oder gar größer. Nur wenige, die unter ihrer Herrschaft leben, gewähren ihr aktive Unterstützung. Amerikanische Beamte sind nicht imstande gewesen, grundlegende Reformen durchzusetzen, was wohl der politischen Notwendigkeit zu verdanken ist, daß man sich mit der zivilen und militärischen Elite in Laos gut stellen muß, damit man die Erlaubnis zur Fortsetzung der amerikanischen Bombardements erhält.«[9]

Ich diskutierte diese Fragen mit einem laotischen Intellektuellen der mittleren Generation, der nicht Kommunist, aber in seinen allgemeinen Anschauungen ziemlich links ist und sowohl die königlich-laotische Regierung ganz gut kennt, als auch einige Zeit in einem Gebiet der Pathet Lao gelebt hat. Für ihn schien die einzige Hoffnung für Laos der Sieg der Pathet Lao zu sein, obwohl er selbst als Angehöriger der laotischen Bourgeoisie von dieser Aussicht nicht begeistert war. Dennoch glaubte er, daß nationalistische und nicht korrumpierte bürgerliche Elemente durchaus einen Platz in einer von den Pathet Lao aufgebauten Gesellschaft finden würden. Für die königlich-laotische Regierung empfand er nichts als Widerwillen, und er war davon überzeugt, daß selbst junge Menschen, die von der allgegenwärtigen Korruption noch nicht hoffnungslos angesteckt waren, sehr wenig dagegen tun könnten. Er erinnerte sich, daß zu der Zeit, als die Regierung der Nationalen Einheit noch funktionsfähig war, Prinz Souphanouvong, die führende Gestalt der Pathet Lao, als weithin fähigstes und tüchtigstes Mitglied der Regierung angesehen wurde, vor allem aber als einer der wenigen unkorrumpierten Männer im öffentlichen Leben von Laos. Er sah nirgendwo

9 *Laos: The Labyrinthine War,* in: *Far Eastern Economic Review* vom 16. 4. 1970, Korrespondentenbericht.

Anzeichen dafür, daß auf der Grundlage der derzeitigen Programme und Planungen eine produktive Wirtschaft entwickelt oder die Kontrolle durch das Ausland überwunden werden könne. Er erwähnte Bemühungen, um eine »neutralistische« Organisation mit jüngeren, nationalistischeren und weniger korrupten Gruppen der Elite aufzubauen, doch hatte er da wenig Hoffnung. Mit einiger Bitterkeit wies er auf die Straße und zeigte uns, daß alle Geschäfte dort im Besitz von Nicht-Laoten seien. Die laotische Elite dagegen baut eifrig Bowling-Bahnen, macht Geschäfte mit Prostitution und Opium[10], vermietet Villen an Amerikaner und entfaltet einen verschwenderischen Lebensstil, der ihr durch den Strom amerikanischer Waren und die allgegenwärtige Korruption ermöglicht wird. Er war der Meinung, daß das amerikanische Hilfsprogramm im wesentlichen destruktive Auswirkungen habe, da es eine rein konsumorientierte Gesellschaft konserviere, die Elite korrumpiere und noch nicht einmal damit begonnen habe, die Grundlagen für eine Entwicklung oder Modernisierung zu schaffen, die auch den laotischen Massen zugute käme und zu einer produktiven Gesellschaft führte.

Andere gut informierte Beobachter stimmten im großen und ganzen mit dieser Analyse der Situation überein. Einer von ihnen deutete auf ein riesiges Denkmal in der Innenstadt Vientianes, das man gewöhnlich als »die vertikale Rollbahn« bezeichnet, weil es auf Geheiß des Diktators Phoumi Novasan mit Baumaterialien errichtet wurde, die für den Ausbau des Flughafens von Vientiane verwendet werden sollten.[11]

Ein junger laotischer Lehrer, der offen mit dem Pathet Lao sympathisierte, schilderte die Dinge ähnlich, wenn auch um

10 Berichten zufolge ist auch die CIA in den Opiumhandel verwickelt. Siehe den Artikel von David Feingold und Al McCoy in: N. Adam, A. McCoy und F. Schurmann (Hrsg.), *Laos Reader,* New York, Harper & Row, 1970. Vgl. auch *Christian Science Monitor* vom 29. 5. 1970, Bericht über die direkte Beteiligung der CIA am Opium-Versand.

11 Botschaftsbeamte behaupteten demgegenüber, daß gerade dieses Beispiel für Korruption übertrieben sei und daß die USAID einfach andere Mittel für den Flughafen abgezweigt habe.

einiges sarkastischer. Als ich ihn fragte, ob der Pathet Lao den Versuch mache, eine Geheimorganisation in Vientiane aufzubauen, um derartige Mißstände für sich auszunutzen und die endgültige Machtübernahme vorzubereiten, erwiderte er, das sei seines Wissens nicht der Fall und im übrigen auch gar nicht notwendig. Viele Laoten, sagte er, hörten regelmäßig den Sender der Pathet Lao und hegten starke, wenn auch verborgene Sympathien für den Pathet Lao. Er verwies darauf, daß die Neo Lao Hak Sat (NLHS), die politische Partei der Pathet Lao, 1958 bei den bisher einzigen echten Wahlen in Laos in Vientiane sehr gut abgeschnitten hätten, und er war sicher, daß sich diese Sympathien bei echten Wahlen erneut zeigen würden. Er behauptete, daß die jungen Intellektuellen der Stadtbevölkerung ähnlich dächten, obwohl das in der ziemlich apathischen Polizeistaat-Atmosphäre Vientianes selten zum Ausdruck gebracht würde.

Ausführlich konnte ich mich auch mit einem Flüchtling unterhalten, der aus Phonesavan, einer Stadt in der Ebene der Tonkrüge vor den amerikanischen Bombardierungen, die im Januar 1969 die Stadt dem Erdboden gleichgemacht hatten, nach Vientiane geflohen war.[12] Nur wenige Flüchtlinge wollen sich Amerikanern gegenüber offen äußern, von denen sie naturgemäß annehmen, sie seien Vertreter der amerikanischen Regierung.[13] Diesem Mann jedoch begegnete ich unter Begleitumständen, die ihn annehmen lassen konnten, wir seien wirklich neutral, sympathisierten vielleicht sogar mit dem Pathet Lao. Er sagte uns, daß er das Leben in Vientiane zutiefst haßte, und war entsetzt über das Ausmaß der Schläge-

12 In der amerikanischen Presse hat Henry Kamm darüber berichtet, siehe *New York Times* vom 11. Oktober 1969. Sein Bericht fußt auf Gesprächen mit Flüchtlingen, die sechs Monate in Höhlen und Gräben verbracht hatten, bis sie schließlich aus dem Gebiet ausgeflogen wurden. Kein einziges Haus war stehengeblieben, als sie ihre Heimat verließen. Meine Informanten nannten ein etwas früheres Datum für die Zerstörung.

13 Am Ende eines langen Gespräches mit Flüchtlingen in einem der Lager fragten wir, mit welchen Absichten wir nach ihrer Meinung wohl zu ihnen gekommen wären. Sie erklärten uns prompt, daß wir natürlich amerikanische Soldaten in Zivil seien.

reien, des Glücksspiels und der Betrügereien, die allgemeine Atmosphäre der Aggressivität in der Stadt. Er beschrieb, wie er miterlebt hatte, daß ein Polizist einem alten Mann unverfroren ein Paar Stiefel stahl. Dieser protestierte heftig, konnte sich aber nicht dagegen wehren. Bevor die Pathet Lao gekommen seien, sagte er, war es auch in der kleinen Stadt Phonesavan, in der er aufgewachsen war, nicht wesentlich anders gewesen. Die Pathet Lao versuchten, mit solchen Mißständen aufzuräumen. Sie erklärten den Menschen, daß sie keine Angst vor den »großen Männern« haben und sie nicht mit unterwürfigen Floskeln wie etwa *doi knoi,* das man gegenüber höhergestellten Personen benutzt, anreden sollten. Sie waren absolut zuverlässig und versuchten, die Menschen dazu zu bewegen, ihre Streitigkeiten friedlich beizulegen. Sie achteten die traditionelle Lao-Kultur und bekämpften Glücksspiel und Opiumrauchen ebenso wie westliche Moden und Sitten.[14] Es gab keine Prostitution, und Frauen wurden als Gleichberechtigte behandelt.

> »Hier in Vientiane«, so sagte er, »ist alles anders. Wir können nicht frei unsere Meinung äußern, wie seinerzeit gegenüber den Pathet Lao. Bei ihnen gibt es echte Redefreiheit. Wenn du dich schlecht verhältst, kann ich dich kritisieren. Sogar die großen Männer. Wenn ein großer Mann schlecht handelt, kann ich mich mit mehreren meiner Freunde zusammentun, und wir erreichen dann, daß der große Mann fortgeschickt wird.«

Andere Beobachter berichten aus Vientiane, daß die laotische Elite außerhalb der Gesetze lebe und mit nur geringen Einschränkungen tun könne, was sie wolle. Die Korruption ist so verbreitet, daß sie nicht einmal mehr ein Thema für den Klatsch ist.

14 Ein Lehrer, dem wir in einem Flüchtlingsdorf begegneten, bestätigte das und erklärte uns, daß ihm die Unterrichtserlaubnis entzogen worden wäre, weil er opiumsüchtig gewesen wäre.

Die Führer der Pathet Lao sprechen mit großer Bitterkeit über die Auswirkungen des amerikanischen Engagements auf das Leben in Vientiane. Phoumi Vongvichit, Generalsekretär des Zentralkomitees der Neo Lao Hak Sat und Informationsminister der Regierung der nationalen Einheitsfront von 1962, schreibt:

»Zusammen mit militärischen, politischen und diplomatischen Manövern bedienen die Yankees sich der sogenannten *Counterpart aid*-Politik, überfluten Laos mit ihren Surpluswaren und führen ihre dekadente amerikanische Kultur ein, um die von Vientiane kontrollierte Zone in eine US-Kolonie neuen Typs zu verwandeln. Durch das Anwachsen des Imports von Surpluswaren und Luxusartikeln haben sie der Wirtschaft und den Finanzen des Landes schweren Schaden zugefügt, treiben sie die Produktion der Laoten in die Stagnation, ruinieren sie Handwerk und Kleinindustrie und vernichten in manchen Gegenden des Landes ganze Wirtschaftszweige, wie etwa in den Gebieten, die der Kontrolle Vientianes unterstehen, die Handweberei und Schmiedekunst ... Was den *Handel* betrifft, so versuchen die Amerikaner mit dem System der ›*counterpart aid*‹, sich eine Clique von Lakaien heranzuziehen und eine Kompradoren-Bourgeoisie zu schaffen, die ihrer neokolonialistischen Politik als Hauptstütze dienen soll. Gegenwärtig sind sowohl der gesamte Import wie der gesamte Export fest in den Händen jener, die den Herrschaftsapparat kontrollieren. Handelsmonopole bereichern die Lakaien der USA, während die arbeitenden Massen durch sie immer mehr verarmen.«[15]

Auch der Leiter des Informationsbüros der Pathet Lao[16] in

15 Phoumi Vongvichit, *Laos and the Victorious Struggle of the Lao People Against U. S. Neo-Colonialism.* Neo Lao Hak Sat Editions, 1969, S. 139 bis 140.

16 Die Pathet Lao sprechen sich offen für eine Rückkehr zu den Grundsätzen der Vereinbarungen von 1962 aus, durch die damals eine Regierung der natio-

Hanoi beklagt die Situation in Vientiane. Vientiane mache ganz und gar den Eindruck einer Thai-Stadt; während der letzten Jahre hätten sich so viele Thais hier angesiedelt. Offenbar spielen sie im Geschäftsleben der Stadt eine einflußreiche Rolle.

Vientiane ist ein Ort der Gerüchte und Verdächtigungen. Der direkte Zugang zu Nachrichten ist begrenzt. Das meiste von dem, was in der Presse erscheint, beruht einfach auf Verlautbarungen der amerikanischen Regierung und entbehrt demgemäß jeder Glaubwürdigkeit. Nur ein kleiner Teil des Landes ist unter der festen Kontrolle der königlich-laotischen Regierung. Wir wurden gewarnt, uns nicht allzuweit von Vientiane zu entfernen, und Taxifahrer sprachen viel von der Gefahr, die damit verbunden sei, weiter als einige Kilometer ins Landesinnere zu fahren (zweifellos zum Teil auch, um höhere Fahrtarife fordern zu können). In einem Flüchtlingslager etwa, fünfunddreißig Meilen von Vientiane entfernt und an einer der wenigen Straßen, die noch frei befahrbar sind, weigerten sich die Insassen, uns in die umliegenden Wälder mitzunehmen, in denen, wie sie uns erklärten, Männer bei der Arbeit seien und wo sich der Pathet Lao versteckt halte, so daß es zu gefährlich sei. Einer der Männer willigte schließlich ein, uns zu begleiten, doch nachdem er uns ein Stück weit auf einen ziemlich unwegsamen Pfad geführt hatte, erklärte er, es sei unmöglich, noch weiter zu gehen. Auch hier können die Gründe ganz andere gewesen sein.

nalen Einheit zustande gekommen war, und unterhalten deshalb auch keine Botschaft in Hanoi. Es gibt eine Botschaft der königlich-laotischen Regierung in Hanoi, deren Personal, wie mir mitgeteilt wurde, sich aus Sympathisanten der Pathet Lao zusammensetzt. Das Informationsbüro der Pathet Lao ist die höchste offizielle Vertretung der Pathet Lao in Hanoi. Es gibt auch einen Repräsentanten der Pathet Lao in Vientiane, zu dem man, obwohl er durch königliche Truppen abgeschirmt und in seiner Arbeit von der Regierung behindert wird, Verbindung aufnehmen kann. Wegen der Kürze der uns zur Verfügung stehenden Zeit waren wir nicht imstande, durch das bürokratische Labyrinth zu ihm vorzudringen, aber es gelang uns, auf unserem Weg nach Hanoi noch auf dem Flugplatz mit ihm zu sprechen. Das Interview, dem die im Text abgedruckten Ausführungen entnommen sind, ist in vollem Wortlaut bei Adams, McCoy und Schurmann, a.a.0., nachzulesen.

Teile der nominell von der Regierung kontrollierten Gebiete sind in Wirklichkeit fest in den Händen des CIA, und niemand scheint sagen zu können, wo der Einfluß des CIA aufhört und der des zivilen Hilfsprogramms USAID anfängt.[17]

Die CIA-Basen von Sam Tong und Long Cheng im Norden Vientianes liegen in einem Gebiet, das auf der sehr genauen Landkarte von 1968, die ich beim *Service Géographique National du Laos* erstand und die, wie man mir sagte, von den Vereinigten Staaten geliefert wird, als unbewohnt gekennzeichnet ist. Berichten zufolge wohnen in oder bei den beiden Stützpunkten mehr als 50 000 Menschen und vielleicht mehrere hunderttausend Flüchtlinge in der Umgebung. Nach dem Sprecher des Pathet-Lao-Informationsbüros in Hanoi sind diese Gebiete seit 1964 in »eine zweite laotische Hauptstadt« verwandelt worden. Sie dienen der Geheimarmee von Vang Pao als Hauptquartier. Sam Tong ist von Korrespondenten und Kongreßabgeordneten besucht worden. Long Cheng dagegen ist *off limits.* Dennoch gelang es vor einigen Monaten T. D. Allman, auf eigene Faust dorthin zu gelangen. In einem Fernsehinterview mit Bernard Kalb vom vergangenen Februar berichtete er, was er während eines zweistündigen Aufenthalts herausgefunden hatte, bevor er schließlich aufgegriffen und per Schiff abgeschoben wurde.[18] Er beschreibt dieses Gebiet als einen riesigen Geheimdienststützpunkt und als Logistikbasis mit einer etwa kilometerlangen Rollbahn, einer Vielzahl von Flugzeugen und Rettungshubschraubern (von denen einer ständig in der Luft ist), die die von kommunistischer Flugabwehr abgeschossenen Piloten bergen. Nach seiner Schätzung verlieren die Amerikaner bei den Bombeneinsätzen in diesem Gebiet, die von ihren thailändischen Stütz-

17 Daß USAID nur ein Tarnunternehmen der CIA ist, wovon bereits seit langem berichtet wurde, ist jetzt vom Chef des Foreign Aid John A. Hannah offiziell zugegeben worden; vgl. AP, *Boston Globe* vom 8. Juni 1970.

18 *Laos: The Labyrinthine War,* in: *Far Eastern Economic Review* vom 16. April 1970, und Bemerkungen zu den von Allman gemachten Beobachtungen.

punkten ausgehen, durch Abschüsse monatlich 10 bis 12 Mann. Die Flugzeuge der *Forward Air Control,* die die Ziele für amerikanische Düsenbomber markieren, sind ebenfalls in Long Cheng stationiert und werden von amerikanischen Piloten geflogen. Er berichtet, daß man überall auf CIA-Häuser stößt, die man daran erkennt, daß sie keine Fenster aber viele Antennen und Klimaanlagen haben.

Von Sam Thong wurde mehrfach berichtet, daß es eingenommen worden sei, zuletzt Mitte Mai 1970.[19] Es war Mitte März von der Armee Vang Paos aufgegeben und etwa zwei Wochen später wiederbesetzt worden. Nach alliierten Quellen ist der Stützpunkt durch die Plünderungen und den Vandalismus laotischer Truppen in ein Trümmerfeld verwandelt worden. Aus gleichen Quellen verlautet, daß die Plünderungen andauern, seit Anfang dieser Woche Regierungsstreitkräfte den Stützpunkt zurückerobert haben.[20]

Die Mehrzahl der Beobachter ist davon überzeugt, daß kommunistische Truppen diese Stützpunkte nehmen könnten, falls sie bereit sind, den Preis dafür zu bezahlen, und daß dann die weitgehend aus Kriegern der Meo-Bergstämme bestehende Vang Pao-Armee sich auflösen, vielleicht aber auch mit den Pathet Lao verhandeln oder aber sich nach Thailand absetzen würde. Das wäre ein schwerer Schlag für die amerikanischen Kriegsanstrengungen, weil die *Clandestine Army* eine ernster zu nehmende Kampftruppe ist als die königlich-laotische Armee. Während wir uns noch in Vientiane aufhielten, kursierten täglich Gerüchte über einen Angriff auf die beiden Militärbasen, und in ihrer Umgebung sollten nordvietnamesische Panzer aufgetaucht sein – was, so schien es mir jeden-

19 *The New York Times* vom 25. Mai. AFP meldet, daß Vang Pao »fünf vorgeschobene Posten seiner Basis bei Sam Thong zurückzuerobern versucht . . . Der Stützpunkt wurde letzte Woche durch einen Überraschungsangriff linker Streitkräfte genommen.«

20 UPI, *International Herald Tribune* vom 4.-5. April 1970. Es gibt einige Verdachtsmomente dafür, daß die Meldung von der Einnahme Sam Thongs durch kommunistische Truppen verbreitet worden ist, um den Vandalismus der *Clandestine Army* zu kaschieren.

falls, angesichts der Intensität der Bombardierung von Nord-Laos, einigermaßen überraschend war, obwohl man andererseits wußte, daß Bombeneinsätze gegen militärische Ziele in diesem bergigen Dschungel ziemlich wirkungslos sind.
Die jüngste Geschichte von Laos schafft eine Atmosphäre allgemeinen Mißtrauens. Die erste Regierung der Nationalen Einheit aus dem Jahre 1958 wurde durch subversive Aktivitäten der Amerikaner gestürzt. Wie Botschafter Graham Parsons in einem Hearing vor dem Kongreß 1959 freimütig bekannte, »kämpfte ich 16 Monate lang darum, eine Koalition zu verhindern«. Seinerzeit war eine amerikanische Militärmission am Werk, die von einem US-Armeegeneral in zivilistischer Verkleidung geleitet wurde. Bei den Wahlen von 1958 wurden 9 von insgesamt 21 für die Nationalversammlung ausgeschriebenen Sitzen von der Neo Lao Hak Sat und 4 von Kandidaten des Komitees für Frieden und Neutralität des »linksgerichteten Neutralisten« Quinim Pholsena gewonnen, der ein Bündnis mit der NLHS eingegangen war. Außerdem waren fünf rechtsgerichtete und drei parteilose Abgeordnete gewählt worden. Die NLHS hatte also nur 13 Kandidaten durchgebracht. Ihr Führer Souphanouvong konnte die meisten Stimmen auf sich vereinen und wurde zum Vorsitzenden der Nationalversammlung gewählt. Die USA setzten ihre Zahlungen aus und zwangen dadurch die laotische Elite, eine neue Regierung unter Führung des »prowestlichen Neutralisten« Phoui Sananikone einzusetzen. Kurz darauf erklärte Phoui die Absicht, die Auflösung der NLHS aufgrund ihrer angeblich subversiven Tätigkeit zu betreiben, womit er früher getroffene, im ganzen recht erfolgreich gewesene Vereinbarungen brach, die zur Bildung der Koalition geführt hatten. Umgehend wurden die amerikanischen Zahlungen wiederaufgenommen, und Phoui gelobte, daß er fortan »nur noch mit der Freien Welt in Koexistenz leben« wolle. Im Dezember 1959 wurde er durch den von der CIA gestützten Phoumi Nosavan gestürzt, gewissermaßen das Gegenstück zum Militärdiktator Thailands (»zufällig« sind beide Vettern), der sich

ebenfalls entscheidender amerikanischer Unterstützung erfreuen durfte. Obwohl die Putsch-Regierung nicht lange am Ruder blieb, konnte Phoumi seine Schlüsselstellung als Minister für nationale Verteidigung (die ihm die Kontrolle über den größten Teil des Budgets sichert) halten, und schließlich gewann die extreme Rechte die Wahlen von 1960, die mit einer solchen Unverfrorenheit von der CIA und ihren Helfershelfern beeinflußt worden waren, daß selbst konservative, den USA wohlgesinnte Beobachter sich angewidert zeigten.

Ein Putsch des Fallschirmjäger-Obristen Kong Le führte zur Wiedereinsetzung des Prinzen Souvanna Phouma, und zwischen diesen von Rußland und China unterstützten Kräften und dem von ihnen bekämpften General Phoumi Nosavan, dem Schützling der Amerikaner, sowie der Regierung des reaktionären Prinzen Boun Oum brach ein Bürgerkrieg aus. Als sie sahen, daß ihre Politik in verheerender Weise fehlgeschlagen war[21], willigte die Regierung der Vereinigten Staaten ein, an einer neu aufgelegten Genfer Konferenz teilzunehmen, die 1961/62 stattfand. Das in Genf erzielte Abkommen behielt jedoch nicht lange Gültigkeit. Nach einer Reihe von Attentaten im Frühjahr 1963 setzten sich die beiden prominentesten Pathet-Lao-Führer, Prinz Souphanouvong und Phoumi Vongvichit, aus Vientiane ab, »nachdem sie nicht ganz unberechtigt erklärt hatten, daß ihre Sicherheit in der Hauptstadt bedroht sei«.[22] Die beiden anderen Kabinettsmit-

21 Mit den Worten der *Background Notes* des State Department vom März 1969: »Im Frühjahr 1961 schien die NLHS in einer Lage zu sein, die ihr die Machtübernahme im ganzen Land gestattet hätte.« Der stark antikommunistische, sehr sachkundige australische Journalist Denis Warner war da wesentlich deutlicher. In seinem Artikel vom Juli 1961 bemerkte er, daß »die Neo Lao Hak Xat vor allem das Land kontrolliert und die Vorteile bei jedem nur denkbaren Wahlgang voll und ganz auf der Seite jener Partei liegen, die mit großem Eifer eine Organisation aufgebaut hat, die in der Mehrzahl der etwa zehntausend Dörfer des Landes Fuß gefaßt hat« (*Reporting South-East Asia,* Sidney, Angus & Robertson, 1966, S. 171).

22 Paul F. Langer und Joseph J. Zasloff, *Revolution in Laos: The North Vietnamese and the Pathet Lao,* RM-5935, RAND Corporation, Sept. 1969, S. 113.

glieder der NLHS folgten ihnen schon sehr bald nach. Der Bürgerkrieg wurde, jetzt aber mit veränderten Fronten, wieder aufgenommen. Diesmal unterstützten die Amerikaner Souvanna Phouma und Kong Le, der sich mit der laotischen Rechten zu einem Kampfbündnis zusammenschloß (Kong Le ging bald darauf nach Frankreich ins Exil, wo er sich noch immer aufhält), das sich gegen den Pathet Lao und »die nach links tendierenden Neutralisten« unter Oberst Deuane richtete.

Ausländische Truppen sollten nach Abschluß des Genfer Abkommens im Jahre 1962 das Land verlassen, zusammen mit sämtlichen Beratern, Instrukteuren und ausländischen Zivilisten, »die mit der Lieferung ... von Kriegsgerät« zu tun hatten. Die USA behaupten, daß Nordvietnam sich niemals an diese Abmachungen gehalten und 6000 Soldaten in Laos belassen habe. Die Chinesen behaupten demgegenüber, daß Hunderte von amerikanischen Soldaten, wie bereits in den späten fünfziger Jahren, einfach Zivilkleidung angelegt hätten. Von den Pathet Lao hört man die Beschuldigung, daß »nach Unterzeichnung des Genfer Abkommens über Laos von 1962 sich die Missionen der militärischen ›Berater‹ – P. E. O., M. A. A. G., P. A. G., U. S. O. M. – lediglich unter einen gemeinsamen zivilen Deckmantel begeben haben: USAID«. Nach ihren Angaben soll es 1968 insgesamt 3500 solcher als Zivilisten getarnter Militär-»Berater« gegeben haben, und »das gesamte System« unterliegt direkt »... dem Befehl der US-Special Forces unter dem Codewort H.Q.333 und ist in Oudone im Nordosten Thailands stationiert«.[23] Langer und Zasloff schätzen, daß es unter den Pathet Lao etwa 700 nordvietnamesische Militärberater gibt.[24]

Die von den USA unterstützten nationalchinesischen Trup-

23 Vongvichit, a.a.O., S. 77-89. PEO ist das Program Evaluation Office des State Department, von dem Vongvichit behauptet, es sei »eine militärische Kommandostelle der USA in Laos«. MAAG ist die Military Assistance Advisory Group, PAG die Police Advisory Group und USOM schließlich die United States Operations Mission.

24 a.a.O., S. 171.

pen blieben nach dem Genfer Abkommen von 1962 im Lande, obwohl einzelne Truppenteile womöglich inzwischen abgezogen worden sind. Noch vor einiger Zeit wurde berichtet, daß ihre Zahl in die Tausende gehe und es sich bei ihnen um recht wirkungsvolle Kampftruppen handele – übrigens die einzigen Chinesen, die in Laos kämpfen. Für das Jahr 1968 schätzte Vongvichit ihre Zahl auf 600 Mann und berichtete, daß ihre Aktivitäten durch eine UCC-Untersuchung im Dezember 1962 bestätigt worden seien. Auch sollen Thai-Einheiten und südvietnamesische Truppen mit amerikanischer Unterstützung im Lande geblieben sein.[25]

Vongvichit gelangt zu der Feststellung, daß »Tausende von Thai-Soldaten und Agenten, insbesondere jene, die ihrer Herkunft nach Laoten sind und aus dem Nordosten Thailands kommen, sich in der königlichen Armee, der Polizei und in der Verwaltung eingenistet haben oder sich in strategisch wichtigen Gebieten und Wirtschaftszentren mit der Bevölkerung vermischt haben«. Ähnlich verbreitet und in Vientiane allgemein für glaubwürdig gehalten sind Berichte über Thai-Soldaten in laotischer Uniform. Niemand hat eine Vorstellung davon, wieviele V-Männer der CIA geblieben sind, welche Ziele sie verfolgen oder in welchem Ausmaß sie ihrem Job als Zivilisten getarnt nachgehen.[26]

Offenbar versucht die USAID die amerikanische Regierungspolitik in Laos durchzusetzen und der von Amerika geförderten königlich-laotischen Regierung im Lande eine möglichst breite Unterstützung zu sichern. Ein weitaus interessanteres

25 Vgl. Jonathan Mirsky und Stephen E. Stonefield, *The United States in Laos, 1945-1962,* in: Friedman, Edwards und Mark Selden (Hrsg.), *America's Asia.* New York, Pantheon Books, 1971.

26 Zu den Hintergründen der Ereignisse, die dem erneuten Ausbrechen des Bürgerkrieges im Jahre 1963 vorausliegen, siehe Arthur Dommen, *Conflict in Laos: The Politics of Neutralization,* New York, Frederick A. Praeger, 1964; Hugh Toye, *Laos: Buffer State or Battleground.* New York, Oxford University Press, 1968; Mirsky and Stonefield, a.a.O., Langer und Zasloff, a.a.O.; Vongvichit, a.a.O. Vgl. hierzu auch Peter Dale Scott, *Laos, Nixon and the CIA,* in: *New York Review* vom 9. April 1970. Ereignisse aus jüngster Vergangenheit sind in der verfügbaren Literatur nur spärlich belegt.

Beispiel für die Schwierigkeit zu bestimmen, mit welchen Mitteln die USA sich in die inneren Angelegenheiten von Laos einmischen, sind die *International Voluntary Services* (IVS), eine von privaten Kreisen organisierte Gruppe von Freiwilligen, die viele idealistisch gesinnte junge Menschen angezogen haben. Sie möchten bei der Modernisierung und Entwicklung in traditionalen Gesellschaften mithelfen, ohne sich in die lokale Politik einzumischen. Sie sind seit etwa fünfzehn Jahren in Laos tätig. Mit Beginn des Jahres 1962 wurden den IVS von der USAID ein umfangreicher Vertrag für ihre Arbeit in Laos angeboten; ihre Mitgliederzahl erhöhte sich auf 100. Die Gründe für dieses plötzliche amerikanische Interesse scheinen klar. Vor 1962 war der Hauptanteil amerikanischer Hilfe städtischen Gebieten zugeflossen. Tatsächlich wurde lediglich ein halbes Prozent der umfangreichen amerikanischen Hilfszahlungen[27] für die Landwirtschaft aufgewendet, in der 90 Prozent der Bevölkerung ihren Lebensunterhalt verdienen.

Dies war natürlich ein Faktor, der bei ihrer Unterstützung für die Pathet Lao von ausschlaggebender Bedeutung war, wie sich bei den Wahlen von 1958 und bei den folgenden Ereignissen erweisen sollte. Wie Arthur Dommen betont, brauchte der Pathet Lao keine Propaganda, um die Landbevölkerung gegen die Stadt aufzuwiegeln, wo mit dem Hilfsprogramm einhergehende Korruption und Schiebergeschäfte selbst manchem Stadtbewohner Übelkeit verursachten. Daher entschlossen sich 1962 die USA dazu, den ländlichen Regionen größere Mittel zufließen zu lassen, und dies, um der Korruption Einhalt zu gebieten, mit Hilfe eines von den Amerikanern selbst kontrollierten Apparates. Das wiederum setzte voraus, daß sich Amerikaner in den Dörfern aufhielten, und hier nun

27 »Von 1946-1963 erhielt Laos pro Kopf der Bevölkerung mehr Mittel als jedes andere Land in Südostasien. Im Jahre 1958 war die königlich-laotische Armee die einzige ausländische Armee der Welt, die in vollem Umfang vom Steuerzahler der Vereinigten Staaten unterhalten wurde.« (Mirsky und Stonefield, a.a.O.)

sprangen die IVS ein. Wie einer der Freiwilligen sagte, »wurden die IVS zu einer Privatagentur, die junge, relativ idealistisch gesinnte Amerikaner rekrutierte, damit diese sich auf politisch motivierte Programme zur Bekämpfung von Aufständen in Laos einließen«.
Viele der Freiwilligen arbeiteten im *Forward Areas Program,* das in einem IVS-Bulletin folgendermaßen beschrieben wird:

> »Das *Forward Area Team* besteht bei seinem Einsatz in der Regel aus einem oder zwei IVS-Leuten. Sie begeben sich in Gebiete, die erst vor kurzer Zeit gegen Übergriffe der Pathet Lao gesichert worden sind, und machen sich, mit den notwendigsten Werkzeugen und Unterbringungsmaterial ausgerüstet, an ihr Sofortprogramm. Die Idee ist, den Menschen in diesem Gebiet beim Bau dessen, was sie dringend benötigen, behilflich zu sein, ob es sich dabei nun um einen Brunnenschacht, eine Schule oder eine Apotheke handelt; sie zeigen den Bewohnern dadurch auf anschauliche Weise, wie sehr die königlich-laotische Regierung und die USAID um ihr Wohlergehen bemüht sind.
> Da es in den *Forward Areas* kein USAID-Personal gibt, arbeiten die Mitglieder der IVS als Repräsentanten des USAID eng mit dem Chao Moung (dem Dorfältesten) und dem örtlichen Militärkommandanten zusammen.«

In früheren Jahren waren die Hilfskräfte der IVS in vielen ländlichen Gebieten die einzigen Amerikaner. Manch einer fühlte sich in der Bindung an die amerikanische Regierung nicht recht wohl und hatte das deutliche Empfinden, im Grunde lediglich Propaganda-Agent der USA und der königlich-laotischen Regierung zu sein. So manchem wurde klar, daß er der amerikanischen Regierung, wenn auch unabsichtlich, militärische Informationen zuspielte. Sogar in einigen städtischen Zentren hat sich unter den Freiwilligen Unzufriedenheit über die Politik des in manchen Fällen von

Armeeoffizieren »im Ruhestand« dirigierten USAID breitgemacht.
Am Ende des Jahres 1969 wurden die IVS-Leute aus Sicherheitsgründen (einige waren getötet worden) in die Provinzhauptstädte zurückbeordert; ihr Betätigungsfeld wurde eingeengt. Viele der Freiwilligen traten daraufhin zum USAID über. In vielen Gebieten, wo früher IVS-Angehörige gearbeitet hatten, sind die Amerikaner heute nicht mehr vertreten, und auch die königlich-laotische Regierung hat dort keinen Vertreter.
Es fällt schwer, nicht die Schlußfolgerung zu ziehen, daß die IVS inmitten eines Bürgerkrieges die Interessen der amerikanischen und der königlich-laotischen Regierung vertreten. Ein IVS-Handbuch stellt fest:

> »Die IVS-Arbeit... in Laos... erfolgt aufgrund von Regierungsabkommen, und demgemäß müssen ihre Tätigkeiten in spürbarer Weise mit der Politik der US-Regierung harmonisieren. Das Mitglied eines IVS-Teams hat also die Verpflichtung, gegenüber der US-Politik Verständnis zu zeigen, Handlungen zu vermeiden und sich Außenstehenden gegenüber Äußerungen zu enthalten, die den Zielen der US-Politik abträglich sein könnten.«

Die Freiwilligen sind also in einer Lage, die sie gegenüber den Dorfbewohnern, ob sie wollen oder nicht, als Repräsentanten der Vereinigten Staaten erscheinen läßt, die für ihr Land, das in Wirklichkeit Laos durch intensives Luftbombardement verwüstet und als einzige Macht der königlich-laotischen Regierung Unterstützung im Bürgerkrieg gewährt, Wohltätigkeit vorspiegeln. Ob die Anstrengungen der IVS der königlich-laotischen Regierung tatsächlich helfen, ist fraglich; vielfach hat man das Empfinden, daß die Aktivitäten der IVS lediglich den Eindruck der Unfähigkeit und Korruption von seiten der laotischen Regierung verstärken, indem sie mit ihren Initiativen unter Beweis stellen, daß man das Hilfsprogramm für die

Landwirtschaft den Amerikanern überlassen sollte. Wie dem auch sei, die IVS können kaum mehr als Instrument der amerikanischen Außenpolitik in Laos sein.[28]
Auch die Sprecher der Pathet Lao machen sich, was die Rolle der IVS betrifft, keine Illusionen. Phoumi Vongvichit schreibt:

> »Im Augenblick gehen die Amerikaner des Rural *Development Service* [der IVS] in eine Vielzahl von Provinzhauptstädten und in die Zentren von Bezirken, in Städte und Dörfer von elf der insgesamt sechzehn Provinzen in Laos, um die Durchführung ihres Programms zu überwachen, nachrichtendienstliche Informationen zu sammeln und auf dem Land politische Stützpunkte zu errichten.«[29]

Es scheint, als seien diese Vermutungen gerechtfertigt.
Was für die IVS zutrifft, gilt weitaus eindeutiger für das amerikanische Hilfsprogramm und natürlich für die direkte Beteiligung der CIA und des Militärs. Aus zugänglichen Informationen muß man zu dem Schluß gelangen, daß sich die Amerikaner massiv in die inneren Angelegenheiten von Laos eingemischt haben, mit dem Ziel, die aufständischen Pathet Lao zu besiegen und die Herrschaft der königlich-laotischen Regierung zu sichern. Zu dieser Intervention gehören schwere Bombenangriffe, die Unterstützung von Guerilla-Tätigkeiten (durch die CIA und ihr ziviles Zweigunternehmen Air America) in bestimmten Gebieten, die Umtriebe der CIA-Geheimarmee, militärische Operationen der Vereinigten Staaten, direkte Hilfe und Beratertätigkeit für die königlich-laotische Armee, direkte Unterstützung beim Aufbau eines Verwaltungsapparats der königlich-laotischen Regierung und für sonstige Programme, Hilfeleistungen verschiedenster Art und

28 Diese Information verdanke ich früheren Mitarbeitern der IVS. Es gelang mir nicht, sie durch andere Quellen oder dokumentarisches Material zu bestätigen. Ich glaube aber, daß sie voll und ganz zutrifft.
29 a.a.O., S. 103.

von den Amerikanern in eigener Regie durchgeführte Entwicklungsprogramme, die oftmals durch Vermittlung angeblich neutraler Organisationen realisiert werden. Aktivitäten wie diese verstoßen gegen das Genfer Abkommen von 1962.

Der Umfang amerikanischer Leistungen ist gewaltig. Das Bruttosozialprodukt von Laos wird auf ungefähr 150 Millionen Dollar geschätzt. Während des im Juni 1969 abgelaufenen Finanzjahres beliefen sich die Ausgaben des USAID auf 52 Millionen Dollar. Ergänzend hierzu wurden 92 Millionen Dollar an direkter Militärhilfe gezahlt, eine Summe, die, wie festgestellt wurde, »weitaus geringer« ist als die Aufwendungen für die geheimgehaltene »amerikanische Beteiligung am Luftkrieg über dem Nordteil von Laos«.[30] Die Kosten für den Luftkrieg im Süden von Laos und die für CIA-Operationen ausgeschütteten Beträge sind gleichfalls unbekannt.

Der Klärung bedürfen ferner die Unterhaltszahlungen für thailändische Truppen in Laos. Aus den Hearings des Symington-Unterausschusses konnte man hierzu folgendes erfahren:

> »*Mr. Paul* (vom Vorstand des Komitees): Die Presse hat berichtet, daß kürzlich Thai-Truppen in einer Stärke von 5000 Mann nach Laos geschickt wurden. Ist das apokryphisch?
>
> *Mr. Sullivan:* Apokryphisch!
>
> *Mr. Paul:* Gibt es tatsächlich neue Thai-Einheiten in Laos?
>
> *Mr. Sullivan:* (Aussage gestrichen).
>
> *Mr. Paul:* Haben Sie Kenntnis von irgendeinem quid pro quo der Amerikaner als Gegenleistung für den Beitrag der Thais zu den laotischen Anstrengungen?

30 Aus der Befragung von William Sullivan, Stellvertretender Staatssekretär im Außenministerium, verantwortlich für ostasiatische und pazifische Fragen und früherer Botschafter in Laos, durch Mr. Paul vom Vorstand des Komitees vor dem Symington-Unterausschuß (Senate Hearings, S. 532-33).

Mr. Sullivan: Nun ja, ich glaube, wie wir bereits früher erwähnt haben, die Flugzeuge, die den Laoten von den Thais ausgehändigt worden waren, ich glaube, mich hier richtig zu erinnern [Streichung], daß die USA dann diese Flugzeuge in den Beständen der Thais wieder auffüllten [Streichung].«[31]

Angaben über die Kosten der amerikanischen Intervention seit 1962 gibt es nicht, doch erfährt man einiges aus dem folgenden – zensierten – Auszug aus den Hearings des Symington-Unterausschusses:

»*Senator Fulbright:* Wie ich anhand unserer Unterlagen glaube feststellen zu können, belief sich die Militärhilfe für Laos von 1962 bis 1970 auf [Streichung]. An nichtmilitärischer Wirtschaftshilfe wurden an Laos zwischen 1946 und 1968 . . . 591 Millionen Dollar gezahlt. Das ergibt zusammen mehr als eine Milliarde Dollar.«[32]

Man beachte hierbei, daß sich der Hinweis noch auf die niedrigste Kategorie der Militärhilfe bezieht, jene nämlich, für die sich die gezahlte Summe im Jahre 1969 auf 90 Millionen Dollar belief.

Der amerikanische Einfluß durchdringt jeden Aspekt der Existenz (wie auch der Zerstörung) von Laos. Um hier nur einen vergleichsweise harmlosen Fall herauszugreifen, braucht man nur die Rolle des *United States Information Service* (USIS) bei der »Verbreitung von Informationen« in Laos zu betrachten.[33] Das laotische Rundfunkprogramm besteht etwa zur

31 Ebda., S. 516/17.

32 Ebda., S. 553.

33 Ebda., S. 585 f. Der Befrager des Unterausschusses ist bei der Wahl seiner Worte wesentlich unverblümter. Er fragt, welche satzungsmäßige Legitimation die USIA dafür habe, sich »in die Propagandaarbeit eines anderen Landes zu mischen, anstatt Bemühungen zu machen, ein Bild von den Vereinigten Staaten zu vermitteln?« Die Antwort darauf ist etwas obskur. Offenbar ist sie in einer Interpretation der Satzungen von USIA zu suchen, wie sie von Präsident Kennedy in einem Memorandum gegeben wurde, das zu der Feststellung

Hälfte aus Musiksendungen. Was die andere Hälfte betrifft, so wurden etwa zwei Drittel davon vom USIS vorbereitet bzw. der USIS »wirkt bei der Vorbereitung mit«. Außerdem beteiligt der USIS sich an der Veröffentlichung einer Zweimonats-Zeitschrift mit einer Verbreitung von 43 000 Exemplaren (die größte laotische Tageszeitung hat eine Auflage von 3300 Exemplaren). Ferner sind Filme und weiteres gedrucktes Material zu nennen, Propagandaschriften und Plakate, Wandzeitungen und Flugblätter. Meistens bleibt die US-Regierung als Urheber ungenannt – d. h. es wird der Eindruck vermittelt, als handele es sich um Dokumente oder Programme, die von der königlich-laotischen Regierung ausgearbeitet wurden. Doch der Regierungsmann, auf den wir uns berufen können, bestritt, daß es sich dabei um eine bewußte Verschleierung handele. Als wir ihn um nähere Erklärungen baten, sagte er:

> »Wir machen gar keinen Hehl aus unserer Beteiligung. Das alles geschieht nicht unter dem Mantel der Geheimhaltung, und ich glaube, daß viele Leute, ja vielleicht sogar die meisten Leute, zum Beispiel in der laotischen Verwaltung oder in der laotischen Regierung, sich durchaus der amerikanischen Beteiligung bei der Vorbereitung derartiger Sachen bewußt sind.«

Demnach also könne man die Regierung der Vereinigten Staaten nicht der versteckten Absicht bezichtigen, den Einfluß der königlich-laotischen Regierung in der Bevölkerung zu verstärken (oder wie jemand, der darüber etwas skeptischer denkt, sagen würde: vorzugeben, daß es diese Regierung überhaupt gibt). Die offizielle Rechtfertigung für diese Einmischung lautet, daß sie unabdingbar notwendig sei, um Laos gegen die nordvietnamesische Aggression zu verteidi-

gelangt: »Die Aufgabe der U.S. Information Agency besteht darin, bei der Erreichung von Zielen der amerikanischen Außenpolitik mitzuwirken, indem a) die Meinungsbildung in anderen Nationen zu beeinflussen ist . . .«.

gen. Ich werde auf Einzelheiten dieser Anklage und auf die Tatsachen, die vorgelegt wurden, sie zu stützen, noch später zurückkommen. Allerdings stellt sich ein gewisses Maß an Skepsis schon im Laufe der Nachforschungen ein. Zum Teil leitet sie sich aus dem überwiegend aus der Zeit vor 1962 stammenden Material her. Zweifellos war die Intervention von außen während jener Periode in überwältigendem Maße amerikanischen Ursprungs. Alle verfügbaren Quellen stimmen darin überein, daß die Amerikaner seinerzeit versuchten, die Abmachungen von 1958 zu unterlaufen (und dabei, wie bereits vorhin bemerkt wurde, auch Erfolg hatten), und daß die Nordvietnamesen, ganz zu schweigen von den Chinesen oder Russen, vor den vorhin geschilderten Ereignissen von 1960 in den laotischen Angelegenheiten praktisch keine Rolle gespielt haben. Im Jahre 1960 wurde die Situation durch den Vietnamkrieg natürlich kompliziert. Für die Rückkehr südvietnamesischer Kader aus dem Norden wird das Jahr 1959 genannt, und man glaubt zu wissen, daß auch Teile im Süden von Laos betroffen gewesen seien (das Gebiet um den sogenannten Ho-Chi-Minh-Pfad). Die Benutzung Thailands als amerikanische Basis zur Bombardierung des Nordens von Laos und später auch Nordvietnams datiert vom Jahresbeginn 1964, wie aus amerikanischen Regierungsquellen hervorgeht (amerikanische Truppen wurden zum Zeitpunkt des Zwischenfalls von Nam Tha[34] nach Thailand entsandt und sind seither dem *United States Military Assistance Command-Thailand* unterstellt, das zur Zeit der Landung gebildet wurde).

Eine zweite Quelle berechtigter Skepsis kam in einem anderen Zusammenhang zur Sprache, und zwar in den Darlegungen Senator Symingtons bei den Hearings vor dem Unterausschuß:

34 Vgl. das Kapitel *Indochina und die amerikanische Krise,* in: *Indochina und die amerikanische Krise. Im Krieg mit Asien I* (st 32), S. 64. Vgl. auch Peter Dale Scott, *Laos, Nixon and the CIA,* sowie Mirsky und Stonefield, a.a.O.

»Unser Bruttosozialprodukt beläuft sich auf mehr als 800 Milliarden Dollar; das der Vietnamesen (DRV) ist dagegen praktisch gleich Null. Wir haben eine Bevölkerung von 200 Millionen Menschen; bei den Vietnamesen sind es etwa 17 Millionen. Wir haben seit vier Jahren unsere Kampftätigkeit dort ständig eskaliert. Die Zahl unserer Verwundeten und Gefallenen nähert sich 300 000, doch wir machen jetzt einen Umdenkungsprozeß durch, an dessen Ende wir uns eingestehen werden müssen, daß wir an einem toten Punkt angelangt sind oder ihn nur gerade jetzt durchmachen oder aber daß wir in gewisser Weise eine Niederlage erlitten haben.«[35]

Um die offizielle amerikanische Haltung übernehmen zu können, muß man sich zunächst einreden, daß die Vietnamesen Supermänner sind, jederzeit imstande, mit einer Handbewegung andere Regierungen zu stürzen[36], Aggressionshandlungen in ganz Indochina zu begehen, erfolgreich der gewaltigen militärischen und wirtschaftlichen Macht Amerikas Widerstand entgegenzusetzen – wobei sämtliche Unternehmungen dieser Art von einer kleinen, armen Nation ausgeführt sein sollen, die ein Opfer verheerender Bombardements wurde, von Bombenangriffen, die faktisch alle ihre ohnehin sehr schmalen industriellen Reserven, ganz zu schweigen von der Mehrzahl ihrer Städte, Kleinstädte und dem gesamten Nachrichten- und Verkehrsnetz, vernichteten. Es kann nicht überraschen, daß dergleichen lächerliche Anschuldigungen keinen Bestand haben, sobald man Beweise dafür verlangt. Überraschen muß allerdings, daß ihnen von den Amerikanern noch

35 Senate Hearing, S. 591.

36 Die Probleme bei der Anzettelung eines Aufstandes zeigen sich deutlich anhand von Erfahrungen der Amerikaner in Nordvietnam. Wie Bernard Fall berichtet, sind seit 1956 kleine Sabotagetrupps mit den Fallschirmen über Nordvietnam abgesprungen oder nach Nordvietnam infiltriert. »Während der vergangenen Jahre«, so schrieb Fall 1964, »ist die Infiltration von Guerillatruppen immer wieder versucht worden, ohne Erfolg.« Vgl. N. Chomsky, *Amerika und die neuen Mandarine*. Frankfurt am Main, Suhrkamp Verlag, 1969.

weitgehend Glauben geschenkt wird. Daher auch berufen sich sogar die sich selbst so nennenden »Tauben« ständig auf den amerikanischen Krieg in Indochina als auf einen »Krieg gegen Hanoi«. Nach meiner Auffassung wird man dem Sachverhalt durchaus gerecht, wenn man feststellt, daß der Propagandaeffekt, den die Regierung, in dieser Angelegenheit jedenfalls, erzielt hat, wahrscheinlich höher einzuschätzen ist, als dies für jeden früheren Rückgriff auf die »große Lüge« gelten kann, seit diese Technik vor nunmehr einer Generation perfektioniert wurde.

Seit der Bürgerkrieg in Laos im Jahre 1963 mit aller Schärfe wieder aufflammte, ist die amerikanische Beteiligung daran mit einem Schleier von Geheimhaltung umgeben worden, ein Schleier, der durch die Hearings vor dem Symington-Unterausschuß um einen Spalt geöffnet wurde, doch selbst die hier gemachten Aussagen enthalten mancherlei Lügen, die in dem veröffentlichten Teil des Berichts unwidersprochen geblieben sind. Um hier nur die übelste herauszugreifen: William Sullivan, der vorbehaltlos die Regierungsseite vertrat, versicherte, »daß es ein Anliegen unserer Politik ist, keine bewohnten Gebiete anzugreifen«, wobei er sich auf den Zeitraum 1968/1969 bezog.[37] Gleichzeitig bezeugte er, daß während seiner Amtszeit als Botschafter (bis 1969) jeder Lufteinsatz von seiner vorherigen Genehmigung abhängig gemacht worden sei. Infolgedessen wird ihm gewiß auch bekannt gewesen sein, daß die Politik eben darauf abzielte, bewohnte Gebiete anzugreifen und zu verwüsten, die zu dem von der Pathet Lao kontrollierten Territorium gehörten. Der Beweis dafür, daß die Bombardierungen sich gegen Bauerngehöfte, Dörfer und

37 Senate Hearings, S. 500. Diese heuchlerischen Beteuerungen hält er noch im Mai 1970 anläßlich der Hearings des Kennedy-Unterausschusses zur Flüchtlingsfrage aufrecht: »Wir haben sehr klare Anweisungen, nach denen alle Dörfer aus dem Aktionsbereich amerikanischer Luftoperationen ausgeschlossen sind. Bevor ich einem Lufteinsatz meine Zustimmung gab, verlangte ich stets die Vorlage fotografischer Dokumente, um mir das Zielgebiet eingehend betrachten zu können.« Gegen die Schätzung von 700 »Feindflügen« pro Tag machte er keine Einwendungen. Vgl. Murray Kempton, *From the City of Lies,* in: *New York Review* vom 4. Juni 1970.

Städte richteten, die in jenen Gebieten meistens total zerstört worden sind, ist inzwischen unwiderlegbar erbracht worden.

Das Ausmaß von Lüge und Täuschung von seiten der Regierung ist so groß, daß buchstäblich keine einzige Regierungsverlautbarung mehr Glauben finden kann bzw. nicht mehr geglaubt werden sollte. Man erinnere sich zum Beispiel nur der Rede Präsident Nixons über Laos vom 6. März 1970.[38] Die wichtigste Passage darin lautet:

> »Hanois jüngster Aufmarsch in Laos trägt in ganz besonderem Maße die Züge einer Eskalation. Während der vergangenen letzten Monate haben die Nordvietnamesen mehr als 13 000 Mann zusätzlicher Truppen nach Laos eingeschleust, womit ihre Gesamtzahl dort auf mehr als 67 000 Mann angestiegen ist. Dreißig nordvietnamesische Bataillone aus regulären Divisionsverbänden waren an der kürzlich in der Ebene der Tonkrüge ausgefochtenen Schlacht mit Panzern, Kampfwagen und schwerer Artillerie beteiligt. Die einheimischen laotischen Kommunisten, die Pathet Lao, spielen nur eine ganz unbedeutende Rolle.«

Diese Behauptungen sind vermutlich von der Absicht bestimmt, die amerikanische Ausweitung des Luftkrieges – zum Beispiel mit den ersten B-52-Einsätzen vom Frühjahr 1970 im nördlichen Laos – zu rechtfertigen.

Als ich wenige Wochen darauf nach Vientiane kam, stellte ich fest, daß Nixons Rede inzwischen zu einem beliebten Gesprächsstoff geworden war – und Anlaß zu viel Gelächter bot. Jedem Reporter in Vientiane war bekannt, daß nur wenige Tage vor der Präsidentenrede der amerikanische Militärattaché am Ort von nur 50 000 Nordvietnamesen gesprochen hatte; das ist annähernd dieselbe Zahl, die im voraufgegangenen Jahr von den USA angegeben worden war. Diese

38 Eine ausführlich belegte Dokumentation zu weiteren Unwahrheiten seiner Rede findet sich bei Scott, *Laos, Nixon and the CIA*.

interessante Tatsache wurde von D. S. Greenway, dem Leiter des Time-Life-Büros in Bangkok, mitgeteilt, der in einem Kommentar dazu schrieb, daß »die vom Präsidenten geschätzte Truppenstärke der Nordvietnamesen in Laos um immerhin mindestens 17 000 nach oben von der mit höchster Verläßlichkeit in Vientiane angestellten Schätzung, einschließlich der Schätzungen der Amerikaner selbst, abwich«.[39] Darüber hinaus wußte jeder, wie irreführend solche Zahlenangaben sind. Die nordvietnamesische Invasion, die Nixon heraufzubeschwören versuchte, fand in der Ebene der Tonkrüge statt, die nach fünftägigen Gefechten im Februar von kommunistischen Streitkräften zurückerobert worden war. Damit war die territoriale Teilung wiederhergestellt, die von 1964 bis zum August 1969 bestanden hatte, als die Geheimarmee der CIA in dieses Gebiet einmarschiert war. Nixon macht bei seiner Angabe von 67 000 Nordvietnamesen keinen Unterschied zwischen den Nordvietnamesen, die sich im südlichen Laos aufhalten – bei denen es sich tatsächlich um eine Ausweitung des Vietnamkriegs handelt – und jenen, die sich im nördlichen Laos, wo die »Invasion« stattgefunden hatte, mit dem Pathet Lao vereinigt haben. Ebensowenig unterscheidet Nixon zwischen Kampfverbänden und Nachschub- und Verbindungseinheiten, die nach Auffassung militärischer Beobachter in Vientiane etwa Dreiviertel der nordvietnamesischen Streitkräfte ausmachen, was kaum überrascht, wenn man sich klarmacht, daß sie sämtliche Versorgungsgüter, einschließlich Nahrungsmittel, durch ein schweren Bombenangriffen ausgesetztes Gebiet transportieren müssen. Es ist wirklich wahrscheinlich, daß dieser Anteil eher noch zu gering angesetzt ist. Die Wirkung und vermutlich auch die Absicht der amerikanischen Bombardierungen im

39 *Life* vom 3. April 1970. Nochmals abgedruckt in einer vorzüglichen Auswahl von Aufsätzen zur gegenwärtigen Situation in Laos, die von Senator Kennedy in den *Congressional Record* vom 20. April 1970, S. 5988-92 eingerückt worden sind. Vgl. auch Carl Strock, *Laotian Tragedy*, in: *New Republic* vom 9. Mai 1970.

Norden von Laos bestand darin, die von den Pathet Lao verwaltete Zivilgesellschaft zu zerstören und so viele Menschen wie möglich in Gebiete unter Regierungskontrolle zu treiben. Oder wie Tammy Arbuckle es in einem Bericht formuliert:

> »Gut informierte Kreise erklären, daß die USA ihre Politik der ›verbrannten Erde‹ verfolgen, um die Menschen zu zwingen, in Regierungsgebiete zu ziehen – und so die Roten von Informationen, Rekruten und Helfern abzuschneiden.«[40]

Wenn die Bevölkerung gezwungen ist, in Gebiete unter Regierungskontrolle zu fliehen, oder wenn sie in Höhlen und Erdtunnels getrieben wird, kann sie dem Pathet Lao und den nordvietnamesischen Truppen keine Unterstützung mehr gewähren, und diese sind dann genötigt, zunehmend Nachschublieferungen aus Nordvietnam in Anspruch zu nehmen. Also kann man vernünftigerweise annehmen, daß der Anteil der Kampfverbände am gesamten Potential rückläufig gewesen sein muß. Es wurde ferner darauf hingewiesen, daß zu den Nachschub- und Verbindungs»truppen« auch ein hoher Prozentsatz Frauen und alter Männer gehörte.
Aus weitgehend übereinstimmenden Berichten – die im übrigen von militärischen Kreisen der Amerikaner bestätigt worden sind – geht hervor, daß an dem schwersten Angriff der jüngsten »Invasion«, am Angriff gegen Moung Soui und auf den Flugplatz Xieng Khouang, etwa 400 Mann kommunistischer Truppen beteiligt gewesen sind, wobei es sich offensichtlich um Stoßtrupps gehandelt hat. Was Gefangene angeht, so wurde gemeldet, daß bei der zur Wiedereinnahme der Ebene der Tonkrüge führenden Invasion 8 Nordvietnamesen gefangengenommen worden seien. Seit 1964 sind im ganzen etwa 80 Nordvietnamesen gefangengenommen wor-

40 *Washington Star* vom 19. April 1970. Nochmals abgedruckt in der oben zitierten Aufsatzsammlung des *Congressional Record.*

den, eine Zahl, der man die 200 Amerikaner gegenüberstellen sollte, die als vermißt gemeldet wurden oder in Kriegsgefangenschaft geraten sind, und »etwas weniger als 200« weitere US-Soldaten, die nach offiziellen Angaben bei Kampfhandlungen in Laos getötet wurden.[41]

Angesichts dieser Zahlen ist allerdings größte Zurückhaltung geboten. Alle Berichte erklären übereinstimmend, daß sich die Pathet Lao und insbesondere die Nordvietnamesen fast ausschließlich in unzugänglichen, dicht bewaldeten und zudem oft bergigen Gebieten aufhalten. Nur wenige Flüchtlinge wußten von Begegnungen mit Vietnamesen zu berichten. Trotz der gewaltigen nachrichtendienstlichen Anstrengungen der Vereinigten Staaten ist zu bezweifeln, ob jemals verläßliche Informationen über die genaue Stärke nordvietnamesischer Truppen erhältlich sein werden. Es ist ohne Zweifel zutreffend, daß sich im Norden von Laos nordvietnamesische Kampftruppen aufhalten. Aber das kann kaum überraschen, wenn man sich die weiter oben geschilderte nicht abreißende amerikanische Subversion und bewaffnete Intervention vor Augen führt. Im Gegenteil wäre es mehr als merkwürdig, hätte sich Nordvietnam – nach Beginn der amerikanischen Bombardierungen von Laos und Nordvietnam – nicht direkt in die Kampftätigkeit im Norden von Laos eingeschaltet.

Was das südliche Laos betrifft, so begann den Angaben amerikanischer Regierungskreise zufolge die Rückkehr südvietnamesischer Kader des früheren Vietminh nach Südvietnam im Jahre 1959, als sie in die Kämpfe gegen die von den Amerikanern eingesetzte Regierung unter Diem eingriffen.

41 Vgl. die Hearings des Symington-Unterausschusses (Senate Hearings, S. 380). Der Bericht fügt hinzu, daß »von den Soldaten, die bis zum 22. Oktober 1969 in Laos gefallen sind, etwa ein Viertel bei Operationen im Norden von Laos ums Leben gekommen sind«. Ein UPI-Bericht aus Genf in der *International Herald Tribune* vom 4./5. April 1970 nennt die Zahl von 86 Angehörigen der US-Air Force, die von den Pathet Lao in Laos in Gefangenschaft gehalten werden. Die von zwei Geistlichen gemachten Angaben stammen, so wird behauptet, aus US-Quellen, »die von privaten Kreisen in Genf bestätigt« worden seien. Der Pathet Lao behauptet, mehr als 1200 amerikanische Flugzeuge über Laos abgeschossen zu haben.

(Bereits 1962 waren 10 000 Amerikaner in Südvietnam stationiert, von denen viele direkt in Kampfhandlungen verwickelt waren; hier sei zum Beispiel nur auf die Kampfhubschrauber-Angriffe hingewiesen.) Die südvietnamesischen »Infiltranten« waren 1954 im Einklang mit dem Genfer Abkommen in den Norden zurückbeordert worden, in der Erwartung, daß sie nach den für 1956 vorgesehenen Wahlen – die dann von den Amerikanern blockiert wurden – in ihre Heimatorte zurückkehren könnten. Sie blieben auch im Norden, ganz in Übereinstimmung mit dem Bestreben der nordvietnamesischen Politik um eine Lösung durch Verhandlungen und diplomatische Initiativen. 1959 war dann endgültig klargeworden, daß die Vereinigten Staaten der Erfüllung des Genfer Abkommens niemals zustimmen und eine friedliche Regelung nicht zulassen würden, so daß unter dem Druck von Teilen der Bevölkerung aus dem Süden, die sich schweren Repressalien und direkten militärischen Überfällen ausgesetzt sahen, die südvietnamesischen Kader schließlich in den Süden zurückzukehren begannen. Dem Mansfield-Report von 1966 ist zu entnehmen, daß die Infiltration vor 1965 »hauptsächlich auf politische Kader und militärische Führer beschränkt blieb«, doch als dann im Frühjahr 1965 US-Kampftruppen in »großer Stärke« das Land besetzten, war die »Reaktion des Vietcong die Verstärkung seiner militärischen Aktivitäten mit Streitkräften, die durch intensive Rekrutierungskampagnen unter den Einheimischen aufgefüllt worden waren, und schließlich die Infiltration regulärer nordvietnamesischer Streitkräfte«. Senator Mansfield selbst stellte am 16. Juni 1966 fest:

> »Als zu Beginn des Jahres 1965 die militärischen Anstrengungen der Amerikaner stark zuzunehmen begannen, schätzte man die Zahl nordvietnamesischer Soldaten unter den Feindstreitkräften im Süden, deren Gesamtstärken sich zu jener Zeit auf 140 000 Mann belief, auf 400.«

Die Richtigkeit dieser Erklärung wurde vom Pentagon bestätigt. Diese 400 nordvietnamesischen Soldaten, auf die sich Mansfield bezieht, sind vermutlich dieselben, die am 27. April 1965 von Verteidigungsminister McNamara als Angehörige eines Bataillons der 325. Division identifiziert worden sind; in dem ersten bestätigten Bericht der US-Regierung von nordvietnamesischen Truppen im Süden – acht Monate nach der Bombardierung strategischer Ziele in Nordvietnam zur Zeit des vorgetäuschten Zwischenfalls im Golf von Tonkin und zweieinhalb Monate nach Aufnahme des regulären Nordvietnam-Bombardements. Die Landung amerikanischer Marinesoldaten in Vietnam erfolgte im März 1965, und zur Jahresmitte überstieg die Zahl der amerikanischen Streitkräfte bereits 53 000 Mann (nicht mitgerechnet die unbekannten Tausende von Soldaten, die bei Luft- und Seeoperationen zum Einsatz kamen). Im Februar 1966 überschritt die amerikanische Truppenstärke bereits die Zahl 200 000, während im Süden angeblich 11 000 Nordvietnamesen standen. Bis Dezember 1967 näherte sich die amerikanische Truppenstärke schon einer halben Million, und es wurde behauptet, daß sich im Süden 50 000–60 000 Nordvietnamesen aufhielten (etwa die gleiche Zahl, auf die sich die für die Vereinigten Staaten kämpfenden Streitkräfte der Südkoreaner belaufen). Bei der Infiltration und beim Nachschub dieser Truppen wurde der sogenannte Ho-Chi-Minh-Pfad benutzt, der zum überwiegenden Teil durch Gebiete im Süden von Laos verläuft.
Über die »Infiltration« von Süden nach Norden siehe Fußnote 36.
Dies alles wird selbst von denen eingestanden, die kaum mehr als Propagandisten der amerikanischen Regierung sind. Douglas Pike zum Beispiel stellt fest, daß »die Entsendung von (nordvietnamesischen) Truppen in größerer Zahl Ende 1964 begann und daß sie zum Anfang 1965 nach und nach im Süden eintrafen; zu dieser Zeit dauerte der Anmarsch drei bis vier Monate« *(War, Peace and the Viet Cong,* S. 121). Man rufe sich nochmals in Erinnerung, daß die Bombardierung

Nordvietnams am 4. August 1964 begann, die regelmäßige Bombardierung am 8. Februar 1965 aufgenommen wurde. Ich brauche wohl kaum noch zu betonen, daß die Empörung über die »nordvietnamesische Aggression«, die von der amerikanischen Regierung zum Ausdruck gebracht worden ist, angesichts des tatsächlichen historischen Ablaufs ein wenig komisch anmuten muß. Sie ließe sich nur unter der Voraussetzung rechtfertigen, es sei das gute Recht der Vereinigten Staaten gewesen, das Genfer Abkommen zu unterlaufen und Menschen anderer Anschauung im Süden gewaltsam zu unterdrücken, sich Anfang 1960 in großangelegte Kampfhandlungen einzulassen, mit dem Jahre 1965 eine gewaltige Okkupationsarmee zu entsenden und Flächenbombardements in Vietnam und Laos aufzunehmen, während den südvietnamesischen Kadern im Norden nicht das Recht zugestanden werden durfte, in ihre Heimatorte zurückzukehren, die Widerstandskräfte im Süden kein Recht hatten, auf Repression oder die Aushöhlung des Genfer Abkommens zu reagieren und den Nordvietnamesen nicht das Recht zu Gegenmaßnahmen als Antwort auf die Bombardierung ihres Territoriums oder auf den amerikanischen Angriff gegen Laos und Südvietnam zugebilligt werden durfte. Wie man derartige Auffassungen auch beurteilen mag – es kann keinen Zweifel geben, daß Südlaos Anfang 1960 in die Ausweitung des Vietnamkrieges verwickelt wurde und sich Mitte 1960 auch in Nordlaos ein Bürgerkrieg abzuzeichnen begann mit beträchtlicher Unterstützung von außen für beide Seiten.

Berücksichtigen wir die Behauptung Nixons, während der jüngsten Offensive in der Ebene der Tonkrüge Anfang 1970 habe der Pathet Lao nur eine unbedeutende Rolle gespielt. Zur Stützung dieser Behauptung können amerikanische Militärs in Vientiane nur ein einziges Beweisstück vorlegen, die Zahl von Gefangenen. Wie erwähnt, wurden 8 Nordvietnamesen als gefangen gemeldet (der Auskunft laotischer Wachoffiziere zufolge). Amerikanische Militärs behaupten, es sei kein einziger Pathet Lao gefangengenommen worden.

Amerikaner, die sich in der Gegend von Sam Thong mit Soldaten der königlich-laotischen Armee unterhalten haben, melden hingegen, daß diese ihnen von der Gefangennahme von Angehörigen der Pathet Lao berichtet hätten. Einem angeblich aus der US-Botschaft stammenden Bericht zufolge sind 20–30 Gefangene unter den Pathet Lao gemacht worden, die man jedoch sofort der CIA-Geheimarmee überstellt habe. Aus solchen Zahlenangaben (8, 20 bis 30) läßt sich nur wenig schlußfolgern. Die Proportion jedenfalls scheint zu stimmen, wenn man bedenkt, daß militärische Kreise der Amerikaner von 40 000 bis 50 000 Pathet Lao sprechen, von denen die Hälfte sich im Norden von Laos aufhalten soll.

Informierte Beobachter, die versucht haben, das verfügbare Informationsmaterial zu sieben, vermuten, daß allerhöchstens 5000 Mann nordvietnamesischer Truppen in die Kämpfe in Laos verwickelt seien – eine Zahl, die man einmal mit den 5000 Angehörigen thailändischer Kampftruppen, von denen berichtet wurde (vgl. S. 113 unten), den unbekannten Tausenden von Amerikanern, die direkt an Bombenangriffen und Bodenoperationen beteiligt sind, sowie manchen anderen Truppenverbänden, die an amerikanischen Kampfhandlungen teilnehmen, vergleichen sollte.

Der Pathet Lao behauptet, daß in Laos 1200 amerikanische Green Berets kämpfen, was von den Amerikanern bestritten wird. Ferner gibt der Pathet Lao an, daß zur CIA-Geheimarmee auch Angehörige von Stämmen aus Burma und Thailand gehören wie auch Truppen aus Nationalchina, die sich im nördlichen Laos aufhalten.[42] Derartige Berichte werden von eingeweihten Beobachtern in Laos sehr ernst genommen. Einige weisen darauf hin, daß der multi-ethnische Charakter der Geheimarmee Vang Paos amerikanische Koordination und Kontrolle bis hinunter zur Mannschaftsebene erforderlich machen müsse.

Interviews mit Überläufern erbrachten weitere Informationen

42 Eine Bemerkung hierzu findet sich in dem in Anmerkung 16 zitierten Interview.

über das beiderseitige militärische Kräfteverhältnis. Einer, ein ehemaliger Soldat auf der Seite des (»nach links tendierenden«) Neutralisten Deuane, der während der ersten Januartage 1970 in der Ebene der Tonkrüge desertierte, sagt aus, daß in seinem Bataillon fünf vietnamesische Berater tätig gewesen seien, davon jedoch keiner auf Kompanie-Ebene. Die Fünf sprachen, da sie aus Laos oder Thailand gebürtig waren, ein ausgezeichnetes Laotisch. Der Überläufer berichtet von 2000 bis 3000 Soldaten des Pathet Lao in der Ebene der Tonkrüge, von denen lediglich zwei oder drei desertiert seien, und von etwa derselben Anzahl Nordvietnamesen. In den Elite-Pioniereinheiten gebe es mehr Vietnamesen als Laoten. Die vietnamesischen Berater, so berichtet er, hatten keinerlei spezielle Privilegien, sondern lebten genau wie die laotischen Soldaten. Er schildert die Deuane- und Pathet Lao-Soldaten als entschlossene Nationalisten mit hervorragendem Kampfgeist:

> »Aber, wissen Sie, die Pathet Lao-Soldaten haben ein sehr weites Gesichtsfeld. Sie denken an ihr Land, sie lieben ihr Land und sie ersehnen sich Fortschritt für die gesamte Nation. Sie denken nicht an sich persönlich, und dies so lange nicht, bis ihr Land befreit worden ist. Erst muß jeder seine Freiheit haben, bevor man über seine persönlichen Wünsche nachdenken kann.«

Nach Geld gefragt, sagte er, daß die Pathet Lao-Soldaten die Tatsache, daß sie so arm sind, nur wenig kümmert:

> »Sehen Sie, die kämpfen für ihre Freiheit und für den Fortschritt, und für Freiheit und Fortschritt für ihr Land. Es ist ihnen egal, ob sie nun viel oder wenig Geld haben, und sogar, ob sie sterben müssen oder nicht. Ihre einzige Sorge gilt ihrem Land.«

Gefragt, ob sie denn auch begriffen, warum und wofür sie kämpften, erwiderte er:

»Aber ja! Sehen Sie, die ganze Zeit werden Schulungen abgehalten. Auch erwartet man von den Offizieren ständig, daß sie mit den Mannschaften sprechen und ihnen erklären, wofür dieser Krieg ist. Jeder Soldat in der Pathet Lao-Armee hat voll und ganz begriffen, wofür er kämpft.«

Der diensthabende Lao-Oberst des Camps vertrat in dieser Angelegenheit eine etwas abweichende Auffassung. Er glaubte, daß ein Pathet Lao-Überläufer genauso eifrig für die königlich-laotische Armee kämpfen würde, und zwar aus einem einzigen Grund.

» [Er] desertiert mit seiner ganzen Familie. In diesem Fall halten wir die Familie auf unserer Seite und schicken den Mann an die Front. Er kann kein Unheil anrichten; denn wir haben schließlich seine Familie.
Sie werden dann schon ordentlich kämpfen. Wissen Sie, zunächst einmal haben wir ja ihre Familien. Dann geben wir ihnen auch noch eine ganze Menge Geld. Das spornt sie zum Kämpfen an. Und es gibt da noch etwas Wichtiges, das Sie bedenken müssen. Diese Soldaten haben keinerlei Bildung. Sie wissen gar nicht, wofür sie kämpfen. Sie sind auf der Seite der Pathet Lao, und die Pathet Lao drücken ihnen ein Gewehr in die Hand und sagen ihnen, sie sollen gegen den Feind kämpfen. Das tun sie dann. Auf unserer Seite ist es genau dasselbe. Wir sagen ihnen, daß sie jetzt gegen die Pathet Lao kämpfen sollen, und auch das tun sie.
Um die Wahrheit zu sagen, es ist eigentlich alles nur eine Frage der Macht. Sie werden für die Seite kämpfen, die eben die stärkere ist. Wenn man sie zwingt, gut zu kämpfen, werden sie es auch tun.«

Später, in Beantwortung der Frage, warum die andere Seite besser kämpfe als die königlich-laotischen Streitkräfte, meinte er:

»Nun ja, das ist weitgehend eine Frage der Auslegung. Die andere Seite ist sehr geduldig. Sie erklären unermüdlich jedem einzelnen Soldaten, was er zu tun hat, um ihm Mut zu machen. Sie schicken Agenten in großer Zahl aus, die mit jedem reden, reden und immer wieder mit ihm reden, bis sie ihn überzeugt haben. Ein einziger Mann kann den ganzen heutigen Tag, den morgigen und auch noch den übernächsten Tag damit verbringen, nichts anderes zu tun, als nur zu reden, um einen einzigen weiteren Mann zu überzeugen. Aber bei uns [er lacht]: wir reden nur über das Radio zu den Leuten, die ganze Zeit, bla, bla, bla. Doch das Radio taugt zu nichts. Es geht zum einen Ohr rein und zum andern wieder raus. Wenn man die Menschen überzeugen will, muß man persönlich mit ihnen reden.«

Amerikanische Regierungsquellen vermitteln, wenn auch alles andere als übereinstimmend, ein nicht ganz unähnliches Bild. Zudem läßt sich aus ihnen eine gewisse Vorstellung vom Leben im Gebiet des Pathet Lao ableiten, und dies selbst noch aus den Interpretationen feindlich gesinnter Beobachter. Die Botschaft in Vientiane stellte uns zwei Dokumente von Edwin T. McKeithen zur Verfügung, den sie als einen ihrer hervorragenden Kenner der Pathet Lao bezeichnete.[43]

43 *Life under the P. L. in the Xieng Khouang Ville Area,* undatiert; *The Role of North Vietnamese Cadres in the Pathet Lao Administration of Xieng Khouang Province,* April 1970. Zur Person McKeithens werden in diesen Dokumenten keine näheren Angaben gemacht. Vermutlich steht er entweder mit dem USAID, der CIA oder beiden in Verbindung.
McKeithens Befangenheit gegenüber den Pathet Lao ist so extrem, daß es ihm nicht einmal gelingt, folgerichtig zu bleiben. So schreibt er, daß niedere Beamte der Pathet Lao »auf der Basis ihrer Verläßlichkeit (breiter Rücken/schwacher Verstand)« ausgewählt würden (*Life under the P. L.*). Nur wenige Seiten davor lesen wir, daß »Regierungsbeamte [bei den Pathet Lao] beinahe ausnahmslos nach Verdienst ausgewählt werden, wenngleich es ganz allgemein eine Präferenz für den verarmten Dorfbewohner als Widerpart zu seinem wohlhabenderen Rivalen zu geben scheint«. McKeithens Vorurteil zeigt sich zum Beispiel auch deutlich in seiner geringschätzigen Darstellung des »Prinzips der ›Demokratisierung‹«: »Z. B. soll jeder jeden bloßstellen und ehemalige Beamte und reaktionäre Kaufleute für die Ausbeutung des Volkes usw. bestrafen.« Um wievieles menschlicher ist dagegen die amerikanische Art des

Er schreibt:

»Eine der grundlegendsten Änderungen, die [der Pathet Lao] im Wesen eines Laoten zu bewirken sucht, ist die Hinzufügung von politischer Überzeugung und Schuld zur traditionellen Autorität, als Mittel sozialer Kontrolle. P. L.-Kader sind gezwungen, mit den Dorfbewohnern zu diskutieren und zu debattieren, bis diese mit der Auffassung der P. L. übereinstimmen. Direkte Anweisungen sind nicht genug; die Menschen müssen ›unterrichtet‹ werden, bis sie echt an das glauben, was sie tun. Zugleich muß ein Dorfbewohner, der betrügt und Verbrechen gegen den Staat begeht, so lange belehrt werden, bis er sich für seine Vergehen schuldig und verantwortlich fühlt. Diese Schuld muß aus einer internalisierten höheren Moralität hervorgehen, und nicht einfach aus einem Gefühl der Scham oder der Bestürzung über den Gesichtsverlust gegenüber seinen Mitmenschen.«

Diese Methoden beschreibt McKeithen als die Einführung der »ziemlich fremdartigen Begriffe politischer Überzeugung und Schuld ... als Mechanismen der sozialen Kontrolle«. McKeithen äußert sich nicht darüber, welche Methoden er für die humaneren oder aufgeklärteren ansehen würde, noch erläutert er, in welcher Hinsicht er Einwände gegen die Ziele dieser Bemühungen der Pathet Lao, die Lao-Gesellschaft zu verwandeln, hat:

»Sie haben sich dadurch für ökonomische Gleichheit eingesetzt, daß sie die progressive Besteuerung einführten und dem Konsum von Luxusgütern, der früher den Status eines wohlhabenden Dorfbewohners begründete, ein Ende machten. Die ›Vergeudung von Mitteln und Gütern‹ bei

Vorgehens, solchen Beamten und Ausbeutern noch Unterstützung zu gewähren und sie noch reicher zu machen, anstatt die Leute dazu zu bringen, sie öffentlich anzuprangern.

bouns [buddhistische Zeremonien], Hochzeiten, Beerdigungen und traditionellen Festen haben sie fast völlig aus der Welt geschafft.[44] Sie haben Schritte eingeleitet, das Eigentum zu kommunalisieren, indem sie ›öffentliche‹ padi [Reisfelder] einrichteten, den Verkauf und das Schlachten von Vieh scharfen Kontrollen unterwarfen und das Thema ›Öffentlicher Viehbesitz‹ als Schulfach aufnahmen ... Auch der Status der Frauen hat sich geändert, seit man ihnen größere Verantwortung in Verwaltungsdingen übertragen hat und sie berufliche Tätigkeiten ausüben, die traditionell auf die Männer beschränkt waren ... [Sie haben] ›Jugendorganisationen‹ [gebildet], die edlen Prinzipien verpflichtet sind und sich der Förderung langfristiger Ziele geweiht haben.«

Fair wie McKeithen ist, beschränkt er sich nicht auf diese kommentierenden Worte, deren Inhalt er offenbar, nach dem folgenden Abschnitt zu beurteilen, durchweg als negativ sieht:

»Schließlich sollten wir aber auch die Vorteile der P. L.-Herrschaft nennen, wie sie uns von den Flüchtlingen geschildert worden sind. Sie sind zwar für den Plan, den Erwachsenen-Analphabetismus zu beseitigen und Entwicklungen auf dem landwirtschaftlichen Sektor einzuleiten, aber nicht auf die Art und Weise der P. L. Zustimmend äußerten sie sich auch über die Ausrottung der Korruption bei Beamten.«

44 Hier ist McKeithen wohl ein bißchen überschlau. Die tatsächliche Zerstörung der zivilen Gesellschaft durch Luftangriffe ist offensichtlich ein Hauptgrund dafür, warum »Mittel und Güter« nicht verbraucht werden. Einer der Flüchtlinge beschrieb seine eigene Hochzeitsfeier: Nur wenige Menschen konnten wegen der Luftangriffe daran teilnehmen, sie mußten während der Feier mehrfach in einem Schützengraben Deckung suchen. An anderer Stelle sagte McKeithen: »Es kann keinen Zweifel daran geben, daß der P. L. die schleichende Arbeitslosigkeit in den von ihm kontrollierten Gebieten auf einen absoluten Tiefstand gedrückt hat.«

Später beschreibt McKeithen die Maßnahmen der Pathet Lao, die landwirtschaftliche Produktion zu verbessern (Verwendung von Düngemitteln und Einführung neuer Bewässerungsmethoden, beides unter Anleitung nordvietnamesischer Techniker); Einrichtung von Genossenschaften und örtlichen Handelskontrollen, weswegen man die früher überwiegend chinesischen und vietnamesischen Kaufleute entfernte[45]; progressive Besteuerung zur Unterstützung von Lehrkräften und medizinischem Personal und eine Grundsteuer (15% der nach Abzug der Freibeträge noch verbleibenden Summe) »zur Hilfe für den Staat«; Reformen des Bildungswesens, die die Einrichtung von Grundschulen in praktisch allen Dörfern vorsehen, sowie die Einführung von Lehrbüchern mit Betonung von »Hygiene und verbesserten landwirtschaftlichen Methoden sowie Selbstlosigkeit, Gemeinschaftsstreben und Solidarität gegenüber dem US-Imperialismus«; Bildungsprogramme für Erwachsene; verbesserte medizinische Betreuung; Verbot der Polygamie und der in Meo-Gebieten geübten Praxis der Brautentführungen als gesetzwidriger Handlungen; und vieles andere mehr.

In seiner Untersuchung über die Rolle der nordvietnamesischen Kader hebt McKeithen auch ihr Vertrauen auf »geduldigen Rat statt direkter Weisungen«, ihre »überaus behutsamen Methoden im Umgang mit ihren laotischen Gesprächspartnern« hervor, ferner ihren »unerschütterlichen Glauben an die Wirksamkeit endloser Überredung« und an »den Geist

45 Er bemerkt, daß der Markt in der Stadt Xieng Khouang »regelmäßig in der Morgendämmerung geschlossen wird, um die Möglichkeit eines Luftangriffs zu vermeiden«. Hier ein Bericht des *Washington Star* vom 20. August 1969: »Im Mai dieses Jahres löschten US-Düsenbomber die von den Kommunisten besetzt gehaltene Stadt Xieng Khouangville von der Landkarte aus, wobei ungefähr 200 Menschen den Tod fanden, darunter nur sehr wenige Angehörige kommunistischer Kampfverbände, die in nahe gelegenen Höhlen Zuflucht gesucht hatten«. Zitiert in den Hearings des Symington-Unterausschusses (Senate Hearings, S. 512). Oberst Robert Tyrell, USAF, United States Air Attaché in Vientiane, gab in einer beeideten Aussage die Erklärung ab, daß dieser Bericht nach seiner Meinung »in jeder Beziehung unrichtig« sei. Indessen fand er durch die Befragung von Flüchtlingen hinreichend seine Bestätigung. Man erinnere sich der oben zitierten Aussage von Sullivan, S. 118–119.

der Brüderlichkeit, der zum einenden Band ihrer Beziehungen werden sollte«. Er behauptet, daß »praktisch sämtliche wichtigen politischen Entscheidungen von nordvietnamesischen Kadern getroffen werden, was jedoch in einer Weise geschieht, die den Eindruck entstehen läßt, als seien sie von laotischen Beamten«. Allerdings räumt McKeithen ein, daß er nur sehr wenige Beweise dafür habe, da die Flüchtlinge, auf deren Zeugnis der Bericht sich stütze, nur sehr selten Kontakt zu vietnamesischen Beratern gehabt hätten. Die Vietnamesen halten sich an ihresgleichen und versorgen sich auch selbst mit Nahrungsmitteln. Er berichtet, daß Vietnamesen als politische Berater nur auf höherer Ebene fungieren, ökonomische und sonstige Berater jedoch auch auf unterer Ebene, indem sie technische Hilfe leisten und als Lehrkräfte arbeiten. Auch sind in den Genossenschaftsläden nordvietnamesische Waren zu kaufen, noch eine Art und Weise, »wie ihr Einfluß fühlbar wird«. In einer Aufstellung von Regierungsbeamten der Provinz Xieng Khouang führt er drei Nordvietnamesen unter den insgesamt siebzehn höheren Beamten (Khoueng-Gruppe) auf (einer der Vertreter der Gruppe, ein weiterer ein Berater und einer, der für die Bewässerung verantwortlich ist), jedoch keinen einzigen unter den insgesamt vierzehn Beauftragten der unteren (Muong-)Ebene.[46]

McKeithen stellt die Behauptung auf, daß es eines der Ziele der Nordvietnamesen sei, »Laos zu annektieren und das unterbevölkerte Land zur Erweiterung ihrer landwirtschaftlichen Anbaufläche zu nutzen«. Bei einer sorgfältigen Durchsicht seines Materials konnte ich drei winzige Anhaltspunkte hierfür als angeblich »beweiskräftige Bestätigung« seiner Beurteilung der Angelegenheit ausmachen. Da ist einmal eine »kurze Eintragung« im Tagebuch eines nordvietnamesischen Majors, das in der Ebene der Tonkrüge gefunden wurde und in dem festgestellt wird: » [Wir müssen] Laos uneingeschränkt

46 *Life under the P. L.* Weiter stellte er fest, daß »die Khoueng-Büros in kleinen Höhlen untergebracht sind«, vergißt jedoch, den Grund dafür zu nennen.

helfen, doch wir müssen Laos auch wachhalten, um stets Freiwilligengruppen verpflichten zu können, Land [zu] beschaffen, Einheimische [zu] heiraten und in Laos ansässig zu werden«. Und zweitens, »die Nordvietnamesen haben von den NLHS die Genehmigung erbeten, 20 000 Familien anzusiedeln – Angehörige der NVA-Truppen in Laos«. Diesem Ersuchen wurde von der NLHS nicht stattgegeben und der Plan anscheinend nicht ausgeführt. Schließlich noch waren nordvietnamesische Berater dabei behilflich, eine zweite Reisernte einzuführen und ausgedehnte wasserbauliche Projekteinheiten, und McKeithen »kommt nicht umhin, zu argwöhnen«, daß dies in Erwartung einer nordvietnamesischen Einwanderungswelle geschieht, weil es ungenutztes Land ja in großer Menge gibt. Da McKeithens Aufsätze ohne Zweifel Propagandadokumente der amerikanischen Regierung sind, nehme ich an, daß er keine Anstrengungen scheute, seine Schlußfolgerung zu untermauern, die man getrost als haltlose Erfindung abtun darf.
Auch die RAND-Corporation hat eine ausgedehnte Untersuchung vorgelegt, die den nordvietnamesischen Einfluß auf die Pathet Lao zu beweisen versucht. Da diese Studie für jedermann erhältlich ist, will ich sie hier nicht bis ins letzte Detail kommentieren. Die Autoren geben eine kurze Zusammenfassung der sozialen und ökonomischen Veränderungen unter den Pathet Lao, wobei sie besonders die bei diesen Bemühungen zu beobachtende Mäßigung hervorheben; »das Ideal eines ›antiimperialistischen, antifeudalistischen, fortschrittlichen und demokratischen Laos‹«; die »entschlossenen Anstrengungen, die sie unternehmen, dem einzelnen ein klareres Bewußtsein seiner sozialen Lage zu vermitteln und das Volk zu größerem Ehrgeiz anzuspornen«; Bildungsprogramme; und schließlich »die drastischen Veränderungen«, die Betonung der »Notwendigkeit von Chancengleichheit und der engen Zusammenarbeit zwischen allen ethnischen Gruppen«. Die Autoren gelangen zu dem Schluß, daß »die Praxis der Kommunisten durchaus diesen Prinzipien gerecht wird«.

Was die vietnamesischen Berater angeht, so sind diese

»erfahrenes, diszipliniertes Personal, das den Unternehmungen ihrer laotischen Verbündeten Kompetenz hinzufügt. Nach unseren Feststellungen genießen die vietnamesischen Berater wegen ihres Pflichtgefühls weithin Respekt. Durch ihr Vorbild, durch Ausbildung bei der gemeinsamen Erfüllung einer Aufgabe und durch gewöhnlich überaus taktvolle Anleitung spornen sie die weniger einsatzfreudigen Laoten zu erhöhter Leistung an.«[47]

Sie sorgen darüber hinaus für medizinische Betreuung und technische Hilfe und haben die einheimischen Laoten darin ausgebildet, »mit der Entwicklung eigener praktischer Fertigkeiten« zu beginnen. Ihre »Lehre betont sehr die Fähigkeit, die Bevölkerung für sich zu gewinnen . . . man sollte eigentlich erhebliche Spannungen zwischen den Laoten und ihren vietnamesischen Lehrmeistern erwarten . . . doch wir waren verblüfft, wie erfolgreich die Vietnamesen solche Ressentiments auf ein Minimum beschränkten«. Ein ehemaliger Offizier der Pathet Lao »äußerte sich freimütig über die Achtung, die die vietnamesischen Berater sich unter den Lao-Truppen erworben hatten«:

»Die Truppen in Laos brachten den vietnamesischen Beratern großen Respekt entgegen. Sie versuchten, sie mit guten Nahrungsmitteln zu versorgen, doch die vietnamesischen Berater wollten die Nahrungsmittel nicht annehmen. Sie aßen, was die Soldaten auch aßen, und hielten sich bei ihnen auf. Die laotischen Offiziere, und auch einige Soldaten, schienen ihnen für ihre Hilfe sehr dankbar zu sein.«[48]

Die Information über nordvietnamesische Ausbildungsprogramme ist von einigem Interesse. Langer und Zasloff berich-

47 Langer und Zasloff, a.a.O., S. 132 bis 134, 146.
48 Ebda., S. 160-166.

ten von einem Gespräch mit einem ehemaligen Leutnant, der zwei Jahre, von 1961 bis 1963, die Thai Nguyen Techniker-Schule in Nordvietnam besucht hatte, in »einer Klasse mit 165 Schülern, die Meo, Kha und Laoten aus dem Flachland – aus insgesamt vierzehn Provinzen – vereinigte ... und [die] dort als Automechaniker, in der Reparatur von Waffen und der Wartung von Stromgeneratoren ausgebildet wurden«. Ein anderer Informant hatte fünf Jahre lang (von 1959 bis 1964) nahe Hanoi zusammen mit weiteren 80 Laoten und 30 Vietnamesen eine medizinische Ausbildung erhalten. Die Ausbildung, so behaupten Langer und Zasloff, beweise deutlich maoistische Orientierung: »Sie ist ungekünstelt und wendet sich in erster Linie an die Gefühle der laotischen Jugend.« Als Beweis zitieren die Autoren die Erklärung eines früheren Pathet Lao-Offiziers:

> »Des öfteren wurde mir gesagt, daß Laos mir gehört. Laos ist ein schönes Land mit einer riesigen Zahl Flüssen und großen Strömen und einem Überfluß an Naturreichtümern. Das laotische Volk konnte wegen der Angriffe und Unterdrückung durch fremde Länder nichts unternehmen, um diese Reserven zu nutzen. Die Franzosen zum Beispiel hatten länger als sechzig Jahre über das Land geherrscht. Als einer, der ein Besitzrecht an diesem Land hat und als Angehöriger der Issara sollte ich für die Befreiung kämpfen. Angehörige der Issara sollten niemals aufgeben.
> Man hat uns erklärt, daß die amerikanischen Imperialisten heute die Hauptfeinde des laotischen Volkes sind. Man sagte uns, daß sich die Franzosen bereits ganz aus Laos zurückgezogen hätten und daß schließlich die Amerikaner die Gelegenheit, Laos zu beherrschen, sofort beim Schopfe ergriffen hätten, indem sie sich Kathay Sasorith zum Werkzeug machten. Damals waren noch keine amerikanischen Truppen in Laos – später würden die Lao-Truppen von Amerikanern geführt werden. Vom Truppenführer über den Kompanieführer bis hinauf zum Oberkommandierenden

würden Amerikaner unsere Befehlshaber sein. Und auf diese Weise werde das Land schließlich unter die Herrschaft der amerikanischen Imperialisten geraten.«[49]

Langer und Zasloff erläutern nicht näher, in welcher Beziehung ein derartiges Vorgehen »maoistisch« sei, noch legen sie eine ausgearbeitete Konzeption eines weniger emotionalen, dabei jedoch um vieles raffinierteren Vorgehens vor.
Im übrigen stellen sie noch fest, daß es innerhalb von zwei Jahrzehnten unter den kommunistischen Lao-Führern keinen Überläufer gegeben habe.[50] Anläßlich eines Gesprächs mit amerikanischen Botschaftsangehörigen über die sozialen und ökonomischen Programme der Pathet Lao gewann ich den Eindruck, daß sie vielleicht von dem, was die Pathet Lao begonnen hatten und möglicherweise erreichen würden, sogar positiv beeindruckt gewesen wären, wäre nicht die »nordvietnamesische Aggression« gewesen, die, wie sie behaupten, Ursache für alle in Laos aufgetretenen Probleme sei. Einer stimmte mir zu, daß insbesondere die Bildungsreformen der Pathet Lao vorzüglich seien, fügte jedoch hinzu, daß nun auch die königlich-laotische Regierung diese Programme übernommen habe, besonders das Programm zur Beseitigung des Analphabetismus unter Erwachsenen. Ich versuchte dieser Information im Gespräch mit Reportern und in Vientiane lebenden Laoten nachzugehen, die mit den Aktivitäten der Regierung einigermaßen vertraut waren. Die Reaktionen reichten von Skepsis bis zu ungehemmter Belustigung. Ich traf niemanden außerhalb der Botschaft, der zu glauben bereit gewesen wäre, daß die königlich-laotische Regierung in der Lage sei, ein solches Programm durchzuführen. Da ich nicht die Zeit hatte, weitere Nachforschungen anzustellen, mußte ich es dabei bewenden lassen.
Die amerikanische Botschaft versorgte mich zudem hilfreich mit Dokumenten, die ihre Behauptung stützen sollten, daß die

49 Ebda., S. 156, 158.
50 Ebda., S. 205.

nordvietnamesische Aggression das eigentliche, grundlegende Problem für Laos sei. Zusätzlich zu dem oben zitierten Beweismaterial machten sie mir auch Berichte der RAND-Corporation und der Internationalen Kontrollkommission zugänglich. Besonders aufschlußreich, so erklärten sie mir, sei die ICC-Untersuchung einer Beschwerde der königlich-laotischen Regierung vom 2. Oktober 1964, in der von der Gefangennahme dreier Nordvietnamcsen berichtet wird.[51] Die Untcrsuchung bestätigte den Bericht. Sie gelangte zu dem Schluß, daß diese Gefangenen vom Februar bis September 1964 als Angehörige regulärer nordvietnamesischer Heereseinheiten in Gruppen von 50 bis 650 Soldaten nach Laos eingedrungen seien. Der Bericht stellt weiter fest:

> »Die Kommission nimmt mit Interesse davon Kenntnis, daß hier zum erstenmal seit Wiedereinberufung der Kommission im Jahre 1961 der Kommission davon Mitteilung gemacht wurde, daß bewaffnete Streitkräfte der königlich-laotischen Regierung Personen – bei denen es sich dem Vernehmen nach um Nordvietnamesen handeln soll – gefangengenommen haben, und daß sie uns zur Befragung zur Verfügung ständen.«

Der Bericht beginnt mit der Vorlage des Briefes der königlich-laotischen Regierung vom 2. Oktober, in dem hier die überprüften Beschwerden enthalten sind, sowie eines weiteren Briefes, geschrieben am 28. September von Phoumi Vongvichit, dem Sekretär der Neon Lao Hak Sat in Vientiane, in dem die Beschuldigung erhoben wird, daß in Südvietnam stationierte amerikanische Flugzeuge Angriffe gegen laotisches Territorium geflogen und südvietnamesisches Militär mit dem Fallschirm über Laos abgesetzt hätten, wobei drei Soldaten gefangengenommen worden seien (zwei von ihnen sind

51 *Message No. 35* vom 16. September 1965, Internationale Kommission zur Überwachung und Kontrolle in Laos, an den Zweiten Vorsitzenden der Genfer Konferenz.

namentlich genannt). Der zweite Vorwurf wird in einer »separaten Mitteilung« erörtert, vermutlich in *Message No. 36*. Bei meiner Rückkehr in die USA versuchte ich mir Zugang zu *Message No. 36* zu verschaffen, jedoch ohne Erfolg. Es wurde mir mitgeteilt, daß die Geheimhaltungsvorschrift noch nicht (von der britischen Regierung) aufgehoben worden sei. Wenngleich dieser Umstand geeignet ist, Mißtrauen zu wekken, kann man es andererseits für wahrscheinlich ansehen, daß die Mitteilung lediglich eine Routineangelegenheit ist.

Ein zweites ICC-Dokument berichtet von Nachforschungen anläßlich einer Beschwerde, derzufolge die Offiziersschule der königlich-laotischen Armee bei Dong Hene in Süd-Laos am 8. und 9. März 1965 von kombinierten Verbänden der Pathet Lao und Nordvietnamesen angegriffen worden sei. In der Untersuchung wurde diese Behauptung bestätigt. Die Mehrzahl der Gefangenen bezeugte, daß sie auf dem Weg nach Südvietnam gewesen seien.[52]

Die endgültige Bestätigung schließlich liefert der Bericht über das Verhör eines nordvietnamesischen Beraters bei einem Pathet Lao-Bataillon, eines gewissen Mai Dai Hap, der im Dezember 1966 desertierte.[53] Der Informant war Hauptmann in der nordvietnamesischen Armee und ein Mitglied der Lao Dong (Arbeiter-)Partei Vietnams. Seiner Behauptung nach war er einer von dreißig Nordvietnamesen, die im Februar 1964 zu Beraterdiensten nach Laos abgestellt wurden. Er bildete die Mannschaften eines Lao-Bataillons aus und leitete ihre Einsätze. Seinen Dienst leistete er in der Umgebung von Nam Tha unweit der Grenzen nach China und Burma. Im Februar 1966 wurde seine Einheit nach Muong Long in das Gebiet der Co, einem Hochlandstamm im Nordwesten von Laos nahe Burma, entsandt, um dort einen Pathet Lao-Stütz-

52 *Report of an Investigation by the International Commission for Supervision and Control in Laos of an attack on Dong Hene by North Vietnamese Troops.* Dieses undatierte Dokument ohne Quellenangabe ist der Teilabdruck eines originalen ICC-Dokuments, das am 14. Juni 1966 vorgelegt wurde.

53 Paul F. Langer und Joseph J. Zasloff, *The North Vietnamese Military Adviser in Laos,* RM-5688, RAND-Corporation, im Juli 1968.

punkt zu verteidigen, der von Truppen der königlich-laotischen Regierung angegriffen worden war. Es war dies eine Region, in der »die Pathet Lao und Vietnamesen gemeinschaftlich Stützpunkte gegen die Franzosen errichtet hatten, so daß ihnen von den Co ein herzlicher Empfang bereitet wurde, insbesondere nachdem sie Vietnamesen in der Einheit entdeckt hatten«. Wegen wachsender Entmutigung, in dem Empfinden, als Führer seiner Mannschaften versagt zu haben, aus Sorge darüber, daß die Kampfkraft des Feindes – der jetzt mit Bombern und Artillerie ausgerüstet war – immer größer wurde und dieser jetzt auch noch Unterstützung aus dem Flachland erhielt, und schließlich wegen einer Reihe persönlicher Probleme – unter anderem einer zweiten Heirat – war er im Dezember 1966 desertiert.
Hauptmann Hap berichtet, daß er außer seinen militärischen Aufgaben ein politisches Programm mit folgenden Punkten zu absolvieren hatte:

1. Ziele und Aufgaben der laotischen Revolution.
2. Das Land Laos ist voller Schönheiten und Reichtümer, die Bevölkerung von Laos ist fleißig und arbeitsam; warum aber leidet das laotische Volk?
3. Wer ist der Feind des laotischen Volkes?
4. Aufgaben und Wesen der laotischen Befreiungsarmee.

Eine Feststellung Haps, die laufend in amerikanischen Quellen zitiert wird, lautet:

> »Ganz allgemein wird alles, sei es nun wichtig oder unwichtig, von den nordvietnamesischen Beratern in die Wege geleitet. Geriete die nordvietnamesische Berater-Maschinerie ins Stocken, wäre die Pathet Lao-Maschinerie völlig gelähmt.«

Mehr dokumentarische Beweise habe ich nicht besorgen können. Bei der Lektüre dieses Materials ist man immer wieder von dem vorsichtigen und durchweg konstruktiven Vorgehen der Vietnamesen verblüfft, den begrenzten Beweisen für eine direkte nordvietnamesische Kontrolle über den Pathet Lao und von der Kluft zwischen Beweismaterial und den Behauptungen, die es stützen soll. Allerdings überrascht wohl kaum, daß einen Monat nach der Aufnahme der regulären Bombenangriffe auf Nordvietnam (nach dem Dong Hene-Zwischenfall) nordvietnamesische Truppen im Süden von Laos auftauchten. Wenn man die oben skizzierten Ereignisse in Rechnung stellt, überrascht genausowenig, daß zu Beginn des Jahres 1964 (die ersten Beschwerden vor der ICC waren im Oktober 1964) nordvietnamesische Berater in Nord-Laos eintrafen. Man denke daran, daß die regulären Bombardements auf das nördliche Laos von Stützpunkten in Thailand aus im Mai 1964 einsetzten. Man erinnere sich ferner, daß die CIA entlang der Grenze nach Nordvietnam Stützpunkte für Sabotage-Unternehmen und Guerilla-Aktionen sowie zu Navigationszwecken bei den Allwetter-Bombardements auf Nordvietnam einrichtete.[54] Es ist interessant, einen Vergleich zwischen dem nordvietnamesischen Engagement und dem amerikanischen Programm anzustellen, von dem einige Aspekte schon besprochen worden sind. Ebenso bemerkenswert ist die kaum verhohlene Entrüstung über die nordvietnamesischen Aktivitäten. Wie können sie es wagen, befreundeten Streitkräften in ihrem Grenzgebiet beizustehen, die von den Vereinigten Staaten vernichtet werden sollen?

Angenommen die Pathet Lao sollten eines Tages Laos vollständig übernehmen. Welches Volk würde dann den Nordvietnamesen zufallen? Hierüber befragt, antwortete der schon

54 Einzelheiten hierzu sind natürlich nur schwer zu dokumentieren, da die RAND-Corporation nicht so entgegenkommend ist, spezielle Informationen, die Aufschluß über Umfang und Zeitplan solcher Aktivitäten geben könnten, zur Verfügung zu stellen. Einige Details sind bei den Hearings des Symington-Unterausschusses bekannt geworden. Vgl. das Kapitel Kambodscha. Man braucht wohl kaum darauf hinzuweisen, daß – ausgenommen die ICC-Berichte – alle Dokumente der hier genannten Art von zweifelhaftem Wert sind. Das Quellenmaterial ist nicht zugänglich, und es gibt keine Möglichkeit, Klarheit über Entstellungen und Streichungen im einzelnen zu gewinnen.

erwähnte Lao-Deserteur (Seite 126-127), er erwarte, daß sie das Land verlassen würden, sobald ihre Hilfsaktion für den Pathet Lao erfolgreich abgeschlossen sei: »Das wäre genau wie damals, als die Chinesen den Koreanern zu Hilfe kamen. Nachdem sie den Krieg gewonnen hatten, zogen sie wieder ab.« Der Intellektuelle aus der Stadt, dessen Bemerkungen ich vorhin zitierte (Seite 97-98), war sich da nicht so ganz sicher. Nach seiner Auffassung würde die laotische Unabhängigkeit immer durch Nordvietnam, Thailand und China bedroht sein, aber es bestünden gute Chancen, daß alle sich einigen würden, Laos als neutralen Pufferstaat zu erhalten. In einem Interview, das Prinz Souvanna Phouma uns gab, ließ er keinen Zweifel an seiner Überzeugung, daß es die Absicht der Nordvietnamesen sei, Laos zu erobern, und hat dafür folgende Erklärung:

> »Nordvietnam möchte Laos mit Vietnamesen besiedeln, weil das eigene Land zu stark bevölkert ist. Das ist offensichtlich. Sehen Sie sich nur ihre Fahne mit dem fünfzakkigen Stern darauf an. Eine Zacke steht für Tonkin, eine für Annam, eine für Cochin-China[55], eine für Laos und eine für Kambodscha.«[56]

Weitere Erklärungen gab er nicht; offenbar hielt er seine Beweisführung für schlüssig. (Wenn man nun dieses Beweisverfahren auf die amerikanische Flagge anwendete . . .)
Ein Sprecher der Nordvietnamesen bezeichnete das Interesse seines Landes an Laos als ein ausschließlich strategisch motiviertes:

55 Nach westlichem Sprachgebrauch die drei Regionen Vietnams. Auf Vietnamesisch: Bac-Bô, Trung-Bô und Nam-Bô.

56 Ich machte mir während des Interviews mit Prinz Souvanna Phouma keine Aufzeichnungen. Diese Bemerkungen sowie die weiter unten zitierten wurden unmittelbar im Anschluß an das Interview rekonstruiert und durch Rückfragen bei anderen Beteiligten bestätigt. Die fünf Zacken des Sterns haben symbolische Bedeutung: sie stehen für Intellektuelle, Arbeiter, Bauern, Kaufleute und Soldaten, die bei der Verteidigung und beim Aufbau ihres Landes zusammenarbeiten.

»Es liegt an unserer Westgrenze. Aus Gründen unserer eigenen Sicherheit können wir nicht zulassen, daß es zu einem Stützpunkt der Amerikaner wird, von dem aus sie uns bedrohen. Sie wissen doch, daß die Amerikaner Laos als vorgeschobenen Stützpunkt sowohl für sich selbst wie auch für die Thais benutzen und von hier aus ihre Flugzeuge, von Laos kommend, zu Bombenangriffen auf uns eingewiesen haben ... Laos ist der traditionelle Invasionsweg nach Nordvietnam. Die Franzosen besetzten auch erst Laos und machten dann uns zur Kolonie. Nach Beendigung des Zweiten Weltkrieges nahmen sie denselben Umweg, zuerst Laos, dann benutzten sie die Nationalstraße 9 zum Transport von Menschen und Material, um Hue einnehmen zu können, und die Nationalstraße 7. Was uns an Laos ausschließlich interessiert, ist, daß es strikte Neutralität wahrt. Wir können nicht zulassen, daß Laos zu einem Stützpunkt der Amerikaner wird, mit ihren Flugzeugen, Soldaten, Special Forces, ihrer CIA, ihren Thais und sonstigen Söldnern.«

Natürlich betrachtet Nordvietnam »das laotische Territorium, das insbesondere mit den Provinzen Phong Saly, Luang Prabang, Sam Neua und Xieng Khouang an Nordvietnam grenzt, als ausschlaggebend für seine Sicherheit und wird alles daran setzen zu gewährleisten, daß diese Gebiete nicht von feindlichen Streitkräften kontrolliert werden«.[57] Auch China hat ein offenkundiges Sicherheitsinteresse an diesen Gebieten. Solange sie dem Angriff amerikanischer Streitkräfte oder Truppen ausgesetzt sind, die Nordvietnam oder China mit voller Berechtigung als amerikanische Marionettentruppen ansehen können, kann man mit Sicherheit die Fortdauer der nordvietnamesischen Beteiligung erwarten. Es ist schwer einzusehen, warum Nordvietnam den Versuch unternehmen sollte, Laos zu erobern und auf diese Weise gezwungen wäre,

57 Langer und Zasloff, *The Revolution in Laos,* S. 212.

eine feindselige Bevölkerung unter Kontrolle zu halten und Auge in Auge den Thais gegenüberzustehen. Und ich kann auch keinen ernsthaften Anhaltspunkt für eine solche Absicht finden.

Die von den Thais in Laos verfolgten Ziele sind gleichermaßen Gegenstand für mancherlei Spekulationen geworden. Die Meinung der Pathet Lao hierzu wird von Phoumi Vongvichit folgendermaßen formuliert:

> »Der thailändische Expansionismus wurde von der 1932 an die Macht kommenden Thai-Bourgeoisie ins Leben gerufen. Sein Ziel besteht in der Vereinigung all jener Länder, in denen Thai-Völker leben (Südchina, Nordvietnam, Laos und Nordost-Burma), zu einem ›Groß-Thailand‹ mit dem heutigen Thailand als Kern. Das unmittelbare Ziel dieses Expansionismus ist Laos. Die thailändischen Feudalisten hatten nahezu die Hälfte des laotischen Territoriums erobert, und fünf Sechstel seiner Bevölkerung waren assimiliert worden. Die thailändische Bourgeoisie hält, wenn ihre Machtfülle auch nicht eben übergroß ist, doch wichtige Trumpfkarten zur Ausführung ihres Vorhabens mit Laos in Händen: territoriale Stützpunkte, rassische Gemeinsamkeit, Landeskenntnis, Sprache, Kultur usw.«[58]

Andererseits wird auch behauptet, daß die Thais einen potentiellen laotischen Expansionismus fürchten, und zwar weniger durch militärischen direkten Angriff, sondern durch Guerillatätigkeit im Norden und Nordosten Thailands, wo zahlenmäßig mehr Laoten ansässig sind als in Laos selbst; sie könnten sich mit den vielen Angehörigen abgefallener Bergstämme verbünden. Die Meo, von denen viele von der CIA in Laos in die Clandestine Army aufgenommen worden sind[59], werden in Thailand als »Sympathisanten der Kommunisten« angesehen,

58 a.a.O., S. 80–81.

59 Es gibt auch Meo, die auf der Seite der Pathet Lao kämpfen, und es wird gesagt, daß die Meo in Nordvietnam mit diesen Gruppen kooperieren.

und das thailändische Militär tut alles, sie mit Gewalt aus ihren Wohngebieten in den Bergen zu vertreiben. Reuters berichtet[60], daß »die Regierungsbehörden Tausende von Angehörigen des Meo-Bergstammes aus ihren Wohngebieten im Norden Thailands vertrieben und sie aus dem Bereich des immer stärkeren kommunistischen Einflusses in andere Gebiete umgesiedelt haben, wie heute aus offiziellen Quellen bekannt wurde«. Berichten aus Vientiane zufolge ist dies fast eine Untertreibung. Andere Meldungen besagen, daß Luftangriffe mit Bordwaffenbeschuß, Napalm und Sprengbomben geflogen worden sind, um die Stammesmitglieder der Meo in die Täler zu treiben, wo sie, wie viele Beobachter glauben, als organisierte Gemeinschaft nicht überleben können. Einige bezeichnen das als Politik des echten Genozids. Ebenfalls düster ist die Zukunft der Meo in Laos.

Thailand ist mit Truppen, die in Südvietnam, Laos und Kambodscha für die Vereinigten Staaten kämpfen, tief in den Indochinakrieg verstrickt. Die Truppen werden – unbekannt, in welcher Höhe – von den USA bezahlt und »beraten«.[61] Darüber hinaus ist Thailand mindestens seit 1964, als die Bombardierung von Laos von thailändischen Stützpunkten aus begonnen wurde, ein wichtiger Stützpunkt der Amerikaner für ihren Krieg in Indochina gewesen. Aus einer von den Pathet Lao zur Verfügung gestellten Landkarte mit militärischen Operationsgebieten geht hervor, daß die USA bei Utapao im Süden und bei Khon Kaen im Norden Zentral-Thailands B-52-Stützpunkte unterhalten, während in Takle, nördlich von Bangkok, F-111-Bomber stationiert sind. Diese werden für strategische Bombeneinsätze in Laos und Vietnam benutzt. Bombenangriffe werden von Maschinen vom Typ F-105, F-4 und anderen Flugzeugtypen von Korat in Zentral-

60 *New York Times* vom 19. März 1970.

61 Einige Informationen hierzu werden in den kürzlich zur Veröffentlichung freigegebenen Hearings des Symington-Unterausschusses der Senatskommission für Auswärtige Beziehungen vorgelegt. Vgl. Chalmers Roberts, *Washington Post-Boston Globe* vom 8. Juni 1970.

Thailand sowie von Ubon und Udorn unweit der Grenze nach Laos aus geflogen. Weitere, kleinere Stützpunkte sind bei Thoeng und Chieng Mai im äußersten Norden und an anderer Stelle nahe der laotischen Grenze eingezeichnet. Die thailändischen Basen werden auch zur Bombardierung Kambodschas benutzt, wobei, wie unlängst berichtet wurde, zum erstenmal 150-Zentner-Bomben abgeworfen wurden.
Außerdem wurde von thailändischen Düsenjägern auf dem Rückflug zu ihren kambodschanischen Ausgangsstellungen berichtet. Aus diesem Grund sind die Thais über die Guerilla-Tätigkeit in Thailand sowie in benachbarten Ländern, die zum Teil eine Reaktion auf ihre Beteiligung am amerikanischen Krieg in Indochina ist, natürlich besorgt. Nach jüngsten, bisher unbestätigten Meldungen aus Vientiane leiten amerikanische »Berater« Thai-Einheiten bei Operationen gegen Aufständische im Nordosten Thailands, etwa 80 Kilometer von der laotischen Grenze entfernt. Man vermutet wohl ganz richtig, daß in den Kongreß-Hearings der nächsten fünf oder zehn Jahre noch mancherlei Aufschlüsse über diese Operationen zu erwarten sind.
Um wieder auf Laos zurückzukommen: In Kreisen der amerikanischen Botschaft glaubt man, daß mehr als eine Million von etwa drei Millionen Laoten in Gebieten leben, die von der Pathet Lao kontrolliert werden. Harrison Salisbury zitiert in seinem Nordvietnam-Bericht einen ausländischen Kommunisten, der diese Gebiete besucht hatte:

> »Sie können sich nicht vorstellen, was es heißt, in den Hauptquartieren dieser Menschen zu leben. Bombardierungen ohne Pause. Bei Tage. Bei Nacht. An einem der Tage saßen wir in einer Höhle. Der Bombenangriff nahm kein Ende. Die Toilette war nur zwanzig Meter weiter in einer anderen Höhle. Aber wir konnten aus unserer Höhle nicht hinaus. Wir konnten die 20 Meter nicht einmal rennend zurücklegen. Es wäre zu gefährlich gewesen.«[62]

62 *Behind the Lines – Hanoi.* New York, Harper Row, 1967, S. 35/36. Salis-

Derselbe Bericht erwähnt, daß die Pathet Lao ein Krankenhaus, eine Druckerei, einen kleinen Textilbetrieb, eine Bäckerei und eine Werkstatt zur Herstellung von Waffen und Munition in den Höhlen eingerichtet hätten. Bei den Bombardierungen seien auch Lenkwaffen eingesetzt worden, die in eine Höhle hineinfliegen konnten, sowie Bomben mit hoher Sprengwirkung und gegen Personen gerichtete Waffen. Die Menschen wagten sich nur in der Morgen- oder Abenddämmerung hervor, um den Versuch zu machen, ihre Äcker zu bestellen, doch die Flugzeuge griffen jedes sichtbare Ziel an, sogar Feldwege und bestellte Felder. Diese Berichte erregten, vermutlich weil man den Quellen keinen Glauben schenken wollte, nur wenig Aufmerksamkeit.

Im Juni 1968 bereiste Jacques Decornoy von *Le Monde* die Sam Neua-Provinz und bestätigte die vorliegenden Berichte.[63]

Auszüge finden sich im Kapitel *Nach Pinkville. (Indochina und die amerikanische Krise. Im Krieg mit Asien I.* [st 32], S. 99 ff.)

Decornoys entsetzliche Schilderung der Lebensbedingungen unter den vielleicht schwersten Bombardements in der Geschichte wurde in den Vereinigten Staaten nur wenig beachtet, doch immerhin blieb sie nicht völlig unerwähnt. Paul F. Langer, der für die RAND-Corporation die von den Pathet Lao unternommenen Maßnahmen zur wirtschaftlichen Entwicklung erforscht, beobachtet, daß »die Behauptung, es hätten wesentliche Fortschritte stattgefunden, in den Aussagen von Flüchtlingen oder sympathisierenden Beobachtern keine Bestätigung zu finden scheint«[64], wobei er sich auf Decornoys Berichte als einzige Quelle für diese seine Schlußfolgerung

bury nimmt an, daß sich sein Bericht auf den Süden von Laos bezog, doch die Schilderung weist bemerkenswerte Ähnlichkeit mit vielem auf, was seither aus dem Norden berichtet worden ist. Nach allem, was wir heute wissen, ist es wahrscheinlich, daß sich die Beschreibungen auf die Sam Neua-Provinz beziehen.

63 Decornoys Berichte sind vollständig und übersetzt abgedruckt bei Adams, McCoy und Schurmann, a.a.O.

64 *Laos: Preparing for a Settlement in Vietnam,* P-4024, RAND-Corporation, Februar 1969.

stützt. Er unterläßt es, darauf hinzuweisen, daß »wesentliche Fortschritte« dort wohl ein wenig schwierig zu erzielen sind, wo alles durch Luftangriffe zerstört worden ist, wo Zivilisten kaum aus den Höhlen hervorkriechen können, ohne Gefahr zu laufen, vom pausenlosen Bombenhagel in Stücke gerissen zu werden.

Auch in der sowjetischen Presse sind Augenzeugenberichte erschienen. Julian Semjonov hatte sich kurz vor Decornoy in der Sam Neua-Provinz aufgehalten und berichtet, daß »alles verbrannt ist und in Trümmern liegt« und daß das Leben nur noch in Höhlen stattfinde. Nachdem aber auch alles, was Ziel sein konnte, zerstört worden ist, würden die Bomben in bestimmten Gebieten nur noch den Boden umpflügen. Selbst Kerzenlicht zieht die Bombenflugzeuge an, wie er berichtet. Er zitiert ein dreizehnjähriges Mädchen, das ihm schilderte, wie Phosphorbomben vor Höhleneingängen abgeworfen werden; »der Rauch der Phosphorbomben kriecht langsam in die Höhle hinein ... blendet die Menschen, die sich im Inneren aufhalten, verursacht schließlich Bewußtlosigkeit und Tod. Wer aus den Höhlen zu fliehen versucht, wird mit Sprengbomben angegriffen.«[65]

Ein Deserteur der Pathet Lao, der bei Sam Thong verhört wurde, erzählte, daß die Stadt Sam Neua 1965 zerstört worden sei.

In Hanoi führte ich ein Gespräch mit dem Angehörigen einer nicht-kommunistischen Botschaft, der gerade von einem Besuch in Sam Neua zurückgekehrt war. Auch er berichtete, daß praktisch nichts über dem Erdboden stehengeblieben sei, daß das Leben jedoch nun in den Höhlen weitergehe.

Dasselbe gilt wahrscheinlich auch für Gebiete im südlichen Laos, die außerhalb der Regierungskontrolle liegen. Der laotische Kommandant einer Bomberstaffel, der im März 1970 interviewt wurde, bezeichnete große Gebiete als Free-Strike-Zonen, in denen sämtliche Ziele zerstört worden waren,

65 *Prawda* vom 27. Februar 1968. Ich habe das Original nicht zur Hand und zitiere nach einer Übersetzung, die mir in Vientiane gegeben wurde.

obwohl noch Tausende von Zivilisten dort geblieben seien und mit den Pathet Lao in den Wäldern leben. Für ihn ist jeder, ob Zivilist oder nicht, der bei den Pathet Lao oder den Nordvietnamesen zurückgeblieben ist, ein Feind.
Es wird berichtet, daß etwa 700 000 Flüchtlinge in die von der Regierung kontrollierten Gebiete geflohen seien. Die zuletzt Eingetroffenen kommen alle aus der Ebene der Tonkrüge. Wie bereits früher erwähnt, war dieses Gebiet von 1964 bis 1969 unter der Kontrolle der Pathet Lao. In einer Herbstoffensive eroberte die CIA-Geheimarmee nach schwersten Bombenangriffen die Ebene zurück; die erste große territoriale Grenzverschiebung seit dem Ausbruch des Bürgerkrieges. Als kommunistische Streitkräfte im Februar 1970 kurz davorstanden, die Ebene der Tonkrüge zurückzugewinnen, wurde die Bevölkerung evakuiert und das ganze Gebiet in eine Zone der Verwüstung verwandelt. Nach Schätzungen sind etwa 15 000 Flüchtlinge, zumeist auf dem Luftweg, nach Vientiane verfrachtet worden, wo sie auf die zahlreichen Flüchtlingslager verteilt wurden. Nur kurz vor der Wiedereroberung der Ebene der Tonkrüge durch die Kommunisten im Frühjahr 1970 berichtete Henry Kamm:

> »Ein Flug in Bodennähe über den südlichen Teil der Ebene hinweg – er war bis jetzt für die Presse gesperrt – bestätigte das Ausmaß der Verwüstung. Die einzigen Häuser, die man zu Gesicht bekommt, sind die von Flüchtlingszentren wie Lat Sen und Khangsi, die nach dem Rückzug der Kommunisten und nach der Einstellung der Bombenangriffe gebaut wurden. Die Täler, Hügel und Bergrücken sind so dicht mit Bombenkratern übersät wie die am härtesten umkämpften Gebiete in Südvietnam.«[66]

66 *New York Times* vom 5. Februar 1970. Kamm betont, daß die laotischen Bauern von der bevorstehenden Evakuierung nicht in Kenntnis gesetzt wurden, daß sogar denen, die zu bleiben wünschten (in einem Gebiet, das zur Free-Strike-Zone werden sollte), die Genehmigung hierzu erteilt wurde. Berichte aus Vientiane lassen darauf schließen, daß ein großer Teil der Bevölkerung (vielleicht die Hälfte, einschließlich der jungen Männer und Frauen) trotz der verheerenden Lebensbedingungen zu den Pathet Lao überging.

Nach Schätzungen lebten vor der Bombardierung etwa 150 000 Menschen in diesem Gebiet.
Einige Tage verbrachte ich in einem Flüchtlingslager nahe Vientiane, das aus fünf langen Schuppen besteht. Jeder Familie stehen etwa fünf Quadratmeter Wohnfläche zur Verfügung, ohne Trennwände, nur durch Stangen voneinander abgegrenzt. In jedem Schuppen sind etwa hundert Menschen untergebracht. Es gibt dort viele Kinder, alte Männer und Frauen, nur wenige junge Mütter, einige junge Männer, die in den Kämpfen verwundet wurden, aber sonst nur sehr wenige junge Erwachsene. Viele Beobachter sind der Ansicht – und haben darüber berichtet –, daß die Mehrzahl der jungen Leute sich noch vor der Evakuierung den Pathet Lao angeschlossen hat. Die Flüchtlinge hielten sich seit etwa zwei Monaten in diesem »Dorf« auf und vermitteln den Eindruck völliger Demoralisierung. Nur wenige verrichten irgendwelche Arbeiten. Man hat offenbar nur selten den Versuch gemacht, das umliegende Land für die Bestellung vorzubereiten, obwohl die Flüchtlinge wahrscheinlich auf unabsehbare Zeit in diesem Gebiet bleiben müssen. Sie wissen gegenwärtig gar nicht, was mit ihnen geschehen wird. Die Regierung versorgt sie mit einer Reisration und kümmert sich ansonsten nicht weiter um sie; Informationen werden nicht an sie weitergegeben. Versprechungen, sie für verlorenes Eigentum finanziell zu entschädigen oder ihr Pathet-Lao-Geld in Regierungswährung einzutauschen, sind nicht erfüllt worden. Die Flüchtlinge baten – einige bettelten sogar darum –, daß man ihnen ihr Geld umtausche. Einige sagten, daß sie sonst verhungern müßten, was durchaus möglich scheint, denn sie verfügen – außer der täglichen Reisration und dem, was sie in den Wäldern sammeln können – über keine Nahrungsmittel. Dabei sind diese Menschen keineswegs Bettler. Sie waren vielmehr wahrscheinlich diejenigen, denen es von den laotischen Bauern noch am besten ging. Einige hatten gewissenhaft Verzeichnisse über ihren Besitz angelegt. Ein sechzig Jahre alter Mann, der vierzig Kühe und neun Büffel besessen hatte,

schätzte den Gesamtwert seiner verlorenen Habe auf 3600 Dollar. Ein anderer, der ebenfalls eine alle Einzelheiten aufführende Liste angefertigt hatte, schätzte den Wert seines Besitzes vor den Bombardierungen auf 5000 Dollar. Solche Angaben sind keineswegs Einzelfälle, obwohl einige der Flüchtlinge auch sehr arm gewesen sind. Einige hatten gute Kleidung mitgebracht, gelegentlich auch eine Nähmaschine oder andere Habseligkeiten. Alle sprachen mit großer Sehnsucht von dem Wunsch, wieder zu ihren Wohngebieten in der Ebene der Tonkrüge mit seinem fruchtbaren und im Überfluß vorhandenen Boden, seinem kühlen Klima, den Hügeln in der Ferne, den Flüssen und großen Strömen zurückkehren zu dürfen.

Die Flüchtlinge waren von früheren Besuchen her mit unserem Dolmetscher bekannt und brachten uns eine gekünstelte, vorsichtige Freundlichkeit entgegen. Wie bereits erwähnt, nahmen sie natürlich an, daß wir mit der amerikanischen Regierung in Verbindung ständen, und offensichtlich waren sie nicht bereit, mir irgendwelche Mitteilungen zu machen, die eventuell zu einer neuen Katastrophe führen mochten. Man fühlt sich nicht recht wohl in seiner Haut, unter solchen Bedingungen ausgedehnte Befragungen durchzuführen. Die Flüchtlinge haben allen Grund, sich zu verstellen, und doch zugleich widerstrebt es ihnen, offen zu zeigen, daß sie nicht zur Zusammenarbeit bereit sind. Es ist einfach, durch wiederholtes Fragen Unstimmigkeiten, ja regelrechten Unsinn in ihren Antworten zu entdecken, aber es ist nicht eben angenehm, die Rolle des Polizeispitzels bis zuletzt durchzuhalten. Ganz abgesehen davon, geht es einem zu Herzen, sie in ihrer Demoralisiertheit und Verzweiflung zu sehen oder mit ansehen zu müssen, wie eine alte Frau in demutvoller Haltung am Boden kniet und flehentlich um etwas bittet. Ebensowenig angenehm ist es, die Kinder zu sehen, wie sie Stunde um Stunde still in der sengenden Hitze und im Staub des Lagers herumsitzen.

Die erste Geschichte, die praktisch alle Flüchtlinge in gleicher Weise erzählten, war einfach und geradeheraus. Sie hätten sich auf die Seite der Regierung geschlagen, weil sie die unterdrückenden Pathet Lao haßten. Warum aber unterdrückten die Pathet Lao das Volk? »Ich weiß nicht; ich glaube, die sind nur verrückt«, gab einer der Männer zur Antwort. Ein anderer, der in seinem Dorf ein ziemlich armer Bauer gewesen war, sprach sehr offenherzig und recht positiv über den Pathet Lao. Als er weitererzählte, bildete sich eine kleine Gruppe um ihn und hörte schweigend zu. Ein sehr aufgeweckter junger Mann fiel ihm ins Wort, berichtigte unseren Informanten und gab uns statt dessen die negativen, recht stereotypen Antworten, an die wir uns mittlerweile schon gewöhnt hatten. Innerhalb weniger Augenblicke war auch in den Antworten unseres Informanten ein Umschwung festzustellen – ein Vorgang, der sich bei anderen Interviews wiederholte. Wir merkten schließlich, daß es keinen Sinn hatte, die Diskussion fortzusetzen, solange dieser Mann anwesend war. Es gelang uns nur dann, das Gespräch nutzbringend fortzusetzen, wenn er anderweitig beschäftigt war. Wer er war – ich habe keine Ahnung; vielleicht ein Pathet Lao-Kader. Von ihrem Standpunkt war es gewiß das Vernünftigste, was sie tun konnten, wenn sie sich den Anschein gaben, für die Regierung zu sein und eine ablehnend-feindliche Haltung gegenüber den Pathet Lao einzunehmen.

Wir sprachen mit einer jungen Frau, die bereits vor einigen Jahren zusammen mit einigen anderen jungen Leuten auf die Regierungsseite geflohen war. Auf die Frage warum, erklärte sie, daß es wegen der Trägerdienste gewesen sei, zu denen sie die Pathet Lao gezwungen hätten. Wir fragten sie, ob sie geflohen sei, nachdem ihr Dorf durch den Bombenhagel zerstört worden war. »Nein, vorher schon«, antwortete sie. Ein älterer Mann unterbrach sie: »Nein, du weißt doch, es war danach; bei den Bombenangriffen sind doch viele Menschen getötet worden.« Darauf sagte sie: »Ja, wir flüchteten nach der Bombardierung.« »Hatten Sie Angst vor den Bombenabwürfen oder vor den Trägerdiensten?« »Vor beidem«, antwortete sie.

Jeder Flüchtling, mit dem ich sprach, sagte, daß alles, soweit er denken könne – sein Dorf und alle Gebäude im Umkreis mehrerer Tagemärsche – durch Bomben zerstört wurde, noch ehe sie evakuiert worden seien. Vor 1968 wurde die Ebene der Tonkrüge nur sporadisch mit Bomben belegt. Im April 1968 verstärkten sich die Angriffe, so daß die Bewohner bald ihre Dörfer verlassen und in den umliegenden Wäldern Gräben und Tunnels ausheben mußten. Zu Anfang konnten sie manchmal noch auf den Feldern arbeiten, meistens bei Nacht, doch wurde dies, als die Stärke der Bombardements zunahm, schließlich unmöglich. Einer der Männer erzählte uns, daß die Leute aus seinem Dorf gezwungen gewesen seien, sich acht- oder neunmal tiefer und immer tiefer in die Wälder vorzuarbeiten und neue Grabensysteme anzulegen, nachdem die Bombenangriffe ausgeweitet wurden. Er berichtete, daß sein Dorf im April 1969 durch Bomben und Napalm zerstört worden sei. Die Pathet Lao zeigten ihnen, wie man Gräben und Tunnels aushebt und Flugzeugtypen identifiziert. Ein anderer berichtete, ein Bombenangriff im Februar 1969 habe buchstäblich alles in seinem Dorf dem Erdboden gleichgemacht. Die erste Bombardierung eines nahe gelegenen Dorfes ereignete sich im Juni 1969. Später waren Bombenangriffe an der Tagesordnung, und die Menschen lebten in Tunnels, die sie nur an Tagen verließen, an denen die Bombenangriffe ausblieben. Unser Dolmetscher, der bei etwa dreihundert Interviews mit Flüchtlingen zugegen gewesen war, sagte uns, daß solche Geschichten typisch seien. Jeder Flüchtling, mit dem er gesprochen hätte, habe ihm berichtet, daß alles, was er persönlich gekannt oder wovon er gehört habe, bereits vor der Evakuierung von Bomben zerstört worden sei.

Im September 1969 eroberte die Armee Vang Paos die Ebene. Die Meo-Soldaten waren undiszipliniert und töteten Kühe und Büffel in großer Zahl. Viele der jungen Männer schlossen sich den Pathet Lao an; andere wurden von der Vang Pao-Armee zwangsrekrutiert. Wir fragten, warum die Meo-Soldaten das Vieh getötet hätten. Einer der Männer sagte, die

Soldaten hätten den Dorfbewohnern erklärt, es dürften keine Viehbestände übrigbleiben, von denen sich die Pathet Lao ernähren könnten. Die Flüchtlinge waren in neuen Dörfern – offenbar Wehrdörfern – zusammengezogen worden, als die Vang Pao-Armee kam. Als jedoch klar zu erkennen war, daß sich die Ebene nicht mehr halten ließ, wurden sie evakuiert.
Die Hauptbeschwerde gegen die Pathet Lao hatte mit der Verpflichtung zu Trägerdiensten zu tun. Vor den Bombenangriffen wurde nur sehr selten jemand als Lastenträger abgestellt, doch als die Bombardierungen begannen, zogen sich die Pathet Lao-Soldaten in abgelegene Gebiete zurück und konnten nicht mehr wie früher Lastwagen benutzen. »Die Flugzeuge zwangen die Truppen, sich auseinanderzuziehen, und die Soldaten zwangen uns, Trägerdienste zu leisten«, sagte einer der Flüchtlinge. Einer behauptete, daß die Trägerdienste bereits im Jahre 1964 begonnen hatten. Andere nannten spätere Daten. Auf Drängen erklärten sie jedoch unterschiedslos, daß mit der Verpflichtung zu Trägerdiensten erst begonnen worden war, nachdem die Soldaten durch die Bombenangriffe gezwungen worden waren, sich in unzugänglichere Gebiete zurückzuziehen.
Nur wenige der Flüchtlinge hatten jemals Vietnamesen zu Gesicht bekommen, wenngleich einer der Informanten, als er von dem bereits erwähnten jungen Mann unterbrochen wurde, diesem sofort darin zustimmte, daß die Pathet Lao in Wirklichkeit allesamt Vietnamesen seien, die laotisch sprechen könnten. Einen Augenblick vorher noch hatte er auf die Frage: »Was für eine Art Leute ist das?«, geantwortet: »Das sind Laoten, unsere eigenen Leute.« Er war dann nicht mehr gewillt, noch weiter über diesen Punkt zu sprechen. Die Flüchtlinge hatten wohl einige Pathet Lao-Soldaten gesehen, aber den größten Teil der Zeit genau wie jene in den Wäldern und Bergen zugebracht.
Es gab noch andere Beschwerden über die Pathet Lao. Ein recht wohlhabender Bauer erklärte, daß selbst dann, wenn die Bombardierungen aufhören würden und keine weiteren Trä-

gerdienste mehr notwendig wären, er unter den Pathet Lao nicht so einfach leben könne:

»Andauernd holten die uns zum Unterricht. Es gab kein Geld, keinen Handel. Du bist nur dann etwas bei ihnen, wenn du abgerissene Kleidung anhast, also mußten wir die ganze Zeit zerlumpt herumlaufen.«

Das Urteil des schon zitierten Bauern fiel bei weitem günstiger aus. Er beschrieb eine kleine Landreform aus dem Jahre 1965:

»Sie erklärten denen mit viel Land, daß sie den Leuten, die nur sehr wenig hatten, etwas abgeben sollten. Ich bekam keines, und mir wurde auch nichts weggenommen. Ich hatte genug. Sie nahmen nur Land, um es den wirklich Armen zu geben. Die Leute, denen sie das Land wegnahmen, waren manchmal wütend. Dann sagten die Pathet Lao: ›Nun sieh mal her, du hast eine Menge Land, er hat gar keins. Möchtest du, daß er stirbt?‹ Immer bemühten sie sich, alles zu erklären. Kaum daß sie einmal jemanden ins Gefängnis steckten. Das war nur dann, wenn sie einem immer und immer wieder alles erklärt hatten und er trotzdem kein Land hergeben wollte. Die Leute, die weggebracht wurden, kamen nicht ins Gefängnis. Sie wurden nach Phonesavan mitgenommen, damit sie dort lernten und arbeiteten. Auch wenn jemand Ärger machte, wurde er zum Lernen mitgenommen. Das passierte auch den Faulenzern. Sie prägten ihnen ein, nicht zu stehlen, sonst würden ihre Freunde sie töten. Faul sein oder sich weigern, Land herzugeben, wäre dasselbe, wie wenn man seine Freunde bestiehlt. Die Pathet Lao brüllten niemanden an. Sie machten das wirklich gut. Sie waren wirklich nett. Sie stahlen niemals. Sie holten niemals jemanden ab und schlugen auch niemals jemanden.«

Dieser Informant hatte nie eine Schule besucht und war mit den Bildungsreformen der Pathet Lao recht zufrieden. Er sag-

te, daß man die Lehrer mit nach Phonesavan genommen habe, wo sie erst einmal geschult wurden, und daß sie danach wieder in die Dörfer zurückgebracht worden seien. Andere junge Burschen schlossen sich den Pathet Lao an, um Soldaten zu werden, und einige gingen in die Städte, um dort eine medizinische Ausbildung zu erhalten oder in die Zivilverwaltung einzutreten. Kein Pathet Lao lebte ständig im Dorf, berichtete er uns.
Er wußte nicht genau, was die Pathet Lao den Lehrern beibrachten, doch wenn sie zurückgekehrt waren, unterrichteten sie nur noch in Laotisch, nicht mehr in Französisch. Jedermann, insbesondere die Frauen, wurde im Lesen unterrichtet:

»Die einzigen, die nicht lernten, waren die Blinden. Ich konnte schon lesen. Ich lernte rechnen. Vorher hatte ich keine Ahnung davon. Früher hatten die Lehrer nicht soviel zu tun gehabt. Jetzt arbeiteten sie weit mehr. Die Lehrer waren nicht gerade glücklich, weil sie jetzt die ganze Zeit was zu tun hatten.« [Allgemeines Gelächter]

Wir befragten zwei der Dorfbewohner. Sie gaben an, daß die Pathet Lao im Jahre 1964, nachdem sie die Kong-Le-Truppen aus der Ebene vertrieben hatten, die Lehrer für zehn Tage mit nach Phonesavan genommen hätten. Sie gaben ihnen Instruktionen über Unterrichtsmethoden und erklärten ihnen, daß sie nicht in Französisch, sondern in Laotisch unterrichten sollten. »Sie erklärten uns, Laotisch sei doch unsere eigene Sprache und Laos unser eigenes Land und wir brauchten keine fremden Sprachen.« Sie erteilten den Lehrern auch politischen Unterricht.

»Sie lehrten uns, daß unter den Franzosen eine Bildung nach französischem Muster vermittelt worden sei, weil die Leute Frankreich lieben sollten. Nun sei unser Land frei und wir müßten eine Erziehung erhalten, die dem Rechnung trägt, eine Erziehung, die unser Volk lehren müsse, das eigene Land zu lieben. Bildung gab es von nun an für jedermann, nicht nur für die Reichen. Früher hatte man sich Bildung hauptsächlich in Städten und Kleinstädten erwerben können. Viele Dörfer hatten keine Schulen. Als die Pathet Lao kamen, bildeten sie viele Lehrer aus und sehr viel mehr Menschen erhielten Unterricht, obwohl der Schulbesuch noch immer nicht Pflicht war.«

Sprach- und Mathematikunterricht waren gegenüber früheren Zeiten erschwert; vier Klassen waren von nun an für jedermann Pflicht. Vom Lehrer wurde die Durchführung eines Programmes zur Beseitigung des Analphabetismus bei Erwachsenen, mit den Sonnabenden und Sonntagen als Unterrichtstagen, gefordert. Auch Dorfbewohner, die des Lesens kundig waren, wurden als Lehrkräfte in diesem Programm eingesetzt. Sie bezeichneten die Kampagne zur Beseitigung des Analphabetismus als sehr gute Sache, die praktisch allgemein durchgeführt wurde. Die Texte hatten politischen Inhalt und behandelten landwirtschaftliche und andere praxisnahe Themenbereiche. Vorher hatte es lediglich mechanischen, völlig inhaltslosen Leseunterricht gegeben. Bei den Pathet Lao handelten die Texte von Ackerbau und Viehzucht und von der Liebe zum eigenen Land. Politisch hörte sich ein Text etwa folgendermaßen an: »Früher unter französischer Herrschaft mußten wir Steuern zahlen, und das Geld wurde nach Frankreich geschickt. Heute bauen wir unser eigenes Land auf und arbeiten nicht mehr für fremde Völker.«
Die Absicht war, den Unterricht bis zu den Klassen 5 bis 7 auszubauen, doch konnte dieses Programm wegen des Krieges nicht realisiert werden.
Ein älterer Mann, dem es früher recht gut gegangen war, fügte hinzu, daß die Pathet Lao sie zum Lernen anhielten, bevor sie sich ihren Arbeiten zuwandten, und daß sie einige Leute aus dem Dorf zur weiteren Ausbildung mitgenommen hätten.

»Sie unterrichteten uns hauptsächlich in Landwirtschaft. Man muß mehr produzieren. Die Wirtschaft aufbauen. Ein

Mann sollte die Arbeit von zehn leisten. Wenn du mehr produzierst, kannst du das gegen Kleidung und Geld eintauschen. Wir können unsere Produkte mit anderen Ländern tauschen.«

In der Theorie, so sagte er, sei die Idee wohl gut, aber er sei damit nicht sehr zufrieden gewesen, insbesondere wegen der Steuern. Die Pathet Lao erhoben 15 Prozent Steuer auf alles, was über den unmittelbaren Lebensunterhalt hinausging. Diese Steuer kam den Soldaten, Lehrern und dem Personal des Gesundheitsdienstes zugute, all jenen also, die sie ausgebildet und dann in die Dörfer zurückgebracht hatten. Andere wurden in die Städte geschickt, um dort Unterricht in Tanz und Gesang, in der traditionellen Folklore und in der nationalen Kultur zu erhalten. Der Informant äußerte sich ziemlich skeptisch, was die medizinische Ausbildung anbetraf. Nach seiner Auffassung brachte sie nicht viel Gutes.

In Vientiane wurde mir eine Sammlung von Pathet Lao-Texten gezeigt. Teile daraus wurden für mich übersetzt, und sie schienen mir von beachtlich guter Qualität. Offenbar sind amerikanische Beamte vom Bildungsprogramm der Pathet Lao so sehr beeindruckt, daß sie, worauf ich bereits weiter oben hingewiesen habe, vielleicht den Versuch machen, es nachzuahmen. Nach einer RAND-Untersuchung ist »das Jahr 1967 so etwas wie ein Meilenstein im laotischen Bildungswesen: Eine mit amerikanischem Geld finanzierte Mittelschule nahm in Vientiane den Unterricht auf. Hier wird zum erstenmal in der Geschichte des Landes der überwiegende Teil des Unterrichtsstoffes in laotischer Sprache geboten, und nicht wie einst in traditionellem Französisch.«[67] In Wahrheit kopiert diese neue Mittelschule lediglich, was der Pathet Lao in den Dörfern von Laos bereits erreicht hat – den vollen Unterricht in der Landessprache.

Ein Flüchtling direkt aus Phonesavan lieferte uns ein gut Teil

67 Paul F. Langer, *Laos: Search for Peace in the Midst of War,* P-3748, RAND-Corporation, Dezember 1967.

mehr an Information über das Leben der Pathet Lao, und zwar so, wie es sich einem direkt daran Beteiligten dargestellt hatte, der gewillt war, sich frei und unbefangen zu äußern.[68] Seiner Darstellung der jüngsten Geschichte dieser Region zufolge hatten die Pathet Lao und die Neutralisten Kong Les bis kurz nach dem Genfer Abkommen von 1962 zusammengearbeitet, als Kong Les rechte Hand Ketsana amerikanische Waffen zu konfiszieren und an rechtsgerichtete Kräfte zu verteilen begannen. Dies führte zu einer Spaltung der Neutralisten, und die Pathet Lao beschlossen, den linksstehenden Neutralisten unter Oberst Deuane Unterstützung zu leisten, als sie 1964 die Ebene der Tonkrüge einnahmen. Vorher hatten diese Gruppen bei einer Landreform, die den Grundbesitz von ständig im Ausland lebenden Personen abschaffte, und beim Aufbau einer legitimierten lokalen Verwaltung zusammengearbeitet.
Die Aktivisten in jener Zeit waren Intellektuelle aus Vientiane und Sam Neua, die in Frankreich studiert hatten. Die Pathet Lao neigten mehr dazu, mit dem Volk zusammen zu leben, und sie gewannen Bauern aus dieser Gegend für sich, während die Intellektuellen meistens auf der Seite Kong Les standen. Zu Anfang gaben die Pathet Lao ihre Identität nicht preis. Später begannen sie dann offener mit den Leuten zu sprechen, bei denen sie sicher waren, daß sie ihnen trauen konnten, wodurch sie sich durch unermüdliches, geduldiges Erklären Vertrauen verschafften. Sie sprachen stets sehr freundlich zu den Leuten (dies wurde mir immer wieder bestätigt) und gaben lange, erschöpfende Erklärungen, bevor sie irgendeine Aktion anregten. Sie lebten wie die armen Bauern – zum Beispiel lehnten sie es ab, wie die Kong Le-Soldaten in Lastwagen befördert zu werden. Sie waren sehr vorsichtige und zurückhaltende Leute.

68 a.a.O. Auf den Seiten 99 bis 100 habe ich einige seiner Beobachtungen mitgeteilt. Auszüge aus diesem Interview werden bei Adams, McCoy und Schurmann, a.a.O., erscheinen. Das Folgende ist ein ziemlich wortgetreuer, gekürzter Auszug.

Die Pathet Lao-Kader sagten dem Volk, sie brauchten keine Angst vor einflußreichen Leuten zu haben und könnten ehrerbietige Anredeformen weglassen:

> »Die Pathet Lao änderten so manches. Sie halfen den Dorfbewohnern beim Reisanbau und beim Häuserbau, sie gaben denen Reis, die nicht genug davon hatten. Sie änderten die Stellung der Frau. Frauen wurden den Männern gleichgestellt. Sie wurden Krankenschwestern und Soldaten. Ehefrauen hatten keine Angst mehr vor ihren Männern.«

Anfangs ärgerte sich so mancher Ehemann über diese Neuerungen, doch wurde ihm gesagt, daß es keine Unterdrückung mehr geben dürfe: »Sieh mal, sie ist genau wie du ein Mensch, du hast keine Sonderrechte.«
Früher konnte man alles und jedes mieten. Nachdem die Pathet Lao gekommen waren, wurde Geld überflüssig. Sie versuchten die Dorfbewohner zur Zusammenarbeit zu bewegen und Familien dazu zu bringen, sich bei der Landarbeit gegenseitig zu helfen. Sie wendeten keine Gewalt an, sondern versuchten, diejenigen, die sich weigerten, so zu beschämen, daß sie schließlich doch zu helfen bereit waren und führten sie zu der Überzeugung, daß durch Zusammenarbeit allen nur Vorteile entstehen würden.
Sie bildeten »Erwecker-Gruppen«, die aus Kadern des Dorfes bestanden und dafür verantwortlich waren, Kooperation und Kollektivierung voranzutreiben. Bis zum Jahre 1967 war praktisch jedermann in die kollektive Feldarbeit einbezogen, obwohl weiterhin keine Parzellen für den privaten Bedarf bebaut werden durften. Die Kader beleidigten niemals jemanden; sie waren intelligente Leute, die mit sanfter Eindringlichkeit sprachen. Sie wollten von allen gern gemocht werden. Niemals holten sie Geld oder Gewehre hervor, wenn sie auf die Leute Eindruck machen wollten. Im Jahre 1967 ersetzten sie ganz unvermittelt alle nichteinheimischen durch lokale Kader, die aus den »Erwecker-Gruppen« zusammengestellt

wurden. Viele von ihnen waren vorher für ungefähr einen Monat zur Ausbildung geschickt worden.
Jedes Dorf verfügte über ein kompliziertes Organisationssystem: ein politisches, eines für die Verwaltung, für die Verteidigung (Polizei), für Jungen, für Mädchen, für Frauen, für Hygiene, Erziehung, Kooperation. Jeder einzelne gehörte zumindest einer dieser Gruppen an. Sie wählten ihre eigenen Führer. Auch technische Organisationen waren vorhanden, die mit Wasserbau, Viehzucht, Landwirtschaft, Erwachsenenbildung und Forstwesen betraut waren. Vertreter dieser Gruppen setzten sich in Angelegenheiten wie etwa der Bewässerung mit Experten von außerhalb auseinander.
Die ersten Bombardierungen begannen im Mai 1964. Phonesavan wurde 1965 angegriffen. Zwischen November 1968 und Januar 1969 wurde die Stadt vollständig evakuiert und zerstört. Bis September 1969 war dann endgültig alles vernichtet. Die Vang-Pao-Armee hatte hier im September 1969 auf ihrem Durchmarsch haltgemacht.
Zwischen 1964 und 1965 wurden einige nordvietnamesische Soldaten in der Umgebung gesehen, aber es waren nur sehr wenige. 1969 war ihre Zahl angestiegen. Die Soldaten wahrten strenge Disziplin und hielten sich von den Dörfern fern. Den Leuten taten sie wegen der ihnen aufgezwungenen Isolation leid. Die Pathet Lao lehrten sie, die Nordvietnamesen seien ihre Freunde, die gekommen waren, um ihnen praktische Hilfe zu leisten und ihnen beizubringen, wie man unter den gegebenen Bedingungen überleben könne. Sie empfanden größte Hochachtung für die Nordvietnamesen. Um dies zu veranschaulichen, erzählte unser Informant uns die Geschichte eines nordvietnamesischen Bewässerungsfachmannes, der von den Pathet Lao zum Tode verurteilt worden war, weil er einen Wasserbüffel getötet hatte. Die Leute wehrten sich dagegen und legten Protest beim General ein, der das Urteil jedoch bestätigte. Der Mann beging darauf Selbstmord. Im allgemeinen betrachteten sie die Nordvietnamesen mit Ehrfurcht.

Die Pathet Lao lehrten sie ferner, nicht die amerikanischen Piloten zu hassen, von denen einige gefangengenommen worden waren und durch die Stadt geführt wurden, sondern nur die amerikanische Führung.[69]
Ich fragte einen Mann von etwa fünfzig Jahren, der kräftig und gesund aussah, warum weder er noch sonst jemand einer Arbeit nachgehe und warum sie nur in der Scheune herumsäßen, wo sie sich doch sicherlich auf die Landarbeit vorbereiten sollten. Er erwiderte mir:

> »Laßt zuerst einmal den Krieg beendet sein und uns in unsere Dörfer zurückkehren. Ich weiß nicht, wie ich hier den Boden bearbeiten muß. Niemand kommt, es uns zu erklären, zu helfen oder uns zu sagen, wie man es machen muß. Wir haben nicht die Kraft, die Bäume zu fällen. Die Regierung sagt gar nichts dazu. Sie sagt uns auch nicht, ob wir jemals nach Hause zurückkehren. Wir wissen es nicht. Das Land hier ist überall voller Bäume und Buschwerk. Wir sind zu müde, die Bäume und das Gesträuch zu roden. Es gibt hier keine Hügel oder Berge. Wohin man auch sieht, ist alles flaches Land. Wenn wir in der Gegend, aus der wir kommen, *hai* [landwirtschaftliche Arbeitsweise, wie sie für das Hochland typisch ist] machten, dann fielen die Bäume immer nur in eine Richtung, und es war leicht, sie zu verbrennen. Hier fallen sie nach allen Richtungen um. Wir wissen nicht, wie wir hier den Boden bestellen müssen.«

In Wahrheit wissen diese Menschen natürlich sehr gut, wie sie in diesem Gebiet den Boden bearbeiten müssen, und die Arbeit würde wohl kaum über ihre Kräfte gehen, zumindest dann nicht, wenn sie genug zu essen hätten. Doch der Eindruck, den sie ausnahmslos machen (was im übrigen auch in dieser Antwort anklingt), ist der einer völligen Demorali-

69 Ein ständig wiederkehrendes Argument unter den Kommunisten Indochinas.

sierung und Hoffnungslosigkeit. Die einzige Tätigkeit, die ich hier im Lager oder in seiner unmittelbaren Umgebung zu Gesicht bekam, war bei einem der Besuche, als einige Männer und Frauen sich aus Holz, das sie in den Wäldern geschnitten hatten, Hütten bauten. Einige Frauen nähten, andere kochten oder sammelten Holz. Die übrigen saßen still herum; durch unseren Besuch war wohl ein gewisses Interesse wach geworden, doch verlief hier offenbar alles plan- und absichtslos, ohne alle Hoffnung in die Zukunft.

Andere Gespräche mit Flüchtlingen vermittelten ähnliche Eindrücke. Eine Sammlung mit Interviews wurde zusammengestellt, bei denen Flüchtlinge aus einem Dorf im Süden, Muong Phine, befragt worden waren, das 1964 durch einen Bombenangriff zerstört worden ist. Bei diesem Angriff wurden mehr als 100 Menschen getötet, viele davon durch Zeitzünderbomben. Ein Dorfbewohner erzählte uns von diesen Zeitbomben:

> »Die Kinder spielten mit ihnen. Die Eltern konnten es ihnen nicht verbieten. Die Kinder liefen einfach in den Wald und spielten dort. Die Dorfältesten hatten uns eingeschärft, den Bomben nicht zu nahe zu kommen. Wir hielten uns an diese Regeln, doch die Kinder taten es trotzdem.«

Dieses Dorf hatte seit 1960 der Kontrolle durch die Pathet Lao unterstanden. Bis 1964, dem Jahr, in dem die Bombenangriffe einsetzten, wurden nur ganz selten Trägerdienste verlangt. Nach kommunistischen Indoktrinationen befragt, erklärte unser Informant:

> »Sie sagten uns gewöhnlich, daß wir unseren Aufbau vorantreiben, hart arbeiten und so viel Reis wie möglich anbauen sollten. Außerdem redeten sie uns zu, nicht zum Feinde überzulaufen.«

Sie versuchten, die Jungen zu überzeugen, nicht Mönche zu werden; die Menschen seien, wie sie sagten, dazu bestimmt, zu arbeiten. Aber sie behelligten niemanden, der sich dennoch zu einem solchen Schritt entschloß. Ein Mönch berichtete, viele Menschen hätten sich den Pathet Lao angeschlossen (etwa ein Drittel der Dorfbewohner) und wären bereitwillig mit ihnen gezogen, weil sie die Pathet Lao gern gehabt hätten. Dies wurde vom Dorfältesten jedoch leidenschaftlich bestritten.

Die Dorfbewohner erzählten übereinstimmend, daß sie bis 1964 keine Nordvietnamesen gesehen hätten. Als in diesem Jahr die Bombardierungen begannen, wurden zunächst überwiegend Propellermaschinen vom Typ T-28 eingesetzt, doch ging man 1966 zu Düsenbombern über. Von da an wurden die Einsätze immer häufiger, mit einer letzten Steigerung im Jahre 1968. Von 1965 an lebten die Dorfbewohner in Erdlöchern, bis sie dann Ende 1969 in eine Stadt flüchteten, die unter Regierungskontrolle stand.

In diesem Gebiet gefangengenommene Nordvietnamesen berichten, daß die Bombenangriffe sie nicht sonderlich beunruhigten. Sie hätten sich weit von allen sichtbaren Zielen entfernt aufgehalten. Auch Pathet Lao-Deserteure geben an, daß die Bombardierung, wenn sie natürlich auch das Leben erschwert hätte, für sie doch nicht direkt ein ernsthaftes Problem gewesen sei. Der bereits oben zitierte Überläufer aus der Ebene der Tonkrüge erklärte:

> »Ich hatte keine Angst vor den Flugzeugen. Richtig, sie töteten viele Menschen. Doch für uns Soldaten waren sie nicht allzu gefährlich. Wenn sie zu tief herunterkamen, konnten wir sie abschießen. Wenn sie weit oben über uns hinwegflogen, konnten sie keinen großen Schaden anrichten, weil sie nicht wußten, wo wir uns aufhielten. Wir hatten unsere eigenen Methoden, in sichere Deckung zu gehen. Ich brauchte also keine Angst zu haben.«

Gefragt, ob er die Piloten gehaßt habe, antwortete er:

»Ja, ich haßte sie. Wenn sie nur gekommen wären, um auf mich zu schießen, wäre es mir egal gewesen. Ich war Soldat. Doch sie versuchten, alle Leute in den Dörfern zu töten. Und die sind doch nur Bauern, die ihren Reis anbauen. Sie taten nichts, was gegen die Piloten gerichtet gewesen wäre. Ich bin Laote. Die Leute in den Dörfern sind auch Laoten. Also muß ich die Männer hassen, die sie zu töten versuchen.«

Er schätzt, daß auf jeden gefallenen Soldaten fünfzig getötete Dorfbewohner kommen.
Aus anderen Landesteilen hört man ähnliche Darstellungen. Übereinstimmend hiermit wird in einem Bericht aus Nam Tha in der Nordwest-Region festgestellt, daß die Dorfbewohner aus diesem Gebiet seit 1966 in Laufgräben gelebt hätten, weil alles, was sie besaßen, vernichtet und verbrannt gewesen sei. Oberst Soth Petrassi, der Pathet Lao-Bevollmächtigte in Vientiane, erklärte hierzu:

»Von der Provinz Phong Saly im äußersten Norden bis Saravane im Süden ist alles dem Erdboden gleichgemacht. Dort existieren keine Dörfer, keine friedlichen menschlichen Ansiedlungen mehr. Das Leben in den befreiten Zonen ist so entsetzlich schwer, daß die Bevölkerung in natürlichen Höhlen Zuflucht suchen oder sich in die Wälder flüchten und dort verstecken muß. Frei bewegen kann man sich nur nachts, Schulunterricht findet nachts statt, Feldarbeit muß bei Nacht getan werden.«

Von allen verfügbaren Informationen muß man diese Beurteilung der Situation als im wesentlichen richtig ansehen. Ein Korrespondent der *Far Eastern Economic Review* gelangt zusammenfassend zu der folgenden Feststellung:

»Während der vergangenen letzten beiden Jahre haben die USA einen der anhaltendsten Bombenkriege der

Geschichte gegen überwiegend zivile Ziele im Norden von Laos geführt. Das genannte Gebiet ist ein breiter Waldteppich mit Dörfern hier und da und nur wenigen Städten. Flüchtlinge berichten, daß die Bombenangriffe hauptsächlich gegen ihre Dörfer gerichtet gewesen seien. Von Basen in Thailand oder von Flugzeugträgern aufsteigend, haben amerikanische Düsenbomber die meisten Dörfer und Städte im Nordosten zerstört. Den Bewohnern dieser Region sind schwere Verluste zugefügt worden; Reisfelder wurden verbrannt und Straßen aufgerissen. Flüchtlinge aus der Ebene der Tonkrüge berichteten, daß sie während des letzten Jahres beinahe täglich von amerikanischen Düsenflugzeugen bombardiert worden seien. Sie erklärten, sie hätten den größten Teil der beiden vergangenen letzten Wochen in Höhlen oder Erdlöchern zugebracht.«[70]

Es ist zweifelhaft, ob die vernichtenden Bombardements irgendeinem im engeren Sinne militärischen Zweck gedient haben. Wohl wurde dadurch die zivile Wirtschaft zerstört, und Tausende wurden zu Flüchtlingen gemacht, doch die Pathet Lao scheinen stärker als jemals zuvor. Wenn die Bombardierung überhaupt irgend etwas bewirkt hat, so wohl vor allem, daß durch sie ganz offensichtlich die Moral der Pathet Lao gestärkt worden ist und sie zu einer breiten Unterstützung durch die Bauernschaft geführt hat, die man nicht erst eigens dazu ermuntern muß, die Amerikaner zu hassen. Es ist also genau wie in Vietnam, wo amerikanischen Quellen zufolge während des ersten Jahres der intensiven Bombenangriffe im Süden sich die Zahl der Freiwilligen für den Vietcong auf 150 000 verdreifachte. Und wie in Vietnam sind die einheimischen Guerilla-Streitkräfte als Folge der Zerstörung der zivilen Gesellschaft, in der sie ihre Wurzeln hatten, jetzt von auswärtiger Hilfe weitaus abhängiger als je zuvor. Der oben zitierte Korrespondent bemerkt dazu:

70 16. April 1970, vgl. Anmerkung 9.

»Dadurch, daß man die kommunistischen Streitkräfte ihres Inland-Nachschubes an Nahrungsmitteln beraubt hat, sind sie durch die Bombardierungen notgedrungen darauf angewiesen, auf die mit größerer Verläßlichkeit eintreffenden Versorgungsgüter aus Nordvietnam zurückzugreifen. Wenn dadurch ohne Zweifel die Zivilbevölkerung demoralisiert worden ist, so wissen doch Flüchtlinge zu berichten, daß die Bombenangriffe die Moral der Pathet Lao-Kampftruppen ungemein gehoben haben. Im Gegensatz zu den meisten anderen Soldaten in Laos besitzen sie eine klare Vorstellung davon, wofür sie kämpfen. Aussagen von Flüchtlingen zufolge hat sich die Zahl der Freiwilligen für die Pathet Lao-Armee . . . während der vergangenen letzten Jahre verdoppelt. Früher zögerte manch einer der Jugendlichen, sein Dorf zu verlassen. Heute läßt sich ihre Haltung in die Worte fassen: ›Lieber als Soldat sterben, als in Erdlöchern, versteckt vor Bombenangriffen, sinnlos umzukommen‹.«[71]

Wie in Vietnam gibt es bei dieser Taktik durchaus einen militärischen Zweck im weiteren Sinne. Auch hier begegnen wir wieder der Taktik der »Zwangsurbanisierung« (vgl. *Indochina und die amerikanische Krise. Im Krieg mit Asien I* [st 32], S. 66 ff. und S. 99 ff.). Einen Volkskrieg bekämpfen wollen bedeutet auch hier zwangsläufig, das Volk auszurotten, und dies entweder, indem man die Menschen tötet, ihre Gesellschaft vernichtet und sie in Höhlen zu leben zwingt, oder indem man sie »urbanisiert« – wobei man sie in Flüchtlingslagern oder in städtischen Zentren zusammentreibt. Wer weiß, ob diese Taktik nicht doch Erfolg hat?
Wir sprachen mit Prinz Souvanna Phouma über die Bombardierungen. Er bestritt ganz einfach, daß überhaupt irgendwelche Zerstörung stattfinde:

»Es gibt keine Zerstörung. Wir bombardieren einzig die

71 Dieser Abschnitt ist aus dem Originaltext übernommen, der auszugsweise in der *Far Eastern Economic Review* vom 16. April 1970 erschienen ist.

Nordvietnamesen. Wir haben ›Teams‹, die über das ganze Land verteilt sind. Sobald sie nordvietnamesische Konvois sehen, fordern sie Flugzeuge an. Laos ist nicht wie die Vereinigten Staaten. Es ist nicht dicht besiedelt, es gibt kaum Großstädte. Weder Städte noch Dörfer werden zerstört. 700 000 Flüchtlinge sind auf unsere Seite übergewechselt. Auf der anderen Seite steht niemand von den Leuten. Mag sein, daß ein paar Hütten zerstört worden sind, doch niemals bewohnte Gebiete. Die Menschen ergreifen die Flucht, sobald sie hören, daß die Nordvietnamesen kommen.«[72]

Wir erwähnten besonders, wie uns von Flüchtlingen berichtet worden sei, man habe ihre Dörfer zerstört, lange bevor sie sie verlassen hätten, und er erwiderte:

»Nein, nein. Manchmal tauchen Nordvietnamesen in der Bevölkerung unter; dann müssen wir leider ein Opfer von ihnen fordern und das Dorf bombardieren, das ist richtig. Zum Beispiel hielten erst kürzlich in Paksane einige Nordvietnamesen ein Dorf besetzt, und wir brauchten drei volle Tage, um sie zu vertreiben. In diesem Falle wurde leider auch das Dorf bombardiert.«

Souvanna Phouma wies auf eine gewaltige, an der Wand hängende Reliefkarte von Indochina und wiederholte: »Sie glauben, diese Berggebiete werden von den Pathet Lao und den Nordvietnamesen kontrolliert? Da lebt überhaupt keiner.«

Amerikanischen Angaben zufolge leben hier mehr als eine Million Menschen, also weit über ein Drittel der gesamten Bevölkerung.

Ein Teil der laotischen Bevölkerung lebt zentral in den Städten, vor allem in und um Vientiane als der größten Stadt. Andere wohnen in den von den Pathet Lao kontrollierten

72 Vgl. Anmerkung 56.

Gebieten unter Bedingungen, wie ich sie eben geschildert habe. Hinzu kommen die von der CIA organisierten Stammesangehörigen der Meo und jener Teil der traditionalen laotischen Bauernschaft, der vom Krieg bisher unberührt geblieben ist.

Berichte aus der Vang Pao-Armee der Meo deuten darauf hin, daß sie wohl bald am Ende ihrer Kräfte angelangt sein werden, den Kampf fortzusetzen. Vor einigen Jahren zitierte Robert Shaplen Edgar »Pop« Buell, den Amerikaner, der der Hauptverantwortliche für die Meo-Operationen ist:

»Vor wenigen Tagen war ich mit einigen Offizieren Vang Paos zusammen, als sie gerade 300 neue Meo-Rekruten zusammentrieben, 30 Prozent der Jungen waren 14 Jahre alt oder noch darunter, und etwa ein Dutzend von ihnen zählte kaum mehr als zehn Jahre. Weitere 30 Prozent waren 15 oder 16 Jahre alt. Der Rest war so um 35 oder darüber. Wo sind die Jahrgänge dazwischen geblieben? Ich kann es Ihnen sagen: sie sind alle tot. Da standen nun diese Knirpse in ihren viel zu großen Tarnanzügen, aber sie sahen wirklich schick aus, und als der König von Laos zu ihnen sprach, waren sie so stolz und eingebildet wie nur irgendwer. Sie waren voller Eifer. Ihre Väter und Brüder hatten bereits vor ihnen Indianer gespielt, und jetzt wollen sie selber Indianer spielen. Aber V. P. und ich wissen es wohl besser. Sie sind zu jung und haben keine Ausbildung erhalten. In wenigen Wochen werden 90 Prozent von ihnen tot sein.«[73]

Seither haben die Streitkräfte Vang Paos schwere Verluste erlitten, und glaubwürdigen Berichten zufolge ist ihre Lage noch bei weitem schlimmer. In einer unlängst vor dem Kongreß gemachten Aussage berichtete Ronald J. Rickenbach, früherer AID-Beauftragter für die Flüchtlingsbetreu-

73 *New Yorker* vom Mai 1968, zitiert in den Hearings des Symington-Unterausschusses (Senate Hearings, S. 552).

ung im nördlichen Laos während dreier Jahre: »Als direkte Folge der Zermürbung, der sie ausgesetzt waren, durch die Schlachten, zu denen wir sie angestiftet haben, sind sie heute völlig verelendet.«[74] Indem sie die Meo in großer Zahl aufhetzten, gegen die Pathet Lao und Nordvietnamesen zu kämpfen, haben die USA ihre möglicherweise völlige Vernichtung als organisierte Volksgruppe heraufbeschworen.
»Pop« Buell berichtete kürzlich, daß »all seine Gefährten aus den ersten gemeinsamen Jahren in Laos im Kampf gefallen sind«.[75] Und er fügte hinzu: »Die Besten sind in diesem Land alle getötet worden, und Amerika wird ihnen wohl niemals bezahlen können, was sie für uns getan haben.« Die von Amerika verfolgte Politik, die einheimischen Meo für Amerikas antikommunistischen Kreuzzug zu opfern, muß nach meiner Auffassung als einer der unendlich zynischen Aspekte des amerikanischen Krieges in Indochina angesehen werden.
Um noch das traditionelle Laos kennenzulernen, besuchten wir ein Dorf nur wenige Kilometer von Vientiane entfernt, das – kaum zu glauben – vom Krieg praktisch noch unberührt schien, ja, eigentlich auch von der modernen Zeit. Wir verbrachten einen Abend im Hause eines alten Bauernehepaares, bei dem unser Führer etliche Jahre als IVS-Freiwilliger gelebt hatte. Als wir dort ankamen, saß der alte Mann auf der großen, offenen Veranda vor den Schlafräumen und schnitzte buddhistische Gedichte auf lange Bambusstreifen, so vertieft in seine Arbeit, daß unsere Anwesenheit ihm unbemerkt blieb, bis unser Führer nach einem langen Gespräch mit seiner Frau ihm auf die Schulter tippte, um ihn zu begrüßen. Der Alte und seine Frau setzten sich vor uns hin und wanden uns vielfach geknotete Schnüre um die Handgelenke, wobei sie uns Gesundheit und Glück wünschten. Die alte Frau erklärte uns, daß sie diese besonderen Schnüre erst vor kurzem von einem buddhistischen Mönch erhalten habe,

74 Hearing vor dem Kennedy-Unterausschuß zur Lage der Flüchtlinge, zitiert bei Kempton, a.a.O.
75 Henry Kamm, in: *New York Times* vom 5. Februar 1970.

geweiht vor dem Altar einer Kultstätte, an der sie mehrere Tage zugebracht hatte. Wasserbüffel, sanfte, doch gewaltige Tiere, trotteten gemächlich über ausgefahrene Wege, vorbei an kleinen Menschengruppen, die in der Stille des beginnenden Abends miteinander sprachen und lachten. Die Dorfbewohner begrüßten unseren Führer sehr herzlich, schwatzten und machten Späße mit ihm, während wir durch das Dorf gingen. Einige der Bewohner waren zumindest leicht angeheitert, was zu der Stimmung von Ruhe und Entrücktheit noch beitrug. Wir hatten etwas Fleisch zum Abendbrot mitgebracht, das die Bauersfrau für uns kochte. Nach einer behaglichen Mahlzeit mit dem alten Ehepaar kehrten wir spätabends nach Vientiane zurück.

Oberflächlich besehen scheint, verglichen mit der Zerrissenheit und dem Leiden, die Laos heimsuchen, in einem solchen Dorf himmlischer Friede zu herrschen, doch dieser Eindruck ist unvollständig. Unser Führer, der das Leben in diesem Dorf gründlich studiert hatte, schätzte die Kindersterblichkeit auf 50 Prozent. Ruhr ist endemisch, und viele Menschen sind ständig krank. Tatsächlich beobachteten wir, als wir durch das Dorf schlenderten, auf so mancher Veranda religiöse Zeremonien für die Kranken. Es gibt keine hygienische Trinkwasserversorgung und kaum ärztliche Betreuung. Auch in manch anderer Hinsicht ist das Dorfleben alles andere als angenehm. Der alte Mann, den wir besucht hatten, erzählte uns, daß er eine weite Strecke zurückzulegen habe, um Wasser zu holen. Das schien uns verwunderlich, da ganz in der Nähe ein großer Teich war. Als wir uns dem Teich näherten, mußten wir jedoch entdecken, daß er – ebenso wie das angrenzende Gebiet – rings von Zäunen eingefaßt war. Unser Führer erklärte, daß vor einigen Jahren ein Mann ins Dorf gekommen sei und den Teich sowie das ihn umgebende Land einfach für sich beansprucht habe. Als die Dorfbewohner bei ihrem Dorfältesten vorstellig wurden, erklärte der ihnen, daß das schon so seine Richtigkeit habe. Die Alteingesessenen erzählen heute traurig von den Tagen, als sie noch unter den hohen

Bäumen nahe am Teich sitzen konnten, und sie beklagen die Schwierigkeiten, die Unbequemlichkeiten und den Verlust des guten Bodens, aber es gibt nichts, was sie dagegen tun können. Als er in das Dorf kam und von der Angelegenheit erfuhr, versuchte der IVS-Freiwillige, die Einwohner dazu zu bewegen, in die kaum acht Kilometer entfernte Stadt zu gehen und einen Prozeß anzustrengen. Man klärte ihn sehr schnell auf, daß dies unmöglich war. Der Dorfälteste hatte seine Zustimmung gegeben, und das bedeutet, daß hohe Beamte in die Sache verwickelt waren. Beschwerden würden überhaupt nicht zur Kenntnis genommen und womöglich nur zur Folge haben, daß Soldaten ins Dorf kämen. Es sind Übelstände wie diese, typisch für die traditionelle Gesellschaft und verschärft durch den Kolonialismus, mit denen die Pathet Lao ein Ende zu machen versuchen. Loring Wagoner, ein Gemeindeentwicklungsberater, der mehrere Jahre lang in Laos für das USAID-Programm gearbeitet hatte, kam in seiner vor dem Symington-Unterausschuß gemachten Aussage flüchtig auf einige solche Machenschaften zu sprechen.[76] Er beschrieb die Bauern als »dorforientiert« und nicht an Laos als Nation interessiert. Ihr Verhältnis zur königlich-laotischen Regierung schildert er dann mit den Worten:

> »Der Dorfbewohner betrachtet die Regierungsbeamten in Vientiane als Menschen, die eine Position eingenommen haben, in der es ihnen gestattet ist, zu fordern und zu nehmen, ohne sich vorher mit den Dorfbewohnern, mit der einheimischen Bevölkerung, ins Einvernehmen zu setzen. Selten protestieren sie gegen diese Form der Korruption oder den Brauch, überall den Rahm abzuschöpfen, bis es sie dann natürlich irgendwann einmal ganz empfindlich trifft.«

Er schildert dann weiter die Machenschaften der Elite bei ihren betrügerischen Händeln mit den Dorfbewohnern und

76 Senate Hearings, S. 574 ff.

stellt fest, daß die Einwohner der Dörfer die Pathet Lao als Menschen beschreiben, die es »ehrlich mit uns meinen«, wenngleich sie »weitaus autoritärer mit uns verfahren als die laotische Regierung«. Die Dorfbewohner neigen dazu, in den Pathet Lao Traditionalisten zu sehen, die das »traditionelle Leben« betonen, wobei alles auf »laotische Weise« geschehen soll.

Als ich in Laos eintraf und dort jungen Amerikanern begegnete, die aus freiem Entschluß hier lebten, war ich, wie ich gern zugeben will, sehr überrascht. Nach einer Woche Aufenthalt bekam ich langsam ein Gefühl für den Reiz, den das Land und seine Menschen ausüben, und empfand zugleich tiefe Verzweiflung bei dem Gedanken an beider Zukunft.

Das Flugzeug der Internationalen Kontrollkommission nach Hanoi steigt in weiten Spiralen über Vientiane, bis es die vorgeschriebene Höhe erreicht hat, und fliegt dann durch einen geschützten Korridor über ein Gebiet hinweg, das wohl einem der intensivsten Bombardements der Menschheitsgeschichte ausgesetzt gewesen ist. Ein Phantom-Düsenjäger huscht wie ein Blitz an uns vorbei – sehr zum Ärger der Mannschaft und der Dauer-Passagiere –, doch abgesehen davon gab es in der schweren Wolkendecke nichts zu sehen, bis die Lichter von Hanoi zu uns heraufschimmerten. Die Passagiere dieses Fluges waren eine seltsame Mischung: chinesische Diplomaten, russische Journalisten, ein italienischer Romanautor, einige Polen und drei amerikanische Besucher. Wir kamen am 10. April an und reisten eine Woche später mit demselben Flug zurück.

Mein Besuch in Vietnam war kurz, und meine Eindrücke sind notgedrungen recht oberflächlich geblieben. Da ich nicht Vietnamesisch spreche, war ich im allgemeinen auf einen Dolmetscher angewiesen, und trotz überaus gewandter Übersetzer ist diese Prozedur doch recht zeitraubend und führt zu recht schleppender Kommunikation. Ich will beschreiben, was ich gesehen habe und was mir erzählt worden ist.

Für ein Land im Kriegszustand erscheint Nordvietnam bemerkenswert entspannt und heiter. Wir machten lange Spaziergänge ohne Begleitung sowohl in Hanoi wie auf dem Lande. Gelegentlich wurden wir gebeten, keine Aufnahmen zu machen – zum Beispiel vor dem Eingang zu einer Höhle, in der Fabrikationsanlagen versteckt waren. Unsere vietnamesischen Gastgeber verlangten nicht von uns, daß sie unsere Aufnahmen entwickelten oder das Bildmaterial – einschließlich Farbfotografien – zu überprüfen. Es waren, soweit ich erkennen konnte, nur sehr spärliche Sicherheitsvorkehrungen getroffen worden. Wir besuchten Premierminister Pham Van

Dong in einer alten Villa außerhalb der Stadt, konnten jedoch nirgendwo im Umkreis der Residenz Wachen oder Polizei entdecken. Die Stadt war voller Soldaten; sie saßen an den Ufern der Seen, schlenderten durch die Straßen, bewegten sich zwischen den dichten Wogen von Radfahrern, und ihr Benehmen war ganz so wie das von Soldaten auf Heimaturlaub. Man trifft sowohl in der Stadt wie auch auf dem Lande viele junge Männer, die zivilen Berufen nachgehen. Ich bemerkte nur wenige Polizisten; hauptsächlich regelten sie den Verkehr und waren offenbar nicht bewaffnet.

Draußen auf dem Lande sammelte sich, als wir durch ein abgelegenes Dorf in einiger Entfernung von den Verwaltungsgebäuden der Provinz Thanh Hoa gingen, wo wir die Nacht verbrachten, eine Schar Kinder um uns. Allgemein dachte man, daß wir Russen seien, so auch die Kinder, die winkten und uns »Sowjetunion« zuriefen, wenn wir durch Dörfer und Städte fuhren. Überall wurden wir mit freundlichem Lächeln begrüßt und in den weiter abgelegenen Gebieten mit allen Zeichen von Neugier.

Überall, wo wir hinkamen, schienen die Menschen gesund, gut genährt und ausreichend gekleidet zu sein. Zwischen dem Lebensstandard von Stadt und Land gab es keinen sichtbaren Unterschied. Konsumgüter sind knapp. Außer einem Fahrrad, einer Thermosflasche und vielleicht einem Radiogerät besitzen die meisten Menschen dort wahrscheinlich nur wenige andere Konsumgüter. Ich glaube nicht, daß ich in Hanoi mehr als nur einige Dutzend Autos zu Gesicht bekam. Das Stadtzentrum unterscheidet sich kaum merklich von den Außenbezirken. Die Innenstadt ist abgesehen vom lauten Hupen der Lastkraftwagen, die die Radfahrer mahnen, den Weg freizugeben, sauber und ruhig. Ich hatte gehört, daß überall Lautsprecher aufgestellt seien, die angeblich ununterbrochen Nachrichten und Verlautbarungen hinausplärrten, doch ich kann mich nur an einen einzigen erinnern, aus dem in einem Park in der Innenstadt Musik ertönte. Das Straßenbild ist eintönig. Die wenigen Ressourcen des Landes sind haupt-

sächlich auf die ländlichen Regionen verteilt. Eines Tages, wenn der Krieg beendet ist, wird Hanoi mit seinen baumgesäumten Straßen, seinen zahlreichen Seen und Parks eine herrliche Stadt sein.
Den erschütterndsten Kontrast zwischen Hanoi und den ländlichen Gebieten bilden natürlich die Verwüstung und Zerstörung, die durch den »Vernichtungskrieg aus der Luft« verursacht worden sind. Hanoi selbst war, soweit ich sehen konnte, außer nahe dem Roten Fluß, wo die Brücke und die nähere Umgebung schwer bombardiert worden sein müssen, nicht so schwer betroffen. Doch sobald man die Stadt verläßt, ist die Zerstörung verheerend. Wir fuhren auf der Hauptstraße nach Thanh Hoa etwa hundertfünfzig Kilometer nach Süden. Die Auswirkungen der Luftangriffe sind hier überall sichtbar. Von der Straße aus sieht man die Eingänge zu den Höhlen, auf die sich die Bevölkerung, insbesondere die Kinder, während der Luftangriffe verteilen. Notunterkünfte aus Holz stehen dicht gedrängt am Fuß der konisch geformten Hügel. Wenn eine Brücke kommt – manchmal erweist sich die »Brücke« nur als kaum wenige Meter langer Steg –, beginnen sich die Krater zu häufen. Wo eine Brücke war, stand oft auch ein Dorf. Die Straße und die nahe gelegene Eisenbahnlinie sind ebenfalls schwer zerbomt, die Bahnhöfe ein einziger Trümmerhaufen. Natürlich liegen die Bahnstationen ausnahmslos im Zentrum einer Stadt oder eines Dorfes.
Einige Namen entlang der Straße waren mir aus Zeitungen geläufig, zum Beispiel Phu Ly, ungefähr fünfzehn Kilometer südlich von Hanoi, das von französischen und japanischen Zeitungsleuten kurz nach einem erbarmungslosen Bombenangriff besucht worden war. Ich bat meinen Reisebegleiter – Professor Mai, früher Professor für französische, vietnamesische und chinesische Literatur und heute Vorsitzender der Gesellschaft für Bildende Kunst und Literatur –, mir das Stadtzentrum zu zeigen, wenn wir daran vorbeiführen. Was früher der Marktplatz war, ist heute ein eingeebnetes Trümmerfeld an einer Flußbiegung. Einige wenige von den Gebäu-

den aus Ziegeln und Stein sind stehengeblieben, die übrige Stadt existiert nicht mehr. Die Bevölkerung ist heute größtenteils zurückgekehrt; Notquartiere aus Holz stehen hier und da zwischen den Ruinen. Dasselbe gilt für das nicht weit von hier entfernte Dorf Phu Xuyen.

Thanh Hoa selbst ist eine reiche landwirtschaftliche Provinz. Auf beiden Seiten der Straße, so weit das Auge reicht, Reisfelder, ein Muster aus vielen Grünschattierungen. Die Straße windet sich auch durch Gebirgsausläufer und dichte Dschungelränder, in denen es noch Tiger geben soll. Die Vegetation, ob sie nun wild ist oder von Menschenhand, ist üppig und wuchernd. Wenn man den Bauern bei der Arbeit auf den Feldern zusieht, den jungen Burschen, wie sie ihre Wasserbüffel führen, vergißt man beinahe den Krieg, bis man dann wieder deutlich an ihn erinnert wird – durch den Anblick eines von Bomben aufgerissenen Feldes, von Trümmern, wo einst Dörfer gestanden haben, oder von den verbogenen Wrackteilen eines Eisenbahnwaggons. Wir machten Halt, um an einem bewaldeten Hang, wo einige Bauersfrauen Fichtennadeln sammelten, unser Mittag zu essen. Unsere Gastgeber gaben uns den Rat, uns sorgfältig umzusehen, wenn wir uns zu weit von der Straße bewegten, da noch überall nicht entschärfte Bomben herumlagen.

Die Hauptstadt der Provinz Thanh Hoa – eine Stadt mit 70 000 Einwohnern, so wurde mir gesagt – war schwer zerbombt. Einzelheiten wurden mir von Professor Mai mitgeteilt, der zwischen 1947 und 1948 Präsident der Provinz gewesen war und seit ihrer Gründung im Jahre 1930 der Kommunistischen Partei als geheimes Mitglied angehört hatte. Wir kamen an den Trümmern der jetzt völlig zerstörten Provinzbehörden vorüber. Die eine Wand eines großen Krankenhausgebäudes ist stehengeblieben. Eine Fabrik in der Innenstadt Thanh Hoas ist gleichfalls zerstört worden; die einzelnen Produktionsabteilungen sind nun, in Höhlen versteckt, auf die Umgegend verteilt worden. Ein nahe gelegenes Kraftwerk war schwer beschädigt worden, hat jedoch, so wurde mir gesagt, keinen Augenblick stillgelegen. In der Innenstadt sind nur wenige der ehemaligen Gebäude wiederaufgebaut worden, doch der überwiegende Teil der Bevölkerung ist offenbar hierher zurückgekehrt; überall neben Ruinen und stehengebliebenen Gebäuden sind primitive Holzunterkünfte zu sehen.

Thanh Hoa liegt nahe der See, und so kamen wir an einen reizvollen Strand. Nicht weit von der Küste hatten, so sagte man uns, Schiffe der Siebenten Flotte gelegen, Schiffsgeschütze hatten das Land von der See her unter Beschuß genommen und Flugzeuge hatten ihre Bomben abgeworfen. In diesem Gebiet wurden bei Landeunternehmen Saboteure und Spione abgesetzt, die jedoch, wie man uns berichtete, schnell gefaßt worden waren. Fischerboote aus Holz säumen den Strand. Die umliegende Hügellandschaft diente früher der Erholung. Heute ist alles durch Bombenangriffe zerstört.

In der Nähe der Stadt Thanh Hoa wird der Ma-Fluß von der Ham Rong-Brücke überspannt. Aber diese größte der Brükken, die wir überquerten, ist heute ein gebrechliches Gebilde aus verformtem Stahl und Betonbrocken.

Der Verkehr zwängt sich über eine einzige Fahrbahn. Die Geschichte der Brücke wurde uns eines Abends in einer Provinzbehörde bei trübem und flackerndem Licht erzählt, die heute unweit eines Dorfes etwas außerhalb von Thanh Hoa versteckt liegt und von den Wohngebieten nicht zu unterscheiden ist. Später wurde uns ein Film mit denselben Ereignissen gezeigt. Es berichtete Fräulein Ham, 25 Jahre alt, Chef der Miliz von Thanh Hoa. Vor fünf Jahren war sie die Milizchefin des Dorfes an der Ham Rong-Brücke gewesen.

Die Brücke war seit Beginn des Jahres 1965 bis zur Aussetzung der Bombenangriffe – in dieser Region dauerten sie bis April 1968 – täglich angegriffen worden. Die Brücke und das umliegende Gebiet wurden mit Bomben von hoher Sprengwirkung sowie mit Lufttorpedos belegt und von See her mit Schiffsgeschützen beschossen. 99 Düsenflugzeuge sind bei diesen Angriffen insgesamt abgeschossen worden. Ein steil ansteigender Hügel in Brückennähe wurde durch das Bombardement auf ein Drittel seiner früheren Größe reduziert. Das nahe gelegene Dorf ist völlig zerstört, wobei es viele Tote gegeben hat.

Am Tage darauf kehrten wir zur Brücke zurück, diesmal in Begleitung des für diesen Bezirk zuständigen Leiters der Vaterländischen Front Vietnams, die im wesentlichen eine Nachfolgeorganisation des Vietminh ist. Er sah mir wie höchstens dreißig Jahre aus, doch offenbar ist er beträchtlich älter, da er einen 17 Jahre alten Sohn hat, der in Hanoi studiert. In groben Zügen erzählte er mir, als wir fröstelnd im Monsunwind an der Brücke standen, die Geschichte noch einmal. Der Hügel neben der Brücke, auf dem oben eine Fahne weht, war wirklich viel kleiner, als ich ihn von dem Film, der uns am Vorabend gezeigt worden war, her in Erinnerung hatte. Sein felsiger Hang war aufgerissen und zerfetzt. Von dem Punkt, an dem wir standen, aus bis zu der Hügelkette in der Ferne waren die Felder kahl. Dort, wo früher das Dorf gestanden hatte, waren keine Spuren menschlichen Lebens mehr. Das Gebiet ist so schwer bombardiert worden, daß sich nicht einmal mehr die Krater abzeichnen, wie das sonst längs der Straße der Fall ist. Nur die Ruine des ehemaligen Kraftwerksgebäudes war in der verwüsteten Ebene stehengeblieben. Eingemeißelt in die Felswand auf der anderen Seite, von unserem Standort aus gerade noch erkennbar, stehen die Worte *Quyet Thang* – »zu siegen entschlossen«.

Die Brücke steht noch immer, schwer beschädigt zwar, aber stolz und herausfordernd, ein Symbol von tiefer Bedeutung für die Menschen in Thanh Hoa. Dieses Bild faßt mehr als alles andere die Stimmung der Menschen, denen ich begegnet bin, zusammen, vom Premierminister bis zu den Studenten in der Universität, den Arbeitern in der Fabrik und den Bauern auf dem Dorf. Soweit ich mir ein Urteil erlauben kann, ist das Land fest geeint, stark, wenn auch arm, und entschlossen, dem Angriff, der von der Supermacht der westlichen Welt gegen Vietnam gerichtet ist, zu widerstehen. Die Vietnamesen sehen ihre Geschichte als eine endlose Reihe von Widerstandskämpfen gegen Angriffe von außen, von Chinesen, Mongolen, Japanern, Franzosen und jetzt durch die Amerikaner. Immer und immer wieder wurde uns diese Geschichte erzählt. Ein dutzendmal schilderte man uns, wie die Chinesen zurückgeschlagen worden waren, wie es den Mongolen, die den größten Teil Asiens und Europas erobert hatten, nicht gelang, die annamitischen Berge zu überqueren und nach Vietnam vorzudringen, weil die vietnamesischen Bauern, geeint sogar noch in der Epoche des Feudalismus, dem Angreifer erbitterten Widerstand leisteten. Als der Direktor des Historischen Museums uns durch die Ausstellungsräume führte und seinen Vortrag mit der Steinzeit begann, lauschten die Menschen in unserer Begleitung mit offenkundiger Faszination seiner Darstellung der Kultur aus alter Zeit und der Einzelheiten jeder Schlacht, jedes Feldzuges. Dasselbe im Militärmuseum. Die mit uns waren, hatten dies gewiß schon unzählige Male erlebt, aber das konnte man ihnen, wie sie so mit gespannter Aufmerksamkeit jedes Detail in sich aufsogen, nicht ansehen. Die Vietnamesen betrachten ihre Geschichte als eine Serie von Siegen, von denen jeder erst nach langem, schwerem Kampf errungen wurde. Eine weniger optimistische Beurteilung derselben Ereignisse würde von kurzen Perioden der Unabhängigkeit in einer langen Geschichte der Besetzung durch fremde Mächte sprechen. Es ist verblüffend, daß die Vietnamesen ihre Vergangenheit nicht in dieser Weise interpretieren. Hätte ich ihnen irgendeine solche Interpretation vorgeschlagen, so hätten sie sie unweigerlich als grotesk und abwegig zurückgewiesen. Man darf sich auch nicht darüber täuschen, daß die Vietnamesen mit unerschütterlichem Vertrauen der Zukunft entgegensehen.

Einen Nachmittag verbrachten wir mit dem Leiter der »Sondervertretung« der Provisorischen Revolutionären Regierung Südvietnams[1] und sprachen über die derzeitige Lage. Dort

1 Die RSV verfügt über keine Botschaft, da sie, wie ich vermute, hofft, sich später einer breiteren Koalitionsregierung für Südvietnam anschließen zu können.

begegneten wir zahlreichen Kriegsopfern aus dem Süden, entsetzlich verstümmelten Menschen, die sich gegenwärtig in Hanoi zur Weiterbehandlung ihrer grauenhaften Verletzungen aufhalten. Die RSV-Vertreter in Hanoi erwarten einen langen und erbitterten Krieg im Süden. Sie rechnen damit, daß die USA ein Heer von etwa 200 000 bis 250 000 Mann zurücklassen werden, während sie auch weiterhin einer »Marionettenarmee« von etwa 800 000 Mann in militärischer Führung wie Materialversorgung Unterstützung gewähren und die technologische Kriegführung fortsetzen oder sogar noch ausweiten werden. Nach ihren Schätzungen wurden während der Präsidentschaft Johnsons etwa 2 Millionen Tonnen Bomben über Südvietnam abgeworfen, während die Nixon-Regierung bereits jetzt den Stand von 1,2 Millionen Tonnen erreicht hat und den Krieg mit chemischen Waffen intensiviert. Das Ziel der »Pazifizierung« sehen sie in der Konzentration der Bevölkerung in Gebieten, die, so hofft man, durch bewaffnete Streitkräfte kontrolliert werden können – Gebiete, umgeben vom Niemandsland der Verwüstung und Zerstörung. Sie glauben, daß dieser Politik kein Erfolg beschieden sein wird, daß innerhalb der von den zunehmend offener autoritär auftretenden und zu Zwangsmaßnahmen greifenden Saigoner Machthabern verwalteten Regionen ein innerer Zerfall einsetzen wird. Sie erhoffen eine Koalitionsregierung, die allgemeine und freie Wahlen ausschreiben und eine Nationalversammlung wählen wird, und nennen als Vertreter einer möglicherweise »dritten Kraft« insbesondere Männer wie Duong Van Minh und Tran Van Don, mit denen sie, wenn ich recht verstanden habe, zusammenarbeiten zu können glauben. Doch sie sehen gegenwärtig keine Anzeichen dafür, daß die USA gewillt sein könnten, eine repräsentative Koalitionsregierung in Südvietnam zu dulden.

Ich glaube, daß auch die Führung der Demokratischen Republik Vietnam einen Krieg von langer Dauer erwartet und keine Anhaltspunkte dafür sieht, daß die USA beabsichtigen, ihre Anstrengungen, Südvietnam zu unterjochen und der indochinesischen Halbinsel ihre Herrschaft aufzuzwingen, einzustellen. Sie sehen auch keine Anzeichen für eine ernsthafte Verhandlungsbereitschaft der Amerikaner in Paris und deuten jeden amerikanischen Vorschlag – und dies mit Recht, wie ich meine – als Manöver in dem Bestreben, das amerikanische Marionettenregime in Südvietnam an der Macht zu halten. Sie rechnen, wenn sich die Lage der Amerikaner irgendwo in Indochina grundlegend verschlechtern sollte, mit der Wiederaufnahme der Bombardierung des Nordens. Mit voller Zuversicht gehen sie jedoch davon aus, daß die Position der Amerikaner zunehmend unhaltbarer werden wird. Wegen der hohen Wahrscheinlichkeit einer Wiederaufnahme des Luftkrieges sind die Städte nicht wieder aufgebaut worden und bleiben die Produktionsanlagen dort, wohin man sie verlegt hat. Trotz des guten und entwicklungsfähigen hydroelektrischen Potentials Nordvietnams werden keine Staudämme gebaut. Ganz abgesehen von dem Tribut, den man dem Krieg selbst zollen mußte, ist die Gefahr, daß der Krieg weitergeht, für Entwicklung und Industrialisierung ein großes Hindernis.

An einem der Abende unterhielten wir uns mit Hoang Tung, Direktor der *Nhan Dan,* der wichtigsten Zeitung Nordvietnams, sowie Mitglied des Zentralkomitees der Lao Dong (Arbeiter-)Partei seit 1950. Während der dreißiger Jahre war er in der Jugendarbeit aktiv tätig gewesen und hatte die Jahre von 1940 bis 1945, als die Japaner die französische Kolonialregierung gestürzt hatten, im Gefängnis verbracht. Bei der erfolgreichen Revolte im August 1945 war er für den Abschnitt Hanoi verantwortlich, nahm schließlich am Ersten Indochinakrieg gegen die Franzosen teil und kämpfte damals hauptsächlich im Delta-Gebiet des Roten Flusses. Auch er bot uns einen kurzen Abriß der vietnamesischen Geschichte, schilderte die gegenwärtige politische und soziale Organisation sowie die Pläne für die Entwicklung des Landes. Er sprach sanft, mit großer innerer Bewegung über die langen Kämpfe, über die Leiden des Volkes und über die Probleme, die ihm in Zukunft noch bevorstehen:

»Die Aggressoren haben die gesamte Bevölkerung gezwungen, entweder den Kampf aufzunehmen oder den Tod zu wählen. Unser Land und andere indochinesische Länder haben alle Arten der Politik und der Methoden der Kriegführung erfahren. Unsere Länder sind Versuchsgelände für Franzosen, Japaner und jetzt für die Amerikaner gewesen. Wir glauben, daß es in der ganzen menschlichen Geschichte kein Volk gegeben hat, das so viele Arten von Krieg über sich ergehen lassen mußte. Nehmen Sie nur die Vereinigten Staaten. Sie haben es mit strategischen Wehrdörfern versucht, mit dem speziellen Krieg Kennedys, mit dem lokalen Krieg Johnsons und nun mit dem speziellen und lokalen Krieg Nixons. Wir mußten uns mit Theorien und Doktrinen aller Art auseinandersetzen. Unser Volk ist nicht vernichtet worden. Die US-Imperialisten haben wirklich alle Kräfte eingesetzt, die sie hatten. Nehmen Sie nur die strategischen Wehrdörfer. Das war schon ein großer Aufwand. Sie zerstörten Zehntausende von Dörfern und machten Millionen von Menschen heimatlos. Dann brachten sie eine halbe Million Soldaten ins Land. Sie begannen den Norden zu bombardieren. In der Geschichte findet sich kein Beispiel für ein ähnlich konzentriertes Bombardement. Allein in Südvietnam 3 Millionen Tonnen Bomben und noch weitere Arten von Explosivstoffen. Das geht weit über den Materialaufwand im 2. Weltkrieg hinaus. Die Vietnamesen sind ein kleines Volk. Nur 37 Millionen Menschen. Jetzt haben wir dieses Stadium erreicht. Wir können den Weg bis zu Ende gehen.«

Im Jahre 1954, fügte er hinzu, »waren wir nicht wachsam genug; wir erwarteten keinen erneuten Krieg«. Heute jedoch, so meinte er, habe man voll und ganz begriffen, daß die herrschenden Kräfte in den USA nicht gewillt sind, Asien seinen eigenen Völkern zu überlassen. Nixon mag damit Erfolg haben, die reaktionären Kräfte Asiens um sich zu sammeln, doch auch die Kräfte, die sich dem Imperialismus entgegenstellten, werden sich genauso zusammenschließen. Es wird zu einem langwährenden Kampf kommen: die reaktionären Kräfte gegen die bewaffnete Volksmacht in Asien. Doch die Begeisterung für die nationale Sache ist sehr groß; die reaktionären Kräfte können nicht gewinnen.

Premierminister Pham Van Dong äußerte sich in ähnlicher Weise. Präsident Nixon, so sagte er, scheine eine Ausweitung des Krieges zu wollen. Kambodscha sei dafür ein Beispiel.[2] Doch der »Zauberer ist nicht immer in der Lage, das, was er selbst heraufbeschworen hat, in seiner Macht zu behalten«. Prinz Sihanuk hat zum bewaffneten Kampf aufgerufen, und die drei Völker Indochinas werden nun ihren patriotischen Krieg gemeinschaftlich führen. »Am Ende ist immer Gerechtigkeit der entscheidende Faktor, und die gerechte Sache wird siegen.«

Wir fragten, ob ihm, auf lange Sicht gesehen, irgendeine Form der Föderation der Völker Indochinas vorschwebe, und erwähnten in diesem Zusammenhang Senator Fulbrights kürzlich getroffene Feststellung, Nordvietnam werde als der stärksten, am meisten gefestigten und dynamischsten Gesellschaft höchstwahrscheinlich die Vorherrschaft in dieser Region zufallen. Der Premierminister stimmte so weit überein, daß Nordvietnam stärker sei als seine Nachbarn in Indochina, doch wies er mit aller Entschiedenheit jede Möglichkeit einer Vorherrschaft in diesem Raum zurück und verwarf jeden Gedanken an eine Föderation für die absehbare Zukunft. Selbst was die Wiedervereinigung Vietnams anbetreffe, so sagte er, sei es unmöglich, jetzt einen bestimmten Plan vorzulegen.

2 Hier wird auf den Staatsstreich vom 18. März und die darauffolgenden Angriffe der Saigoner Armee in Kambodscha Bezug genommen. Der genaue Zeitpunkt dieses Interviews war der 16. April, zwei Wochen vor der amerikanischen Invasion Kambodschas also. Irgendeine Form der direkten amerikanischen Intervention wurde zwar von vornherein erwartet, doch vielleicht wurde das Ausmaß der amerikanischen Invasion dann doch mit einiger Überraschung aufgenommen.

»Die indochinesische Halbinsel muß frei und unabhängig sein. Südvietnam, Kambodscha und Laos werden neutral sein. In Anbetracht der gegenwärtigen Situation ist diese Aussicht am wahrscheinlichsten. Einzig Nixon stellt sich dem entgegen.«

Interessant ist dabei, daß Pham Van Dong hier noch einmal jene Formel aufnahm und bekräftigte, die 1962 von der Nationalen Befreiungsfront vorgeschlagen und von den USA ignoriert, genauer gesagt, unterschlagen worden ist: die Neutralisation Südvietnams, Laos' und Kambodschas. Damals wie heute war dies ein sehr vernünftiger und leicht zu realisierender Vorschlag, vorausgesetzt, daß die USA zum Rückzug aus diesem Gebiet bereit gewesen wären oder bereit sind. Damals wie heute jedoch besteht keine Aussicht für ein Gelingen dieser Neutralisierung: weil die Amerikaner darauf bestehen, diese Länder zusammen mit der Peripherie der asiatischen Landmasse in ihrer Machtsphäre zu halten.

Der Premier drückte auch sein Vertrauen in die Zukunft aus. »B-52-Bomber und Computer können nicht mit einer gerechten Sache und mit der menschlichen Vernunft konkurrieren«, sagte er. Das vietnamesische Volk sowie die anderen Völker Indochinas müßten noch immer schweres Leid durchmachen, doch schließlich würden sie siegen.

Es kann natürlich nicht überraschen, daß die Führung des Landes sich vor ausländischen Besuchern den Anschein unerschütterlichen Vertrauens zu geben bemüht ist. Allerdings konnte ich auch in Diskussionen mit anderen keine Abweichung von dieser Stimmung feststellen. Die Menschen, denen ich begegnete, stellten keine gespielte Tapferkeit zur Schau, sondern bewiesen ein ruhiges Vertrauen in die Gerechtigkeit ihrer Sache und in die endgültige Erlangung der Unabhängigkeit nach der sicheren Niederlage der Aggression durch fremde Mächte.

Die persönlichen Schicksale, die uns erzählt wurden, sind oft so entsetzlich, daß sich dafür keine Worte finden. An unserem letzten Nachmittag in Hanoi blieben uns noch einige freie Stunden, und wir wurden zu einer Rundfahrt durch die Stadt eingeladen. Im Park der Wiedervereinigung in der Nähe eines Sees, der von neu angepflanzten, für den südlichen Teil Vietnams charakteristischen Bäumen gesäumt ist, erzählte mir mein Dolmetscher einiges aus seinem Leben. Er stammt aus dem Süden, aus der Provinz Quang Ngai. Als junger Mann hatte er sich den Vietminh angeschlossen und kam dann 1954 mit seinem Vater in den Norden; Mutter und Schwestern ließen sie in der Erwartung zurück, daß sie 1956, nach dem Wahlversprechen, der Wiedervereinigung des Landes, endgültig zurückkehren könnten. Seit jener Zeit hat er nichts mehr von irgendeinem seiner Familienangehörigen im Süden gehört. Die Vereinigten Staaten verhinderten nicht nur die Wahlen, sie machten sich auch sogleich daran, sämtliche Verbindungswege – sogar die postalischen – zwischen Nord- und Südvietnam zu durchtrennen. Er ahnt wohl, was seine Familie und seine Freunde seither durchlitten haben. Zögernd berichtete ich ihm, was ich über die jüngste Geschichte der Provinz Quang Ngai in Erfahrung gebracht hatte, die heftigeren Angriffen ausgesetzt gewesen ist als jeder andere Teil Vietnams. Sollte ich ihm jetzt, nachdem ich nach Hause zurückgekehrt bin, Jonathan Schells Buch über die amerikanische Zerstörung der Provinz Quang Ngai schicken? Oder die Berichte Alje Vennemas, des Leiters des kanadischen Tuberkulose-Hospitals in der Provinz Quang Ngai bis August 1968, als er Vietnam den Rücken kehrte, weil er überzeugt war, daß dort für ihn kein sinnvolles Arbeiten mehr möglich sei, da, wie er erklärte »mein Bemühen vergeblich gewesen ist«? Dr. Vennema berichtet, daß er wegen der Morde von My Lai, von denen er sofort wußte, nichts unternommen habe, »weil das durchaus nichts Neues war«:

»In der vietnamesischen Bevölkerung wurde darüber gesprochen, jedoch kaum mehr als über andere derartige Vorkommnisse (zum Beispiel über ein Massaker bei Son

Tra im Februar 1968 und über einen anderen, ähnlichen Zwischenfall im Mo Duc-Distrikt während der Sommermonate)... Mir waren allerdings derartige Geschichten bereits früher mehrfach zu Ohren gekommen, und ich hatte mit US-Beamten und kanadischen Regierungsvertretern über die sinnlose Tötung von Zivilisten überall gesprochen, und ... über die sinnlosen Bombenangriffe.«

Die Provinz, so berichtete er weiter,

> »ist zu einem ›Niemandsland‹ geworden, die Hälfte der Bevölkerung wurde in Flüchtlingslager gesteckt, Kinder verhungern, und weite Teile des Landes sowie große Teile der Vegetation sind zerstört. Seine Patienten erzählten ihm gleichlautend von der Erschießung ihrer Familienangehörigen und Freunde, und jedesmal, wenn er ein Kind mit Kriegsverletzungen behandelte, ›wurden fünf weitere eingeliefert‹ ... Nach Aussage Clair Culhanes, die 1968 als Verwaltungsangestellte im kanadischen Tuberkulose-Hospital von Quang Ngai gearbeitet hatte, erwähnte ein im April 1968 erstellter Bericht des Krankenhauses die Schwierigkeiten, die damit verbunden seien, in einem Gebiet arbeiten zu müssen, in dem Amerikaner ›mit den Brutalitäten und Massakern prahlten, die sie gemeinschaftlich mit anderen verübt hatten‹.«[3]

Soll ich ihm die Bücher schicken, die jetzt über das Massaker von My Lai erschienen sind, oder über die unvergleichlich schändlichere Grausamkeit des Krieges in Quang Ngai selbst oder in jedem anderen Teil des Landes, der der amerikanischen Herrschaft Widerstand leistet?
Mr. Tri, mein Dolmetscher, wußte das meiste von den furchtbaren Geschehnissen bereits und sprach mit unheimlichem Gleichmut darüber. Es ist schon bemerkenswert, wenn jemand keinen Haß, keine Feindseligkeit gegenüber Amerikanern

3 *Ottawa Citizen* vom 12. Januar 1970.

empfindet, sondern vielmehr Neugier über die amerikanische Lebensweise, Sympathie für die »schwierige Situation« zum Ausdruck bringt, in der die in der Friedensbewegung Tätigen sich befinden, die gezwungen sind, »gegen ihre Regierung zu kämpfen«, ja Sympathie sogar für die Soldaten und Piloten, die, von den Herrschenden mißbraucht, an dem »sale guerre« der Amerikaner in Vietnam Anteil haben.
In der Provinz Thanh Hoa, nahe der Provinzhauptstadt, besichtigten wir eine tief im Innern eines Berges versteckte Fabrik. Etwa 30 bis 35 Männer und Frauen arbeiten dort an den Werkbänken und stellen Ersatzteile für Autobusse und Lastwagen her. Gewöhnlich stehen zwei Leute an einer Maschine, der eine ein Facharbeiter, der andere ein Lehrling. Bei Tee und Bier, in einer Ecke der naßkalten und schwachbeleuchteten Höhle erzählte der Leiter uns, wie die gesamte Fabrik während des »Luftkrieges der Zerstörung« demontiert und an Orte wie diese verlagert worden sei. Der Berg selbst war heftig bombardiert worden, an den Einrichtungen im Höhleninneren war jedoch kein Schaden entstanden; die Höhle war noch während der Bombenangriffe von Hand ausgeschachtet worden. Später stellten sich die Arbeiter dieser Höhle zu einer Willkommensgeste am Ende des Tisches auf, vor dem wir saßen, und sangen patriotische ebenso wie sentimentale Lieder und sagten Gedichte auf. Dies alles war tief bewegend. Als ich abreiste, schwor ich mir, darüber weder zu sprechen noch zu schreiben, weil ich mir sehr gut vorstellte, wie borniert manche im Westen wohl darauf reagieren würden. Der Leser denke darüber, wie er will. Tatsache ist, daß es zutiefst bewegend war zu sehen, welcher Geist die Menschen an diesem erbärmlichen Ort beseelte, die angesichts all dieser Hindernisse, die Amerikaner vor ihnen aufrichten können, ihre Arbeit taten, um ihr Land zu verteidigen und ihren Weg in die moderne Zeit zu finden.
Wir verließen die Fabrik auf einer unbefestigten Straße, die uns durch Felder voller Bombentrichter führte, und fuhren zu einer landwirtschaftlichen Genossenschaft weiter, die recht

weit von der Hauptstraße entfernt lag. Bei noch mehr Tee und Bier machte uns die Bürgermeisterin, eine Frau, die etwa Mitte der zwanzig sein mochte, genaue Angaben über Produktion und Organisation der Dorfgemeinschaft und beantwortete eine Reihe von Fragen über Pläne und Hoffnungen. Zwei Drittel der Arbeiter sind in der Manufaktur, überwiegend in der Handweberei, beschäftigt. Sie hoffen, für diesen Industriezweig, der heute teilweise kollektiviert ist, vom Staat Maschinen zur Verfügung gestellt zu bekommen. Die Felder werden, wie wir im Vorbeifahren sehen konnten, intensiv bestellt, und wie in den meisten Dörfern erzielen auch die Bewohner dieses Dorfes auf ihren Reisfeldern heute zwei Ernten im Jahr, womit sie den früheren Stand der Produktion mehr als verdoppelt und gleichzeitig die Vielfalt der angebauten Feldfruchtsorten beträchtlich gesteigert haben. Die zum Dorf führende Straße und die Äcker im Umkreis werden von jungen Kiefern gesäumt, die während der vor kurzem durchgeführten, noch überall wahrnehmbaren Aufforstungskampagne gepflanzt wurden.
Wir verbrachten einige Stunden in der Genossenschaft und besichtigten ein kleines Krankenhaus sowie zwei Schulen. Das Krankenhaus, sauber und mit allem Notwendigen ausgestattet, besaß getrennte Abteilungen für westliche und östliche Medizin. Vor den Räumen der östlichen Pharmazie standen Körbe randvoll mit den verschiedenartigsten Kräutern, die meisten davon aus dem Garten hinter der Krankenstation. Alle Kinder der Umgegend werden heute in der Entbindungsstation dieses Krankenhauses geboren. Die Wachen waren, als wir uns dort aufhielten, unbesetzt. In der Klinik hielten sich nur wenige Patienten auf; in der Entbindungsstation unterhielten sich einige Frauen mit einer jungen Mutter, deren Neugeborenes in einem Kinderbett im Nachbarraum lag. Man erzählte uns, daß die traditionellen Krankheiten (Malaria, Trachom) praktisch gar nicht mehr aufträten. Sie möchten traditionelle und westliche Medizin nebeneinander betreiben, doch ich machte die Beobachtung, daß die behandelnden

Ärzte in der östlichen Abteilung beträchtlich älter waren als ihre Kollegen. Für ernste Fälle gibt es ein größeres Bezirkskrankenhaus. Ich fragte nicht nach, ob das große Provinzkrankenhaus, das während des Luftkrieges zerstört worden war, anderswo wieder aufgebaut worden sei.

Wir verbrachten einige Zeit in einer Mathematik-Klasse (siebente Klasse, Alter zwischen zwölf und vierzehn Jahren). Die Klasse war 45 Kinder stark. Der Lehrer gab Geometrie. Ich durfte in einige Arbeitshefte der Kinder sehen; sie enthielten sorgfältig gelöste, recht schwierige Algebra-Aufgaben. Der Unterricht war sehr lebhaft. Die Kinder versuchten, für Lehrsätze Beweise zu finden; der Lehrer schrieb ihre Vorschläge an die Wandtafel. Der Wissensstand war bemerkenswert und konnte es mühelos mit dem bei Gleichaltrigen in den Vereinigten Staaten aufnehmen. Besonders verblüffend war, einem derartigen Leistungsstand in einem so abgelegenen Dorf zu begegnen, das sich vor kaum einer Generation erst vom Analphabetismus gelöst hatte. Man erklärte uns, daß Lese- und Schreibkenntnisse bei Erwachsenen seit nunmehr einigen Jahren nahezu die Regel seien, daß in dieser ländlichen Provinz mit ihren zwei Millionen Einwohnern jeder einen zehnklassigen Schulunterricht erhalte[4] und jedes Jahr etwa 800 Schulabgänger auf die Universität gehen, davon 200 ins Ausland, die meisten (vielleicht alle – ich bin nicht ganz sicher) nach Osteuropa. Grundsätzlich wird von jedem erwartet, daß er in sein Dorf zurückkehrt. Der Krieg hat jedoch alles, was für normalisierte Verhältnisse geplant war, auseinandergerissen.

Später wurde uns erklärt, daß dieses Dorf in ökonomischer Hinsicht von mittlerem Niveau und nicht unter den ärmsten und nicht unter den reichsten dieses Gebietes sei, und ich

4 Ich dachte nicht daran, zu erfragen, ob dies auch für die vielen Angehörigen der Bergstämme in der Provinz gelte, die, wie man sagt, sich ihre ursprüngliche Kultur weitgehend erhalten haben. Unser Führer für einen Teil der Reise war der stellvertretende Vorsitzende der Provinz, ein Angehöriger der Muong-Minorität der Bergstämme, einer Minorität, die, so wird behauptet, nach Sprache und Kultur den Viet aus dem Flachland am nächsten stehen.

vermute, daß unser Besuch dort von den Dorfbewohnern irgendwie als ermutigende Geste aufgefaßt werden sollte. Die Bauern besitzen private Gärten, und neben dem staatlichen existiert noch ein freier Markt – buchstäblich daneben, wie wir später in Hanoi sehen konnten, als wir durch die Marktgegend schlenderten, wo beide unter einem Dach vereinigt sind. An Straßenecken in Hanoi sieht man noch immer Bauersfrauen, die ihre Produkte feilbieten. Jedoch ist der Anreiz, vom freien Markt Gebrauch zu machen, für die Bauern anscheinend nicht sehr groß, weil die vom Staat bestimmten Preise, in Übereinstimmung mit jener Politik, die Standards auf dem Lande denen in der Stadt anzugleichen, wenn ich recht verstanden habe, künstlich recht hoch angesetzt sind. Es gibt noch immer einige Bauern, die sich nicht den Genossenschaften angeschlossen haben, doch offenbar nicht sehr viele. Die Vorteile des Beitritts liegen auf der Hand, nicht nur wegen der staatlichen Unterstützung, sondern auch wegen der gegenseitigen Hilfeleistungen. Entlang der zum Dorf hinführenden Straße sahen wir Gruppen von Menschen, die an einem Bewässerungsprojekt arbeiteten, hohe Erddeiche aufschütteten und Kanäle aushoben. Überall sieht man schon abgeschlossene Bewässerungsanlagen. Größere Bewässerungsprojekte werden vom Staat geplant; lokale Vorhaben werden unter regionaler Zuständigkeit und von den Dörfern in eigener Regie ausgeführt.

Man erwartet von der Genossenschaft, daß sie 1 bis 5 Prozent ihres Einkommens aus der landwirtschaftlichen Produktion und einen nicht festgelegten Prozentsatz ihres Einkommens aus anderer Produktion für den weiteren Aufbau in eigener Regie zurücklegt. In solchen Angelegenheiten entscheidet eine Hauptversammlung der Genossenschaft; sie bestimmt die Akkumulationsrate und das Entwicklungsprogramm, wobei zum Beispiel darüber entschieden wird, ob eine Schule gebaut, ob für Extragewinne gearbeitet werden soll usf. Eine Jahresversammlung aller erwachsenen Mitglieder wählt ein Verwaltungskomitee für die Genossenschaft aus.

Weiter wurde uns erzählt, daß auch in der traditionellen bäuerlichen Gesellschaft Vietnams ein gewisses Maß an gegenseitiger Hilfe und kommunalen Landbesitzes üblich gewesen sei, und vor allem eine weitgehende Unabhängigkeit der Dörfer und Landkreise. Landbesitz war durch »Gesetz des Königs« in seiner Größe beschränkt. Unter französischer Herrschaft wurde das geändert. Der unbegrenzte Besitz von Land wurde zugelassen, gleichzeitig wurden insbesondere im Süden des Landes große Plantagen angelegt. Dabei genossen Katholiken besondere Privilegien; viele Priester und Erzbischöfe wurden Großgrundbesitzer. Der feudale Großgrundbesitz wuchs, »wo der Storch fliegt und seine Flügel nie erlahmen können«. Weder auf industriellem noch auf landwirtschaftlichem Sektor gab es viel Fortschritt. Heute bemüht man sich – offenbar mit gutem Erfolg –, die landwirtschaftliche Produktion zu steigern und regionale, auf lokale Bedürfnisse abgestimmte Industrien zu entwickeln.
Der neuseeländische Geograph Keith Buchanan führt im Zusammenhang einer allgemeinen Darstellung von Entwicklungsproblemen der Bauerngesellschaften in Asien die frühen Errungenschaften der vietnamesischen Revolution an und stellt fest:

> »Die Errungenschaften der Nordvietnamesen auf ökonomischem Gebiet sind beträchtlich gewesen, und sie zeigen den übrigen Ländern Südostasiens die Bedingungen, unter denen wirklicher ökonomischer Fortschritt möglich ist. Die Leistungen auf sozio-kulturellem Gebiet, spezieller noch auf dem der Minoritätenpolitik, sind gleichermaßen verblüffend, was, auf lange Sicht gesehen, für die Nachbarländer in Südostasien womöglich von noch weit größerer Bedeutung sein wird.«[5]

5 Keith Buchanan, *The Southeast Asian World.* New York, Taplinger Publishing Company, 1967, S. 153.

Natürlich schrieb er das, bevor die Bombardierungen ein Großteil der ersten Errungenschaften der Industrialisierung vernichtet hatten.[6]

Der Prozeß der regionalen Aufgliederung wurde durch den Luftkrieg beschleunigt und soll jetzt offenbar beibehalten und noch weiter ausgebaut werden – sicherlich eine sehr gesunde Entwicklung. »Der Preis mag höher sein und die Qualität nicht durchweg gut, aber die Waren werden für den lokalen Bedarf und die Selbstversorgung in jeder Provinz produziert«, erklärte uns Hoang Tung bei einem Gespräch in Hanoi, in dem diese Fragen angeschnitten wurden. Besondere Aufmerksamkeit wird der Ausbildung von Facharbeitern gewidmet. Die Schwerindustrie wird vorerst zurückgestellt werden müssen, da die gegenwärtigen Pläne die forcierte Entwicklung der Landwirtschaft sowie der ganz auf den landwirtschaftlichen Bedarf und die lokale Nachfrage abgestellten Kleinindustrien vorsehen. Das Land verfügt über reiche Metallvorkommen, Kohle sowie andere materielle Voraussetzungen zur Industrialisierung und könnte, vorausgesetzt, daß die Gefahr allesvernichtender Bombenangriffe gebannt ist, im ausreichenden Umfang hydroelektrische Energie erzeugen. Mit einem bemerkenswert hohen Bildungsniveau und vorzüglichem Gesundheitswesen in den entlegensten Gebieten ebenso wie in den städtischen Zentren scheinen sämtliche Voraussetzungen dafür gegeben, daß diese Ziele verwirklicht werden können und Nordvietnam das Schicksal eines Manila, eines Bangkok oder eines Saigon erspart bleibt – einer künstlichen Konsumentenzivilisation für eine Minderheit von Privilegierten inmitten verelendeter städtischer Slums und der Stagnation auf dem Lande.

Obwohl das Maß an demokratischer Mitbestimmung sowohl auf der Dorf- wie auf der Bezirksebene sehr hoch zu sein

6 Eine detaillierte Untersuchung über die Landwirtschaft Vietnams wurde von Gerard Chaliand vorgelegt: *The Peasants of North Viet Nam.* Penguin Books, 1969. Vgl. den Bericht Richard Gotts über die Erfahrungen auf einer siebenwöchigen Rundreise, *Manchester Guardian* vom 24.-27. Februar 1970.

scheint und der unabhängigen Planung auf diesen Ebenen ein gewisser – notwendigerweise durch den Kriegsnotstand eingeschränkter – Spielraum gewährt wird, sind wichtige Planungsvorhaben noch immer in entscheidendem Maße in den Händen der staatlichen Autorität. Wie Hoang Tung hierzu erklärte, bestimmt das Zentralkomitee der Lao Dong-Partei die allgemeinen Richtlinien der Politik. Diese Pläne werden von Regierungsstellen durchgeführt, die von der Nationalversammlung berufen werden. Die Nationalversammlung selbst arbeitet ebenfalls spezielle Planungsvorhaben aus. Die Ministerien haben gegenüber der in direkter Wahl von den örtlichen Bezirken gewählten Nationalversammlung Rechenschaft abzulegen. Die Leiter lokaler Vorhaben werden von den für die verschiedenen Wirtschaftszweige zuständigen Ministerien ausgewählt. Jede Fabrik hält einmal im Jahr einen Kongreß unter Teilnahme aller Arbeiter ab, dem der Leiter seinen Rechenschaftsbericht vorlegt. Eine Parteizelle in der Fabrik, der zehn bis zu zwanzig Prozent der Arbeitskräfte angehören, berät die Leitung. Es gibt auch eine Gewerkschaftsorganisation, die sich hauptsächlich mit Bildungs- und Wohlfahrtsprogrammen befaßt. Darüber hinaus gibt es in jeder Werkstätte Produktionsteams aus gelernten und ungelernten Arbeitern, und offenbar sind Pläne – über die Einzelheiten einzuholen mir nicht genügend Zeit zur Verfügung stand – vorhanden, in denen eine Umstrukturierung der internen Organisation von Unternehmen vorgesehen ist.

Diese Darstellung stützt sich auf Informationen, die mir im Gespräch mit Beamten der verschiedenen Verwaltungsebenen sowie von anderen sachkundigen Personen gegeben wurden, denen ich begegnet bin. Verständlicherweise war ich nicht in der Lage, den Bericht durch differenzierte Eindrücke oder Ergebnisse persönlicher Nachforschungen mit Leben zu erfüllen.

Die zentrale Planungsrolle der Lao Dong-Partei wird in allen wichtigen Regierungsdokumenten hervorgehoben. Le Duan legt in seiner jüngsten »Analyse der großen Probleme, wesentlichen Aufgaben sowie der Prinzipien und Methoden des Handelns in der vietnamesischen Revolution«[7] größten Nachdruck auf diese führende Rolle:

»Eine wichtige Aufgabe in der Organisation der Wirtschaft besteht darin, in Fragen der Wirtschaftsführung *das Verhältnis zwischen der Partei, dem Staat und den Volksmassen* präzise zu bestimmen. Als Leiterin und Generalstab einer Armee von Erbauern der Wirtschaft hat die Partei die Aufgabe, die allgemeine Linie auszuarbeiten und grundlegende Maßnahmen zu beschließen, die leitenden Prinzipien, Programme und anzuwendenden Methoden festzulegen, die Massen zu einer machtvollen Offensive an der ökonomischen Front zu mobilisieren, die Arbeit der staatlichen Stellen zu überwachen. Die Parteiführung ist eine historische Notwendigkeit, die unserer Wirtschaft eine Entwicklung gemäß den festgelegten Orientierungsdaten garantiert, die Rechte und Interessen der verschiedenen Bevölkerungsschichten wahrt und der herrschenden Rolle der Volksmassen unablässig immer größere Geltung verschafft. In der Revolution im allgemeinen wie in der ökonomischen Entwicklung im besonderen kann unsere Partei kein Sonderinteresse um ihrer selbst willen verfolgen. Die Gesamtheit der nationalen Wirtschaft ist, genau wie jede einzelne Fabrik und jedes Reisfeld, Volkseigentum in verschiedenen Formen und gemäß den unterschiedlichen ökonomischen und technischen Bedingungen und Erfordernissen. Diese objektive Realität verlangt von der Partei, verschiedene, auf den jeweiligen Fall (Industrie, Landwirtschaft, Fabriken, Genossenschaften) zugeschnittene Formen der Leitung zu entwickeln, und dies wiederum gestattet der Partei, ihre Führungsrolle beizubehalten, wobei sichergestellt sein muß, daß die Vorrechte der Administration in ihrer Leitungsfunktion respektiert werden und zugleich den

7 *La révolution Vietnamienne: problèmes fondamentaux, tâches essentielles* (Hanoi 1970), Einleitung.

Volksmassen die direkte Ausübung ihres Herrschaftsrechtes zugesichert wird.«

Le Duans Ausführungen zur Politik stellen unzweideutig klar, in welch hohem Maße die vietnamesische Revolution – jedenfalls auf ihrem derzeitigen Stand – eine Revolution der Modernisierung und Entwicklung ist:

»Den Gürtel enger zu schnallen, alle weniger dringlichen Ausgaben zu kürzen und entschlossen das Kapital zur Akkumulation einzusetzen, ist eine vorrangige Notwendigkeit und zeugt von einem hohen Maß an politischem Sachverstand im Hinblick auf den Aufbau des Sozialismus.«

Diese Revolution der Entwicklung, so hebt Le Duan nachdrücklich hervor, muß das Werk der Volksmassen sein und muß ihre direkte Beteiligung und Selbsterziehung mit einschließen. Angesichts des gegenwärtigen Zustandes der vietnamesischen Gesellschaft muß die Wirtschaftsverwaltung

»sehr flexibel sein, in Übereinstimmung mit den ökonomischen Gesetzen des Sozialismus und mit dem Entwicklungsprozeß von der Kleinindustrie zur Schwerindustrie; sie muß eine straff geeinte, zentrale Leitung mit dem Recht auf eigenverantwortliche Verwaltung durch die verschiedenen Zweige, Regionen und Organisationen der Basis verbinden; sie muß das System der Planung ausweiten und sich zugleich Marktbeziehungen zunutze machen, wo dies angezeigt ist [um ökonomische Indices und ökonomische Aktivitäten von zweitrangiger Bedeutung zu regulieren, die im allgemeinen Plan nicht vorgesehen sind] und für die weitere Verbreitung der allgemeinen Rechnungsführung Sorge tragen; sie muß sowohl die materielle Interessiertheit berücksichtigen als auch die politische und ideologische Erziehung, die sozialistische Erziehung der großen Masse der Bevölkerung, vorantreiben.«

Daß all diese Aufgaben miteinander vereinbar sind, ist nicht von vornherein klar, und es bleibt abzuwarten, wie sie verwirklicht werden können. Die gegenwärtigen Pläne scheinen ein Kompositum aus kommunistischer Parteiideologie, traditionellen vietnamesischen soziokulturellen Schemata, der Notwendigkeit zur Aufrechterhaltung einer Kriegswirtschaft und den allgemeinen Problemen der Modernisierung und Entwicklung zu sein.

Mein persönlicher Eindruck ist, daß die Vietnamesen, unbehindert durch imperialistische Intervention, eine moderne Industriegesellschaft entwickeln könnten, und dies unter wirksamer Mitbestimmung des Volkes bei der Verwirklichung dieses Zieles und bei direkter Demokratie auf den unteren Ebenen der Organisation, eine in hohem Maße egalitäre Gesellschaft mit vorzüglichen Voraussetzungen für soziale Leistungen und technische Ausbildung, doch andererseits mit einem derart hohen Grad an zentralisierter Kontrolle, daß sie langfristig ernste Probleme aufwerfen wird, die nur durch den Abbau der Parteiführung zugunsten einer direkten Kontrolle durch das Volk überwunden werden können. Augenblicklich scheint die Führung diese Probleme in einer sehr flexiblen und überlegten Weise anzugehen. Doch die Probleme bei der Schaffung einer modernen, egalitären, demokratischen Industriegesellschaft sind nicht unbeträchtlich. Sie sind bisher nirgendwo auf der Welt erfolgreich gelöst worden, und es wird außerordentlich interessant sein, zu verfolgen, wie man ihnen in der Zukunft gerecht werden wird, wenn den Vietnamesen die Gelegenheit gegeben sein wird, sich mit ihren internen Problemen unter den Bedingungen der Unabhängigkeit und des Friedens auseinanderzusetzen, für deren Herstellung sie gegenwärtig kämpfen.

Richard Gott, ein Journalist, mit großen Erfahrungen mit unterentwickelten Ländern, faßte seine Eindrücke nach einer kürzlich unternommenen Reise folgendermaßen zusammen[8]:

8 *Manchester Guardian* vom 24.-27. Februar 1970.

»Für jeden, der mit den unterentwickelten Landwirtschaftsgebieten der Welt, insbesondere mit Lateinamerika, vertraut ist, ist Nordvietnam keineswegs ein hoffnungslos armes Land. Natürlich ist die Bevölkerung arm, doch nirgendwo ist ›Elend‹ – jene erschütternd hoffnungslose Armut, der man nur allzuoft in der Dritten Welt begegnet. Natürlich gibt es Ungleichheit. Hanoi geht es besser als den ländlichen Gebieten. Die Gebiete im Delta sind reicher als die im ›Pfannenstiel‹. Die Bergregionen stehen unter einem geringeren Bevölkerungsdruck, Nutzholz steht ihnen in ausreichender Menge zur Verfügung. Doch nachdem man sich der Reichen entledigt hat, und die Extreme der Armut vermieden werden konnten, vermittelt Vietnam den Eindruck einer rapide sich entwickelnden Gesellschaft von großem inneren Zusammenhalt, wie sie in der unterentwickelten Welt einzigartig dasteht.«

Er zitiert einen alten Mann aus einer der südlichen Provinzen:

»Wenn die Bauern früher den Grundbesitzer auf der Straße trafen, kreuzten sie die Arme und verneigten sich. Erst mit der Durchführung der Landreform konnten wir den Einfluß der Gutsbesitzer abschütteln. Dies war unsere größte Schwierigkeit. Vietnamesische Bauern lebten Jahrtausende unter der Herrschaft feudaler Gutsherren. Sie fühlten sich den Gutsherren untertan. Was sie auch unternehmen wollten, sie meinten, zuerst einmal den Gutsherrn fragen zu müssen. Tief in ihrem Innern sind die Bauern von äußerst konservativer Gesinnung und dann noch sehr geizig. Sie müssen erzogen werden. Das war das größte Problem.«

Wie Gott bemerkt, forderte die Landreform von 1954 einen furchtbaren Tribut an Menschenleben; es war »ein chaotisches Unterfangen, bei dem für Tausende die Gelegenheit gekommen war, alte Rechnungen zu begleichen«, und Tausende blieben durch das jähe Ausbrechen von Gewalttätigkeit und Terror auf der Strecke.[9] Die Landreform legte zugleich aber auch die Grundlage für eine neue Gesellschaft, die Hungersnot und bäuerliches Elend besiegt und den Bauern Hoffnung auf die Zukunft beschert hat:

»Die wichtigste Wandlung aber hat sich in den Bauern selbst vollzogen. Es dürfte schwerfallen, heutzutage irgendwo selbstbewußtere und entschlossenere Menschen zu finden als sie. Hier gibt es nicht die schauderhaft kriecherische Unterwürfigkeit, wie man sie bei lateinamerikanischen Bauern antrifft – die nach jahrhundertelanger Unter-

9 Einer Darstellung des sehr gut informierten französischen Journalisten Georges Chaffard zufolge wurde die Landreform »in einer überaus brutalen Weise von unerfahrenen Kadern, die zumeist aus den bewaffneten Streitkräften hervorgegangen waren, durchgeführt, von Männern, die nur eine Kurzausbildung (in Problemen der Landreform) von wenigen Wochen erhalten hatten, bevor sie in die Dörfer entsandt wurden, den Kopf voller schlecht verdauter Theorien«. Zitiert nach Bernard Fall, *Viet-Nam Witness.* New York, Frederick A. Praeger, 1966, S. 97, aus: *Le Monde Weekly Selection* vom 5. Dez. 1956. Diskussionen über die Landreform, die in den USA geführt werden, beziehen ihre Argumente vornehmlich aus Hoang Van Chi, *From Colonialism to Communism,* New York, Frederick A. Praeger, 1964. Dieses Buch, das (ohne daß dieser Umstand irgendwo erwähnt würde) von der USIA subventioniert wird, ist eine höchst zweifelhafte Quelle. Eine sorgfältige Analyse der Irrtümer und unsäglichen Entstellungen findet sich bei Steven Seltzer, »The Land Reform in North Vietnam«, in: *Viet Report,* Juni bis Juli 1967. In einer Einführung schreibt P. J. Honey, daß der Autor in seinen zahlreichen Veröffentlichungen »die Gründe für das Scheitern der kommunistischen Agrarwirtschaft nicht nur in Vietnam, sondern auch in China und Nordkorea aufgedeckt hat«. In Wirklichkeit aber ist es Nordvietnam entgegen der allgemein gehegten Erwartung gelungen, ein außergewöhnlich schwieriges Problem der landwirtschaftlichen Produktion erfolgreich zu lösen. Einige von einem ernstzunehmenden Beobachter gegebene Erläuterungen hierzu finden sich bei Keith Buchanan, *The Southeast Asian World,* New York, Taplinger Publishing Company, 1967. Zum angeblichen »Scheitern« in China vgl. John Gurley, *Bulletin of Concerned Asian Scholars,* April-Juli 1970. Einige kürzlich über das nordkoreanische »Scheitern« gemachte klärende Bemerkungen von einem feindseligen, aber kenntnisreichen Beobachter finden sich bei Joungwon Kim, *Foreign Affairs,* vom Oktober 1969. Es ist bemerkenswert, daß Honey als Kommentator zu Nordvietnam betreffenden Fragen ernstgenommen wird. Wo seine Auslassungen nachprüfbar sind, erweisen sie sich oft als schlechthin lächerlich. Einige Beispiele hierfür enthält mein Buch *Amerika und die neuen Mandarine.*

drückung durch die Grundherren apathisch geworden sind. Die Abschaffung des Großgrundbesitzers hat ein Joch von der Bauernschaft genommen und in geradezu beispielloser Weise enorme Kräfte in ihnen freigesetzt.«

Der britische China-Forscher Jack Gray faßte Maos sozioökonomische Theorie der Entwicklung kürzlich dahingehend zusammen, daß in ihr aller Nachdruck auf die Notwendigkeit gelegt werde, »die Dorfbewohner schrittweise dazu zu bringen, durch eigenes Bemühen in Richtung auf ein technologisches Zwischenstadium aus eigenen Reserven die Produktion zu mechanisieren, die Maschinen eigenhändig in Betrieb zu nehmen, und dies in einem Milieu, in dem bodenständige Industrie, landwirtschaftliche Mechanisierung, Fruchtwechselwirtschaft beim Anbau der Agrarprodukte und die aus diesen Arbeitsweisen hervorgehende (sowohl formale wie informelle) Ausbildung einander wechselseitig bereichern«.[10] Demgemäß »werden die Kollektive von Bauernkadern für die Bauern geleitet«. Aus allem, was ich gesehen und gelesen habe, konnte ich den Eindruck gewinnen, daß Nordvietnam dieses Entwicklungskonzept erfolgreich anwendet.
Um ganz zu ermessen, wie bemerkenswert das in der Entwicklung Nordvietnams Erreichte ist, empfiehlt es sich, rückblikkend auf einige der Prognosen einzugehen, die am Ende des Indochinakrieges von kenntnisreichen Experten gemacht worden sind. Bernhard Fall bezeichnet in einem Aufsatz aus dem Jahre 1954 die Situation im Norden als nahezu hoffnungslos:

»Der Südteil des Landes ist die ›eiserne Lunge‹ mit gewaltigen Reisüberschüssen und dollarträchtigen Exporten von Gummi, Pfeffer, Kaffee und kostbaren Edelhölzern. Gewiß

10 *Economics of Maoism*, in: Dick Wilson (Hrsg.), *China after the Cultural Revolution*, New York, Random House, 1969. Auswahl aus dem *Bulletin of the Atomic Scientists.* Gray bemerkt hierzu, daß auch westliche Entwicklungstheoretiker mit einiger Verspätung zu etwa den gleichen Schlußfolgerungen gelangt sind.

wird das Ho-Chi-Minh-Regime, seiner südlichen Gebiete beraubt, entweder bald am Verhungern sein – wie schon im Jahre 1946, als es von Importen aus dem Süden abgeschnitten war – oder es wird ihm eine Form der Integration in die rotchinesische Wirtschaft bevorstehen, die einer Annexion gleichkäme.«[11]

Die Demokratische Republik Vietnam war durch amerikanische Doppelzüngigkeit und Gewaltanwendung vom Süden abgeschnitten. Sie ist verheerend bombardiert und in einen ruinösen Krieg hineingezogen worden. Doch es herrscht trotzdem keine Hungersnot – im Gegenteil. Und sie ist nicht von der chinesischen Wirtschaft aufgeschluckt worden. Ihre Leistungen sind deshalb in der Tat bemerkenswert.

Eine der Absichten, die Amerika mit den Bombardierungen des Nordens verfolgte, war, mit Gérard Chaliands Worten, »die Demoralisierung des einfachen Bürgers bis zu einem Punkt, an dem er direkt oder indirekt Druck auf die Regierung in Hanoi auszuüben beginnt und sie zwingt, sich einer Friedensregelung zu beugen«. Also zielten die Bombardements darauf ab,

> »die harte, geduldige Arbeit vieler Jahre zunichte zu machen. In einer Welt, deren Grundproblem zweifellos die Zurückgebliebenheit und Armut von zwei Dritteln der Erdbevölkerung ist, hat die Regierung der Vereinigten Staaten – was auch immer sie zu ihrer Entschuldigung vorbringen mag – systematisch die ökonomische Infrastruktur eines der drei oder vier ›unterentwickelten‹ Länder zerstört, die ernstlich darangegangen waren, die Fundamente für ihre eigene Industrialisierung zu legen... In den Augen der meisten Länder – insbesondere der jüngeren – ist die ameri-

11 *The Nation* vom 6. März 1954. Abgedruckt in *Viet-Nam Witness,* S. 15 bis 21.

kanische Intervention in Vietnam der Versuch, nationale Unabhängigkeit und Würde im Keim zu ersticken.«[12]

Diese Wertung ist meines Erachtens völlig korrekt. Der Versuch ist kläglich gescheitert. Es kann keinem Zweifel unterliegen, daß der Geist der nationalen Unabhängigkeit und Würde unbezwingbar stark ist und daß die Vietnamesen sich anschicken, die Grundlagen für eine moderne Gesellschaft zu legen.
Einen Eindruck von ihren Leistungen auf diesem Gebiet haben mir Gespräche mit vietnamesischen Wissenschaftlern und Intellektuellen vermittelt. Nach einem langen und sehr produktiven Treffen wurde ich gebeten, an der Polytechnischen Universität Vorlesungen über die jüngsten Entwicklungen auf dem Gebiet der Linguistik zu halten, und es war mir vergönnt, vor einer Gruppe von 70 bis 80 Linguisten und Mathematikern einen insgesamt etwa sieben Stunden dauernden Vortrag zu halten. Ihre Arbeit auf diesem doch recht abgelegenen Gebiet der Wissenschaft und Forschung hatte durchaus internationales Niveau. Ich hielt meine Vorlesung annähernd in der gleichen Weise, wie ich dies in Tokio, Oxford oder an der Sorbonne getan hätte. Wegen der kriegsbedingten Unerreichbarkeit der jüngsten Fachveröffentlichungen sind die nordvietnamesischen Forscher zwar mit den neuesten Arbeiten nicht vertraut, doch sie wären, so glaube ich, durchaus in der Lage, diese Lücke schnell zu schließen, sobald dieses Problem überwunden ist – und ihnen dabei zu helfen, es auf sämtlichen Gebieten zu überwinden, dürfte wohl nur ein unverhältnismäßig kleiner Beitrag sein, den Amerikaner angesichts der ziemlich hoffnungslosen Aufgabe leisten könnten, sie für die Zerstörung von vielem, was die Vietnamesen mit bemerkenswertem Erfindungsgeist, mit ungeheurem Fleiß und ungeheurer Tapferkeit geschaffen haben, zu entschädigen. Eines der Mitglieder der Gruppe hatte in Ostberlin

12 Chaliand, S. 68-69.

studiert, einem der herausragenden Zentren linguistischer Forschung in der Welt. Über das hinaus, was er beizusteuern imstande war, machten sie guten Gebrauch von den vorhandenen spärlichen Möglichkeiten. Auch andere Wissenschaftler und Intellektuelle waren außerordentlich interessiert, über den letzten Forschungsstand sowie über das jeweilige Curriculum einiger Zweige des Ausbildungssystems zu diskutieren oder von Fachkollegen zu hören, die sie aufgrund ihres Rufes kannten oder denen sie gelegentlich auf internationalen Konferenzen begegnet waren. Soweit ich beurteilen konnte, waren auch Arbeiten auf einigen Gebieten der Mathematik hervorragend, wenngleich sich auch hier wieder das allgemeine Problem des Zugangs zu den jüngsten Fachpublikationen stellte. Das Problem ist nicht auf technische und wissenschaftliche Gebiete beschränkt. Auch ein Professor für amerikanische Literatur trat an mich heran, um mit mir über die neuesten Veröffentlichungen zu sprechen – seit fünfzehn Jahren war ihm kein amerikanischer Roman zu Gesicht gekommen; insbesondere wollte er von mir gern hören, was Norman Mailer während der letzten Jahre geschrieben habe.

Die Studenten lesen im allgemeinen englische Texte, doch da sie mit der gesprochenen Sprache nur mangelhaft vertraut sind, waren sie nicht imstande, einer Fachvorlesung zu folgen. Die Übersetzer, obwohl ganz ausgezeichnet, wenn es um Diskussionen allgemeineren Inhalts ging, hatten beträchtliche Schwierigkeiten, wenn der Stoff zunehmend technischer und komplexer wurde. Einer versuchte es eine volle Stunde lang und bat schließlich entschuldigend darum, abgelöst zu werden. Noch ein zweiter Dolmetscher bemühte sich redlich, doch die Probleme erwiesen sich als unüberwindlich. Wenn sie ins Schwimmen gerieten, griff ein älterer Mann aus der Zuhörerschaft ein, berichtigte Fehler oder gab Erläuterungen zu Punkten, die nicht klar geworden waren. Offensichtlich konnte er sehr gut folgen und war mit der Materie, die ich hier auszubreiten versuchte, durchaus vertraut. Schließlich nahm er die Angelegenheit selbst in die Hand und übersetzte mehrere Stunden lang ohne Unterbrechung. Ich wurde ihm später vorgestellt. Es war der Minister für das Höhere Bildungswesen in Nordvietnam, Ta Quang Buu, ein Mathematiker von hohem Ansehen, der mir vor einigen Jahren einen Neudruck über mathematische Linguistik zugeschickt hatte, den ich zwar nicht lesen konnte, da er auf Vietnamesisch verfaßt war, der mich jedoch mit einigem, das mir durchaus vertraut vorkam, in nicht geringes Erstaunen versetzte – er enthielt, und dies trotz des verheerenden Luftkrieges, das neueste technische Material. Ich wagte nicht, ihn danach zu fragen, doch ich vermute, daß es sich um denselben Ta Quang Buu handelte, der während des ersten Indochinakrieges General gewesen war. Wir hatten hinterher, sehr zu meiner Enttäuschung, nur für ganz kurze Zeit Gelegenheit, miteinander zu sprechen. Ich möchte glauben, daß es nur sehr wenige Länder gibt, in denen ein Minister für das Höhere Bildungswesen in der Lage gewesen wäre, die Aufgabe zu übernehmen, eine hochspezialisierte Fachvorlesung dieser Art zu übersetzen, oder der auch nur gewillt gewesen wäre, dies zu tun; ebenso beeindruckt war ich von der entspannten Vertraulichkeit des Umgangs innerhalb dieser Gruppe, vom Niveau der Auseinandersetzung und der Diskussion, je weiter wir in der Behandlung des Stoffes voranschritten.

Nach meiner letzten Vorlesung wurden mir einige Geschenke überreicht, unter anderem ein vietnamesisches Wörterbuch, zu dem die Linguisten das Material zusammengetragen und das sie gedruckt hatten, als sie sich während des Luftkrieges in die Berge und Wälder zurückziehen mußten. Mit berechtigtem Stolz bemerkten sie dazu, daß diese Arbeit zu einer Zeit erfolgt war, als die amerikanische Regierung den Versuch machte, sie »in die Steinzeit zurückzuwerfen«. In der Tat bilden die Vietnamesen an der Polytechnischen Universität Wissenschaftler aus, auf die jede Gesellschaft stolz sein könnte.

Zu meiner eigenen Überraschung sah ich mich hier in Hanoi Vorlesungen zu fachwissenschaftlichen Themen halten und

Stunden damit verbringen, im Kreis von Kollegen die neuesten Entwicklungen auf dem Gebiet der Linguistik in den USA zu erörtern. Diese Überraschung ist wohl das Ergebnis meines eigenen Versagens, bedauerliche Voreingenommenheit zu überwinden. Die Vietnamesen widmen sich nicht nur der Sicherung ihrer Unabhängigkeit in einem bitteren Krieg, sondern dem Aufbau einer modernen Gesellschaft mit einer Kultur von hohem Niveau. Wenn man ihnen nur eine geringe Chance gibt, werden sie, dessen bin ich sicher, erfolgreich sein. Für mich war es ein wichtiges persönliches Erlebnis, Gelegenheit erhalten zu haben, mit vietnamesischen Kollegen zusammenzutreffen, das uns gemeinsam Interessierende herauszufinden, von ihrer Arbeit und ihren Plänen zu erfahren.
Präsident Ho Chi Minh schrieb in seinem Testament, daß wenn der Krieg auch noch lange dauere und neue Opfer notwendig mache, »unsere Flüsse, unsere Berge, unsere Menschen doch alles überleben werden«. Mit Atomwaffen könnten die USA diese Hoffnungen zerstören, doch dies einmal ausgeschlossen, bezweifle ich, daß sie den Widerstand der Vietnamesen brechen oder den Völkern Indochinas ihre Marionetten-Regierungen aufzwingen können.
Ich verließ nach diesem kurzen Aufenthalt Südostasien mit zwei alles übrige verdrängenden Eindrücken. Der erste war die unerschöpfliche Ausdauer und Kraft der vietnamesischen Gesellschaft. Es ist denkbar, daß die USA imstande wären, den Willen der Volksbewegungen in den benachbarten Ländern zu brechen, vielleicht sogar durch den Einsatz ihrer gewaltigen Reserven der Zerstörung und des Terrors die Nationale Befreiungsfront Südvietnams zu vernichten. Geschieht dies, dann schaffen sie eine Situation, in der Nordvietnam notwendigerweise die Vorherrschaft in ganz Indochina antreten wird, dies schon allein deshalb, weil keine andere lebensfähige Gesellschaft mehr erhalten sein wird.
Die amerikanische Intervention hat, gleich allen imperialistischen Kriegen, Völker- und Klassenhaß aufgewühlt, Gruppen in Konflikt gestürzt und jeden nur denkbaren Antagonismus

auf die Ebene einer blutigen Auseinandersetzung gehoben. Die Vietnamesen und die Thai, die beiden stärksten und dynamischsten Gesellschaften der gesamten Region, befinden sich praktisch im Kriegszustand. Die kambodschanische Armee hat unter den Vietnamesen ein Massaker angerichtet. Die Meo sind auf die Lao und andere Bergstämme gehetzt worden. Die Thai vertreiben die Angehörigen der Bergstämme aus ihren Heimstätten und fürchten ihrerseits die einheimische Lao-Bevölkerung. Die Thai- und die Saigon-Eliten hecken Pläne aus, Kambodscha unter sich aufzuteilen. Nationalchinesische Truppen kämpfen in den Grenzgebieten. Khmer-Söldner kämpfen, Seite an Seite mit Thais und Südkoreanern, die von den Amerikanern ins Land gebracht wurden, gegen den Vietcong. Die einheimischen Eliten, abhängig vom unablässigen Strom amerikanischer Waren und ansteigender Kriegsausgaben, sind in einen blutigen Krieg gegen die Bauernschaft ihrer Länder verstrickt. Nicht alles ist zwangsläufig eine direkte Folge des amerikanischen Krieges in Indochina, doch es unterliegt keinem Zweifel, daß jeder potentielle Konflikt, jede Form latenter Feindseligkeit im Gefolge der amerikanischen Intervention geschürt worden ist, oftmals planmäßig und durch direkte Manipulation. Selbst wenn die USA Indochina seinen eigenen Völkern überlassen – und es gibt, jedenfalls im Augenblick, keinerlei Anzeichen für eine derartige Absicht –, wird diese Erbschaft des Hasses bleiben, das Zusammenleben der Völker Indochinas vergiften und ihnen alle Hoffnung auf die Schaffung einer menschenwürdigen Zukunft verweigern.

Über Kriegsverbrechen*

»Wir sind keine Richter. Wir sind Zeugen. Unsere Aufgabe besteht darin, vor den Menschen in aller Welt Zeugnis von diesen entsetzlichen Verbrechen abzulegen und die Menschheit auf der Seite des Rechts in Vietnam zu vereinen.«

Mit diesen Worten eröffnete Bertrand Russell im November 1967 die zweite Sitzung des Internationalen Tribunals über Kriegsverbrechen. Dem amerikanischen Volk wurde zu jener Zeit keine Gelegenheit gegeben, Zeugnis von den schrecklichen Verbrechen abzulegen, von denen in den Verhandlungen vor dem Tribunal berichtet wird. Wie Russell in seiner Einleitung zur ersten Ausgabe schreibt, »liegt es im Wesen des Imperialismus, daß die Bürger der imperialistischen Macht stets unter den Letzten sind, die von den Verhältnissen in den Kolonien erfahren – oder sich darum kümmern«. Die Beweise, die das Tribunal vorlegte, wurden durch Selbstzensur der Massenmedien unterdrückt, und seine Verhandlungen, soweit sie publiziert wurden, sind von ihnen kaum angezeigt oder besprochen worden.

Russell schrieb, »daß dieses Buch gerade in den Vereinigten Staaten die tiefgreifendsten Wirkungen haben könnte«. Er brachte seinen Glauben an die im Grunde anständige und redliche Gesinnung des amerikanischen Volkes zum Ausdruck, sein Vertrauen darauf, daß der einfache Mann in einer zivilisierten Weise reagieren werde, wenn man ihn mit den Tatsachen vertraut macht. Es liegt nun an uns, unter Beweis zu stellen, daß dieses Vertrauen gerechtfertigt ist. Russell hoffte, »Bewußtsein zu erzeugen, um auf den selbstgefälligen Straßen Europas und in den selbstgefälligen Städten Nordamerikas den Widerstand der Massen . . . auszulösen«. Inzwi-

* Überarbeitete und erweiterte Fassung der Einleitung zu *Against the Crime of Silence: Proceedings of the Russell International War Crimes Tribunal,* 2nd ed., New York, Simon & Schuster; erscheint in Kürze.

schen gibt es nur noch wenige, die aufrichtig von sich behaupten dürfen, über das Wesen des amerikanischen Krieges in Vietnam im unklaren zu sein. Zum Beispiel gibt es nur wenige, die sich angesichts der »neuen Oradours und Lidices«, die in der Zeugenaussage eines westdeutschen Arztes vor dem Tribunal, der sechs Jahre in Vietnam verbracht hat, beschrieben werden, noch auf Unwissenheit herausreden können. Doch das Bewußtsein müßte den bisher ausgebliebenen Widerstand der Massen erst noch erzeugen. Die Straßen Europas und die Städte Nordamerikas bleiben vorerst selbstgefällig – mit der bezeichnenden und ehrenhaften Ausnahme der studentischen Jugend.

Der Bericht des Tribunals ist ein beredter und dramatischer Appell, die »Untat des Schweigens« zu verdammen. Das Verbrechen machte sich das Schweigen zum Komplizen, mit dem auf die detaillierte Dokumentierung der Schandtaten und die sorgfältige Ermittlungsarbeit reagiert wurde. Obwohl keine ernsthaften Bemühungen unternommen worden sind, sich mit dem der Öffentlichkeit zugänglich gemachten Tatsachenmaterial aus den Verhandlungen des Tribunals auseinanderzusetzen, konnte seine Arbeit doch eine, wenn auch verspätete, Reaktion verbuchen. Das Pentagon wurde immerhin zu dem Eingeständnis gezwungen, daß bei den Angriffen auf Nordvietnam gegen Menschen gerichtete Waffen eingesetzt werden (obgleich es der Versuchung nicht zu widerstehen vermochte, auf die notorische Lüge zurückzugreifen, daß es sich bei den Zielen einzig um Radarstationen und Flugabwehrstellungen gehandelt habe). Die heuchlerische Behauptung, daß die amerikanische Bombenpolitik sich außergewöhnliche Zurückhaltung auferlege, daß ihre Ziele allein »Stahl und Beton« seien, wurde schließlich in einer Weise entlarvt, die keine Beschönigungen und Retuschen mehr zuließ. Ein Funktionär des State Departments, der wegen seiner unablässig verbreiteten Lügen und Täuschungsmanöver hinsichtlich Vietnams längst allgemeine Verachtung genießt, brachte sich dadurch noch mehr ins schlechte Licht, daß er Journalisten darüber aufklärte, ger habe nicht die Absicht, »sich mit einem vierundneunzigjährigen Briten auf kindische Spielchen einzulassen«, womit er sich auf einen der wirklich bedeutenden Menschen des 20. Jahrhunderts bezog. Jene, die es verstanden, sich über das wenige hinaus, das die Massenmedien zu bieten hatten, nach Informationen umzusehen, konnten aus Zeitschriften wie *Liberation,* aus Publikationen wie insbesondere *Le Monde* einiges über die Arbeit des Tribunals erfahren. Die Verhandlungen des Tribunals halfen, gemeinsam mit der im selben Jahr erschienenen Dokumentation *In the Name of America*[1] und der ehrenhaften und mutigen Arbeit vieler aufrechter Kriegsberichter, die von der Regierung oftmals im Zusammenspiel mit den Massenmedien errichteten Schutzwälle niederzureißen, die die Wirklichkeit des Krieges vom Bewußtsein der Allgemeinheit fernhalten sollten.

Obwohl nicht in aller Offenheit darüber unterrichtet wurde, sparte man nicht mit scharfer Kritik am Tribunal. Die Mehrzahl der Anwürfe ist. und dies meines Erachtens sehr überzeugend, in Teil I der Verhandlungen zurückgewiesen worden. Zwei kritische Stellungnahmen allerdings behalten eine gewisse Berechtigung. Die Beteiligten, die »Geschworenen« und die Zeugen, waren zweifellos voreingenommen. Tatsächlich unternahmen sie keinen Versuch, ein Hehl aus dieser ihrer Voreingenommenheit, ihrem tief empfundenen Haß gegenüber Mord und willkürlicher Zerstörung zu machen, die von einem ausländischen Aggressor mit überlegenen technologischen Reserven verübt wurden.

Eine zweite und weniger frivole Kritik, die erhoben werden könnte, könnte lauten, daß die Anklageerhebung in gewissem Sinne überflüssig und zwecklos sei – ein Punkt, der weitaus größere Beachtung verdient.

Das Pentagon wird auf Anfrage gern Informationen wie etwa die über die Menge der insgesamt auf Indochina niedergegangenen Bombenlast geben. Sie beläuft sich von 1965 bis 1969

1 Veröffentlicht von der Vereinigung »Clergy and Laymen Concerned about Vietnam«, Annandale, Va., Turnpike Press, 1968.

auf etwa 4,5 Millionen Tonnen. Das ist das Neunfache der Bombentonnage, die während des Zweiten Weltkrieges über dem gesamten pazifischen Kriegsschauplatz einschließlich Hiroshimas und Nagasakis niedergegangen ist – »mehr als 70 Tonnen Bomben auf jede Quadratmeile vietnamesischen Bodens, im Norden wie im Süden . . . etwa fünfhundert Pfund Bomben für jede Frau, jeden Mann, jedes Kind in Vietnam«.[2] Die »eingesetzten Explosivstoffe« belaufen sich insgesamt, wenn man Bodenangriffe und Beschießungen mit Schiffsartillerie mit berücksichtigt, insgesamt auf mehr als das Doppelte. Allein eine Information wie diese dürfte einen Menschen, der nicht völlig von Sinnen ist, zu der Erkenntnis bringen, daß der Krieg von unsäglicher Grausamkeit ist.

Wenige Wochen vor Eröffnung der zweiten Sitzung des Tribunals schrieben 49 Freiwillige der International Voluntary Services einen offenen Brief an Präsident Johnson, in dem sie den Krieg als eine beispiellose Grausamkeit bezeichneten. Vier der verantwortlichen Leiter legten ihr Amt nieder. Diese Freiwilligen, die viele Jahre lang in Vietnam gearbeitet hatten, zählten zu den wenigen Amerikanern, die einigen menschlichen Kontakt zum vietnamesischen Volk hergestellt hatten. Ihre Aktivitäten und selbst noch ihr Protestbrief verrieten ihren – erstaunlich unkritischen – Glauben an die Legitimität des amerikanischen Vorgehens in Vietnam.[3] In diesem Brief nehmen sie Bezug auf die »Free-Strike-Zones, die Flüchtlinge, das Versprühen von Pflanzenvernichtungsmitteln über ganzen Ernten, Napalm . . . verödete Dörfer, unfruchtbare Täler, Wälder mit riesigen ausradierten Flächen und vor lan-

2 Edward S. Herman, *»Atrocities« in Vietnam: Myths and Realities,* Boston, Pilgrim Press, 1970. In seiner sorgfältigen Untersuchung schätzt Herman die Verluste unter den südvietnamesischen Zivilisten auf über 1 Million Tote und mehr als 2 Millionen Verwundete, er schreibt, daß vor zwei Jahren die Gesamtzahl der hauptsächlich durch die amerikanische Politik der »verbrannten Erde« erzeugten Flüchtlinge vom Kennedy-Komitee des 90. Kongresses auf annähernd 4 Millionen geschätzt wurde.

3 Der Brief erscheint als Anhang in Don Luce und John Sommer, *Vietnam: The Unheard Voices,* Ithaca, N. Y., Cornell University Press, 1969, S. 315 bis 321.

ger Zeit verlassene Reisfelder«. Sie sprechen von Flüchtlingen, die »gewaltsam umgesiedelt, landlos, in abgelegene, öde, in Bettlerkolonien verwandelte Gegenden verschleppt worden sind«; von den »Slums in Saigon, abgesichert zwar, doch von Krankheiten und der Versuchung zum Verbrechen heimgesucht«; von »Flüchtlingen, die nicht durch den Terrorismus der Vietcong erzeugt worden sind, sondern durch eine Kriegspolitik, eine amerikanische Politik« – ein Vorgang, der von zynischen amerikanischen »Wissenschaftlern« als »Urbanisierung« oder »Modernisierung« beschrieben worden ist. Experten der Pazifizierung (»Friedensforscher«, wie die bevorzugte Bezeichnung lautet) versichern uns, daß »die einzige Beziehung [in der wir die Gesellschaft Vietnams zerstört haben] ... genau jene Beziehung ist, in der jedes zur Modernisierung entschlossene Land sich seines reaktionären Traditionalismus entledigen muß«.[4] Die Methoden der »Urbanisierung«, mit denen wir die Modernisierung Vietnams vorangetrieben haben, werden zum Beispiel von Orville und Jonathan Schell folgendermaßen beschrieben:

> »Wir verbrachten beide einige Wochen in Quang Ngai ungefähr sechs Monate vor dem [Song My-] Zwischenfall. Täglich flogen wir mit den Maschinen der F.A.C. (Forward Air Control). Was sich unseren Blicken bot, war eine völlig zerstörte Provinz. Im August 1967, während der Operation Benton, füllten sich die ›Pazifizierungs‹-Lager derart, daß man den Armee-Einheiten den Befehl gab, keine weiteren Flüchtlinge mehr zu ›erzeugen‹. Die Armee folgte dieser Order. Doch die Operationen des Aufstöberns und Vernichtens liefen weiter. Nur wurden jetzt die Bauern nicht mehr gewarnt, sobald ein Luftangriff auf ihr Dorf angeordnet worden war. Sie wurden in ihren Dörfern kurzerhand getötet, weil in den überfüllten Pazifizierungs-Lagern kein Platz mehr für sie war. Die sonst üblichen Vorwarnungen aus Lautsprechern, vom Hubschrauber aus,

4 Ithiel Pool, in: *New York Review,* Brief vom 13. Februar 1969.

oder durch Flugblätter wurden nun eingestellt. Jeder Zivilist, der sich am Boden zeigte, wurde von den Piloten einfach kraft der Tatsache, daß er in Quang Ngai lebte – einer Provinz, die zum großen Teil zur ›Freien Feuerzone‹ erklärt worden war – als Feind betrachtet. Piloten, ihren Dienst ableistende Männer wie Calley und Mitchell, führten weiterhin nur ihre Befehle aus. Dorf auf Dorf wurde aus der Luft zerstört, als ein Stück de facto-Politik. Luftangriffe auf Zivilisten wurden zur Routine-Angelegenheit. Es geschah unter der Decke stillschweigender offizieller Duldung, daß sich die Zerstörung des Landes und seiner Menschen vollziehen, daß sich das Massaker von Song My ereignen konnte. Derartige Scheußlichkeiten waren und sind die logische Konsequenz eines Krieges, der sich gegen einen sich vom Volk nicht zu unterscheidenden Feind richtet.«[5]

An anderer Stelle zitiert Orville Schell einen *Newsweek*-Korrespondenten, der gerade aus der Provinz Quang Ngai zurückgekehrt war: »Auf der Grundlage von Erfahrungen, die er in Europa während des Zweiten Weltkrieges gemacht hatte, stellte er vergleichend fest, daß das, was er gesehen habe, ›weitaus schlimmer ist als alles, was die Nazis Europa angetan haben‹.« Schell fügt hinzu: »Hat er nun in diesem Sinne seinen Bericht abgefaßt? Nein.«[6]
Vietnamesisch sprechende, im Hilfsdienst tätige Mitglieder des American Friends Service Committee beschreiben die jüngsten Stadien der Modernisierung, wie sie sich vom Boden her ausnimmt:

»Bei einer solchen Räumungsaktion, während der Operation Bold Mariner im Januar 1969, wurden 12 000 Bauern von der Batangan-Halbinsel in ein Lager ohne Wasserver-

5 Brief in der *New York Times* vom 26. November 1969. Die Kriegführung in den Provinzen Quang Ngai und Quang Tin ist mit unauslöschlich sich einprägenden Einzelheiten von Jonathan Schell beschrieben worden, vgl. *The Military Half,* New York, Vintage Books, 1968.
6 »Pop Me Some Dinks«, in: *New Republic* vom 3. Januar 1970.

sorgung nahe Quang Ngai verfrachtet, über dessen bewachtem Lagertor zu lesen stand: ›Wir danken Euch für unsere Befreiung vom kommunistischen Terror‹. Diesen Menschen hatte man eine Stunde Frist gegeben, die Gegend zu verlassen, bevor die USS New Jersey ihre Behausungen zu beschießen begann. Nach acht Wochen Gefangenschaft wurden sie schließlich dorthin zurückgebracht, wo die Reste ihrer Dörfer standen, und man drückte ihnen ein paar Stücke Wellblech mit der Empfehlung in die Hand, nun selbst zuzusehen, wie sie sich durchs Leben schlagen könnten. Auf die Frage, wovon sie bis zur neuen Ernte leben sollten, gab der vietnamesische Lagerkommandant zur Antwort: ›Naja, vielleicht können sie angeln‹.«[7]

Berichte von Beobachtern aus dem Westen behandeln weitgehend nur Gebiete, die mehr oder weniger der amerikanischen Kontrolle unterstehen. Über die heftigsten Angriffe erscheinen daher im Westen keinerlei Berichte. Wir besitzen allerdings vietnamesische Darstellungen, denen man jetzt, da der Zwischenfall von Song My, den sie zum Zeitpunkt des Geschehens mit großer Genauigkeit geschildert haben, nun endlich doch veröffentlicht worden ist, vielleicht größere Glaubwürdigkeit als bisher einzuräumen gewillt sein wird. Um hier nur einen solchen Bericht herauszugreifen:

»Am Abend des 24. Oktober [1969] flogen in der Provinz Trang Bang B-52-Verbände drei Angriffe, bei denen 47 Menschen getötet und zahlreiche andere Personen (zumeist Kinder und alte Leute) verwundet, 450 Häuser völlig dem Erdboden gleichgemacht und 650 Hektar Anbaufläche verwüstet wurden. In der Nacht zum 25. Oktober flogen B-52-Bomber 9 Angriffe in den Provinzen Quang Tri und Quang Nam, wobei mehr als 1000 Tonnen Bomben abgeworfen wurden, durch die 300 Menschen getötet, weitere 236 verwundet, 564 Häuser in Brand gesetzt und Hunderte

7 *Vietnam: 1969,* AFSC-Weißbuch vom 5. Mai 1969, 160 North 15th Street, Philadelphia, Pa. 19102.

von Hektar Ackerland und Obstkulturen zerstört wurden. In Pleiku, einer sehr fruchtbaren Region, näherten sich in den Morgenstunden des 17. Oktober zahlreiche B-52-Verbände und warfen 700 Tonnen Bomben ab, die auf Hunderten von Hektar Nutzfläche und Obstplantagen Verwüstungen anrichteten ...
Im Gebiet von Nui Ba und im Umkreis der Dörfer Ninh Thanh, Hiep Ninh Thanh und Hiep Ninh, in der Angehörige der Glaubensgemeinschaft Tay Ninh Cao Dai leben, setzten die US-Marionetten giftige Chemikalien zur Zerstörung von Ernten und zur Vernichtung von Menschenleben ein. Amerikanische Hovercrafts entluden Zehntausende von CS-Kanistern, während Hubschrauber Hunderttausende von Bomben mit Giftstoffen über den Dörfern abwarfen. Darüber hinaus wurden aus Kanonen und Granatwerfern des Feindes über 5000 Gasgranaten gegen mehr als 1000 Menschen eingesetzt, bei denen 13 Kinder unter 13 Jahren (aus den Dörfern Ninh Thanh und Hiep Ninh) getötet und mehr als hundert Hektar Ernteland vernichtet wurden.«[8]

Und so geht die Aufzählung endlos weiter.
Diese Tatsachen sind den höchsten Dienststellen in den Vereinigten Staaten in groben Umrissen vertraut. Der Untersekretär der Air Force, Townsend Hoopes, schrieb im März 1968 ein Memorandum, in dem er folgendes hervorhob:

»ARVN- und US-Streitkräfte in den Großstädten und Kreisstädten beantworten das Mörserfeuer aus nahe gelegenen Dörfern jetzt mit dem unbeschränkten Einsatz von Artillerie und Kampfflugzeugen. Diese Reaktion ruft Zerstörungen im weitesten Umkreis hervor und fordert schwere Verluste an Menschenleben unter der Zivilbevölkerung – unter Menschen, die man nur wenige Wochen zuvor noch

8 *South Viet Nam: The Struggle,* Veröffentlichung der NLF-Informationskommission, No. 48, vom 15. November 1969.

als ›sichere Elemente‹ im Machtbereich der RVN [Regierung Südvietnams] ansah...
Dem gegenwärtigen Vorgehen und dem Tempo der Operationen in Südvietnam fallen bereits Städte, Dörfer und Ernten zum Opfer, und unter der Zivilbevölkerung werden Verluste in ständig steigender Zahl verursacht.«[9]

Hoopes beschreibt, wie grausam die Amerikaner auf die Eroberung vieler Städte durch die Nationale Befreiungsfront während der Tet-Offensive vom Januar 1968 reagierten, beispielsweise in Saigon, wo bei dem Versuch, die 1000 Soldaten zu vertreiben, die die Stadt eingenommen hatten, »wiederholt Artilleriebeschuß und Luftangriffe gegen dicht besiedelte Stadtgebiete zum Einsatz kamen, die schwere Verluste unter den Zivilisten forderten«, oder in Hue, wo die amerikanische Wiedereroberung eine »verwüstete und zerschmetterte Stadt« zurückließ. »Achtzig Prozent aller Gebäude waren dabei in Schutt und Asche gelegt worden, und unter den Ruinen lagen 2000 getötete Zivilisten[10] ... Drei Viertel der Stadtbevölke-

9 *The Limits of Intervention.* New York, David Mckay & Co., S. 189.
10 Die NLF behauptet, daß 2000 Opfer des amerikanischen Bombardements in Massengräbern verscharrt worden seien (vgl. Wilfred Burchett, in: *Manchester Guardian* vom 6. Dez. 1969). Dies deckt sich mit Hoopes' Darstellung. Hoopes stellt fest, daß nach zehntägigen Kämpfen 300 städtische Beamte und prominente Bürger in einem Massengrab gefunden worden seien. Das entspricht etwa der Schätzung des Polizeichefs Doan Cong Lap, der die Gesamtzahl der Hingerichteten mit 200 angibt, darüber hinaus nennt er als Verlustziffer für die Zivilbevölkerung die Zahl von 3776 (Stuart Harris, *The Times* (London) vom 27. März 1968). Außer Harris kenne ich nur noch einen einzigen Journalisten, der zu dieser Zeit einen ausführlichen Augenzeugenbericht gegeben hat, nämlich Marc Riboud. Hochgestellte Beamte der Vereinigten Staaten waren nicht in der Lage, ihm die Massengräber zu zeigen, von denen aus der US-Botschaft berichtet worden war. Riboud nennt die Zahl von 4000 Zivilisten, die während der Rückeroberung der »geschändeten, gemordeten Stadt« Hue getötet worden sein sollen (*Le Monde* vom 13. April 1968). Angehörige des American Friends Service Committee in Hue sahen sich außerstande, die Berichte über Massengräber zu bestätigen, wenngleich auch sie von vielen erschossenen und getöteten Zivilisten berichten, die der Wiedereroberung der Stdt zum Opfer gefallen sind (vgl. den Bericht John Sullivans, Mitglied des AFSC, vom 9. Mai 1968). Über den Versuch einer Beurteilung der amerikanischen Regierungspropaganda zu Massentötungen in Hue

rung wurden obdachlos, und Plünderungen waren an der Tagesordnung, wobei Angehörige der ARVN sich in besonders unrühmlicher Weise hervortaten.« Sämtliche Berichte über die Geschehnisse sind fast gleichlautend:

»Überall leiteten die USA-ARVN-Streitkräfte schwere Gegenangriffe ein. Im Delta-Gebiet unterhalb Saigons wurde die Stadt Mytho mit einer Bevölkerung von 70 000 Menschen durch Artilleriefeuer und Luftangriffe bei dem Versuch, Truppen des Vietcong aus der Stadt zu vertreiben, zur Hälfte zerstört. In Ben Tre wurden am 7. Februar mindestens 1000 Zivilisten getötet und weitere 1500 im Zuge des Versuchs verwundet, 2500 Vietcong zum Abzug aus der Stadt zu zwingen.«[11]

Bemerkungen Hoopes' zufolge war der Kriegsbildberichter David Douglas Duncan, der auf Erfahrungen im Zweiten Weltkrieg, in Korea, Algerien und dem französischen Indochinakrieg zurückblicken kann, »bestürzt und abgestoßen von den Methoden der USA-ARVN bei der Befreiung Hues«. Er gibt seine Äußerungen wie folgt wieder:

»Die Amerikaner legten die Zitadelle und das umliegende Stadtgebiet durch Luftangriffe, Napalm-Abwürfe, den Einsatz von Artillerie und Schiffsgeschützen und den direkten Beschuß mit Panzerkanonen und rückstoßfreien Gewehren in Schutt und Asche – bei dem totalen Versuch, jeden feindlichen Soldaten aus der Deckung zu treiben und zu töten. Das menschliche Fassungsvermögen sträubt sich

vgl. D. Gareth Porter und Len E. Ackland, *Vietnam: The Bloodbath Argument,* in: *Christian Century* vom 5. November 1969; *Vietnam International* vom Dezember 1969, 6 Endsleigh Street, London W. C. 1; Tran Van Dinh, *Fear of a Bloodbath,* in: *New Republic* vom 6. Dezember 1969. Die einzigen anderen Darstellungen, die ich zu Gesicht bekommen habe, geben lediglich Informationen weiter, die von amerikanischen Regierungsstellen verbreitet worden sind.

11 Hoopes, a.a.O., S. 141.

angesichts all diesen Blutvergießens, der Kosten und der skrupellosen Brutalität.«[12]

Hoopes berichtet ferner, daß von den 1000 Mann nordvietnamesischer Truppen, die Hue an einem Tag eingenommen hatten, eine »beträchtliche Anzahl« entkommen konnte. Man vergleiche damit die oben zitierten Verlustziffern.

Diese Ereignisse geschahen zu spät, als daß das Tribunal sie noch hätte berücksichtigen können. Ich brauche wohl nicht im einzelnen auszuführen, was seither aufgedeckt worden ist. Einige Hinweise finden sich in den voraufgegangenen Kapiteln. Noch weitaus mehr ist in der Untersuchung von Edward Herman nachzulesen, auf die ich in Anmerkung 2 verwiesen habe.

Ich habe all dies im Zusammenhang mit der vorhin aufgeworfenen Frage erwähnt, ob es heute notwendig sei, die eindringlichen Berichte des Tribunals zu veröffentlichen. Ist es etwa nicht wahr, daß der monströse Charakter des Krieges inzwischen so tief in das amerikanische Bewußtsein gedrungen ist, daß jede weitere Dokumentation überflüssig erscheinen muß? Leider muß diese Frage negativ beantwortet werden. Um zu erkennen, warum dies so ist, führe man sich nochmals den Fall des Townsend Hoopes vor Augen, der heute eine führende Persönlichkeit bei den »Tauben« ist. Ein Rezensent seines Buches beschreibt das in der *New York Times* als das wohl überzeugendste Plädoyer für einen amerikanischen Abzug aus Vietnam. Es ist aufschlußreich, seine Haltung mit der der »Falken« auf der einen und der des Tribunals auf der anderen Seite zu vergleichen. Ein solcher Vergleich vermag zu zeigen, wie schmal die Kluft zwischen Falken und Tauben in Wirklichkeit ist und wie weit sowohl die Einstellung der Tauben wie die der Falken von jenem Bewußtsein entfernt ist, das Russell durch den Tatsachenbericht sowie durch die historische und juristische Beweisführung des Tribunals aufzuschrecken gehofft hatte. Ich möchte hervorheben, daß Hoopes

12 Ebda, S. 142.

noch zu den menschlichsten und vorurteilslosesten Stimmen gehört, die sich gegenwärtig in der Hauptströmung der öffentlichen Meinung Amerikas Gehör verschaffen, ganz gewiß aber innerhalb des Kreises jener, die beim Planen und bei der Durchführung der Politik eine bedeutende Rolle gespielt haben. Aus diesem Grunde sind seine Auffassungen wichtig und verdienen es, einer sorgfältigen Prüfung unterzogen zu werden.

In der ersten Zeit bestand, so beschreibt es Hoopes, unser strategisches Konzept darin, durch Artillerie und Luftangriffe so viele Vietcong wie möglich zu töten:

> »Noch im Herbst 1966 ... umgab eine gewisse Aura des Optimismus diese Strategie. Einige waren bereit, daran zu glauben, daß die amerikanischen Streitkräfte mit ihrer unvergleichlichen Mobilität und massiven Feuerkraft die militärische Antwort auf das unerschöpfliche asiatische Reservoir an Menschen und ihre orientalische Gleichgültigkeit gegenüber dem Tode gefunden hätten. Während weniger Wochen lag in der erwartungsfrohen Washingtoner Luft die berauschende Aussicht darauf, daß die modernste, mobilste professionelle amerikanische Streitmacht in der gesamten Geschichte der Nation nunmehr darangehe, ein für allemal mit dem ehrwürdigen Aberglauben und den nagenden Befürchtungen der Militärplaner aufzuräumen, daß ein großer Landkrieg gegen asiatische Horden für jede Armee des Westens ein verhängnisvoller Sprung in bodenlosen Treibsand sein müsse.«[13]

Doch diese siegesgewissen Hoffnungen wurden sehr bald zunichte. Die unerschöpflichen Menschenreserven Vietnams, die asiatischen Horden mit ihrem orientalischen Gleichmut gegenüber dem Tod brachten unsere Strategie ernstlich aus dem Gleichgewicht. Und auch die Bombardierung Nordvietnams trug nur wenig ein, wie in Anbetracht der Natur dieses

13 Ebda, S. 64.

Feindes nicht anders zu erwarten gewesen war. Wie Hoopes hierzu mit den Worten eines ranghohen Militärs ausführt: »Kaukasier machen sich keine rechte Vorstellung davon, was die Arbeit von Ameisen zu vollbringen vermag.« Kurzum, unsere Strategie war im Grunde rational, doch ihr Erfolg setzte die Gültigkeit westlicher Wertvorstellungen voraus:

> »Wir sind überzeugt, daß der Feind gezwungen werden kann, ›vernünftig‹ zu sein, d. h. Kompromisse zu schließen oder sogar zu kapitulieren, weil wir von der Annahme ausgehen, daß er Schmerz vermeiden, Tod und materieller Zerstörung entgehen will. Wir setzen voraus, daß er, setzt man ihn jener Unbill in zunehmendem Maße aus, irgendwann im Laufe dieses Prozesses an einen Punkt gelangt, von dem an er den Wunsch haben wird, das Leiden zu beenden. Unsere Strategie ist plausibel – für jene, die reich sind, das Leben lieben und den Tod fürchten. Doch Glück, Wohlstand und Macht sind sämtlich Erwartungen, die eine jenseits des Erfahrungshorizontes und wahrscheinlich auch jenseits des emotionalen Fassungsvermögens der Armen in Asien liegende Dimension eröffnen.«[14]

Hoopes klärt uns nicht darüber auf, wie er zu der Erkenntnis gelangt ist, daß die Armen Asiens das Leben nicht lieben oder den Schmerz nicht fürchten oder daß Glückserfahrungen wahrscheinlich weit über ihr emotionales Fassungsvermögen hinausgehen.[15] Doch er setzt seine Ausführungen mit Beobachtungen darüber fort, wie die »Ideologien in Asien« von diesen Eigenschaften der asiatischen Horden Gebrauch machen. Ihre Strategie ist es, »Asiens grenzenlose Leidensfähigkeit in ein Instrument umzuwandeln, mit dem eine in seinen Prinzipien wurzelnde Verletzlichkeit des christlichen Westens

14 Ebda, S. 79, 128–129.

15 Das ist in gewisser Weise zutreffend. Allerdings bietet er eine allzu flüchtige Interpretation buddhistischer Glaubenssätze, die angeblich darauf abzielen, »die Bereitschaft zur Hinnahme eines ehrenvollen Todes zu erzeugen«.

ausgebeutet werden kann«. Sie tun dies, indem sie den Westen dazu einladen, »seine strategische Logik bis zur letzten Konsequenz zu treiben: dem Genozid«. Die Asiaten bekämpfen uns danach »mit ihrer Bereitschaft zu kämpfen, zu leiden und zu sterben, und dies in einem Ausmaß, das uns über die Grenzen des Menschlichen hinauszugehen scheint ... An diesem Punkt halten wir ein, denn in der Erinnerung an Hitler und Hiroshima und Nagasaki wird uns schlagartig bewußt, daß der Genozid eine schreckliche Bürde ist, an der man viel zu schwer trägt«.

Daher also beuten die asiatischen Horden mit ihrer Todesbereitschaft, die das Leben nicht lieben, die keinen Schmerz fürchten und keine Vorstellung vom Glück haben, unsere eine grundlegende Schwäche aus – unsere christlichen Werte, die uns zögern lassen, die Last des Genozids zu tragen, jene letzte Konsequenz unserer strategischen Logik. Ist es wirklich möglich, diese Sätze zu lesen, ohne von ihrer Roheit und Gefühllosigkeit betroffen zu sein?

James Thomson, Ostasien-Spezialist des Außenministeriums und des Weißen Hauses zwischen 1961 und 1966, schrieb von einem

> »ungreifbaren Faktor, der sich mit kalter, bürokratischer Gleichgültigkeit verbindet: dem Ingrediens von *Kryptorassismus.* Ich will damit nicht sagen, daß auf seiten Washingtoner Beamten der Verlust von Menschenleben dann gering geachtet würde, wenn es sich um Asiaten handelt. Aber ich möchte unumwunden unterstellen, daß bürokratische Gleichgültigkeit sich sehr wohl mit dem traditionellen Gefühl im Westen vermischen mag, daß es doch immerhin sehr viele Asiaten gebe, daß Asiaten Fatalisten sind und sie dem Verlust ihres Lebens mit Gleichmut begegnen, daß sie gegenüber ihren eigenen Völkern grausam und barbarisch handeln, und daß sie, alles in allem, doch sehr verschieden von uns sind (und alle sehen gleich aus, nicht wahr?). Und ich will damit sagen, daß man sich als Ergebnis solcher

> unterschwelligen Auffassungen wohl unbewußt die Frage vorlegt, ob nicht Asiaten, und hier insbesondere asiatische Bauern und ganz besonders asiatische Kommunisten, wirklich Menschen sind – wie du und ich. Noch anders ausgedrückt: Würden wir wohl dieselbe Politik verfolgt haben – und genau dieselben militärischen Taktiken – wenn die Vietnamesen Weiße wären?«[16]

Führen wir diese Überlegungen noch etwas weiter. Als die Air-Force-Führung einsehen mußte, daß unsere Strategie, so überaus plausibel, dennoch zum Scheitern verurteilt war, arbeitete sie einige Alternativ-Strategien aus, die im März 1968 dem neuen Verteidigungsminister Clark Clifford vorgelegt wurden. Der Air Staff gab nun folgenden Taktiken den Vorzug:

> »einer Intensivierung des Bombenkrieges gegen den Norden, einschließlich Angriffen gegen das Hafengebiet von Haiphong, ferner auf Schienenwege in der chinesischen Pufferzone und auf das Deich-System, das für die Bewässerung der Landwirtschaft Nordvietnams lebenswichtig ist.«[17]

Doch Hoopes und Air Force-Sekretär Harold Brown erhoben Einwände. Warum? Sie vermuteten, »daß dadurch nicht die Gewähr gegeben sei, daß einzig durch eine derartige Kriegführung Nordvietnam gezwungen werden könnte, an den Konferenztisch zurückzukehren oder seine Kriegsanstrengung in erheblichem Maße einzuschränken«; darüber hinaus »wäre dies ein Kurs, der überaus große Risiken einer Konfrontation mit Rußland in sich birgt«. Wenn noch andere Einwände gegen ein intensiviertes Bombardement des Deich-

16 James C. Thomson, Jr., *How could Vietnam Happen?*, in: Robert Manning und Michael Janeway (Hrsg.), *Who We Are: An Atlantic Chronicle of the United States and Vietnam 1966-1969.* Boston, Little, Brown and Co., 1969, S. 206; Abdruck aus dem *Atlantic Monthly* vom April 1968.
17 Hoopes, a.a.O., S. 176.

Systems von Nordvietnam vorgebracht sein sollten, so macht Hoopes uns jedenfalls keine Mitteilung davon.[18] Hoopes selber bevorzugte die folgenden taktischen Varianten:

»eine Kriegführung, die geeignet ist, durch taktische Lufteinsätze zu einem großen Teil die Operationen des Aufspürens und Vernichtens, die erst kürzlich von Bodentruppen durchgeführt worden sind, zu ersetzen, wodurch den Bodentruppen gestattet wäre, sich in einem Verteidigungsring um die dichtbesiedelten Gebiete zu konzentrieren ... die Analyse schien anschaulich zu machen, daß taktische Luftstreitkräfte einen wirkungsvollen ›linken Haken‹ landen könnten, durch den der Feind im Süden aus dem Gleichgewicht gebracht werden würde, während die US-ARVN-Bodentruppen sich einer modifizierten Enklaven-Strategie bedienen könnten, bei der in ausreichendem Maße kombinierte Aufklärungs- und Kampfeinheiten zum Einsatz gelangen müssen, die Kampfhandlungen bereits im Ansatz erkennen und im Keim ersticken können, wobei dieser Strategie jedoch hauptsächlich die Funktion zufallen muß, das vietnamesische Volk zu schützen und durch geeignete Maßnahmen der Bevölkerungskontrolle die politischen Kader des Vietcong zu zwingen, aus der Deckung hervorzukommen.«[19]

Wie wir aus anderen Quellen wissen, sollten die solcherart »aus der Deckung« gelockten politischen Vietcong-Kader

18 Wie Gabriel Kolko in seiner vor dem Russell-Tribunal gemachten Aussage hervorgehoben hat, galt seinerzeit die barbarische Maßnahme Seyss-Inquarts, in Holland die Deiche zu fluten, als das verabscheuungswürdigste Verbrechen des Zweiten Weltkrieges; sie war einer der Hauptanklagepunkte, der in Nürnberg sein Todesurteil besiegelte. Vgl. auch Kolkos Ausführungen über die verbrecherische Bombardierung von Deichanlagen im Koreakrieg sowie die Aussagen über das amerikanische Bombardement der Deiche in Nordvietnam. Augenzeugenberichte über die Bombardierung von Deichen im Delta des Roten Flusses sind vereinzelt in der amerikanischen Presse erschienen. Vgl. *Christian Science Monitor* vom 8. September 1967, zitiert in meinem Buch *Amerika und die neuen Mandarine.*

19 Hoopes, a.a.O., S. 176-177.

durch die »Operation Phönix« vernichtet werden, bei der, so wird behauptet, »im Jahre 1968 18 393 Personen getötet worden sind«.[20]

D. Gareth Porter, Absolvent der Cornell Universität und Südostasienkundler, gelangte zu der Erkenntnis, daß das Phönix-Programm für den Tod oder die Gefangennahme von 35 000 Menschen verantwortlich sei: »Bei der Mehrzahl der Gefangenen handelt es sich bloß um Propagandaleute der unteren Ränge, kleine Agenten und andere, die in der Rangordnung der NLF nur den Status von Teilzeitkräften einnehmen.«[21] Er schließt seinen Aufsatz mit den folgenden Abschnitten:

> »Das Signifikanteste an diesem Programm besteht darin, daß man von den Polizeibeamten in der Provinz monatlich die Erfüllung bestimmter Normen bei der Eliminierung feindlicher ›Kader‹ erwartet, obwohl im offiziellen Sprachgebrauch lieber von ›Zielen‹ als von Normen gesprochen wird. Genau wie bei der ›antikommunistischen Denunziationskampagne‹ und beim Wehrdörfer-Programm fallen die Beamten bei der Regierung in Ungnade, denen es nicht gelingt, ihr Soll zu erfüllen; die aber, die Ergebnisse

20 Vgl. Senator Charles E. Goodell, *New Republic* vom 22. November 1969, zitiert bei Herman, a.a.O., ebenso Judith Coburn und Geoffrey Cowan, *Training for Terror: A Deliberate Policy?*, in: *Village Voice* vom 11. Dezember 1969. Über »Maßnahmen der Bevölkerungskontrolle« vgl. William Nighswonger, *Rural Pacification in Vietnam.* New York, Praeger Special Studies, Frederick A. Praeger, 1967. Weitere Ausführungen auch in meinem Buch *Amerika und die neuen Mandarine;* zu ähnlichen Vorgängen zur Zeit der japanischen Besetzung der Mandschurei, ebda. Die exakten Zahlenangaben über die bei der »Operation Phönix« »Neutralisierten« weichen in den verfügbaren Publikationen ganz erheblich voneinander ab. William Colby, Hauptverantwortlicher für das Pazifierungs-Programm in Saigon, behauptet, daß 1969 6187 Vietcong getötet, 8515 gefangengenommen (über ihr weiteres Schicksal ist nichts bekannt) und 4832 der Regierung übergeben wurden. Das Senate Foreign Relations Committee stellte am 2. Februar 1970 fest, daß 1968 15 000 Vietcong der Infrastruktur (d. h. Zivilisten) neutralisiert worden sind, und während der ersten zehn Monate des Jahres 1969 eine noch weitaus höhere Zahl (vgl. Herman, a.a.O.).

21 *Saigon's Secret Police,* in: *The Nation* vom 27. April 1970.

vorweisen können, werden befördert. Daher bedient man sich bei der Erfüllung der Normen gewöhnlich solcher Methoden, die für die Polizei bereits zur Routine geworden sind. Opfer sind die Menschen Südvietnams, die unter einer weiteren Verschärfung des Terrors zu leiden haben, den sie mit der Polizei in Verbindung zu bringen inzwischen gewohnt sind.
Diese totalitäre Maschinerie der willkürlichen Verhaftungen und polizeilichen Bespitzelung, die die Vereinigten Staaten durch Geld und Beratung mitgestalten halfen, werden so lange nicht abgebaut werden, wie es der Nixon-Regierung gelingt, das gegenwärtige Militärregime an der Macht zu halten. Jene Männer, die durch die amerikanische Intervention in Amt und Würden eingesetzt wurden, sind offenherzig genug, zu erklären, daß die Fassade scheindemokratischer Institutionen lediglich dazu gedacht ist, den Amerikanern Sand in die Augen zu streuen. Vielleicht wird dieser Polizeistaat zu einem jener vielen Vermächtnisse, die Amerika dem vietnamesischen Volk hinterläßt.«

Len Ackland, früherer Mitarbeiter der IVS in Südvietnam und später Teamleiter einer Forschungsgruppe der RAND-Corporation in Vietnam, äußert sich folgendermaßen über das Phönix-Programm:

»Dies alles bedeutet nichts anderes, als daß Zivilisten ermordet wurden – Menschen, die einer politischen Partei, der Nationalen Befreiungsfront, als Steuereinnehmer, Schreiber, Postbote usw. dienen. Diese Politik findet ihr Gegenstück in dem von Regierungsseite gedeckten Totschlag Andersdenkender im Internal Revenue Service, von ›jugendlichen Straftätern‹ des Moratorium Committee oder des Democratic National Committee.«[22]

22 *The Peace Times,* Veröffentlichung des Vietnam Moratorium Committee vom 7. März 1970.

Wer dem entgegenhält, daß es immerhin einen Bürgerkrieg in Südvietnam gebe (genauer gesagt: gegeben hat), sollte daran erinnert werden, daß die Vietminh (zugegebenermaßen in naiver Weise) die Bedingungen des politischen Kampfes nach dem Genfer Abkommen akzeptierten, bis sie von der südvietnamesischen Regierung und den Vereinigten Staaten dazu gezwungen wurden, »Gegengewalt anzuwenden, um zu überleben«, wie der amerikanische Regierungsexperte Douglas Pike gesagt hat.[23]

Um noch einmal auf Hoopes zurückzukommen: In einem Brief vom 13. Februar 1968 an Clark Clifford erläutert er seine Vorschläge mit Worten, die den weiter oben zitierten ähneln (Seite 222). Wir sollten, so mahnt er, die militärisch sinnlose Bombardierung Nordvietnams einstellen und eine weniger ehrgeizige Boden-Strategie im Süden zur Anwendung bringen, mit der wir lediglich die Absicht verbinden, die dichtbevölkerten Gebiete zu kontrollieren (in der Fachsprache heißt das allerdings: »schützen«). Diese Politik

> »würde uns eine bessere Chance geben, in einem fest umgrenzten geographischen Gebiet Südvietnams politische und ökonomische Stabilität zu entwickeln; durch nachlassende Intensität unserer Kriegsanstrengungen *könnte in ganz erheblichem Maße die Aussicht darauf verbessert werden, daß wir für eine weitere Zahl von Jahren unablässiger Bemühungen unseren Kurs halten, ohne unsere eigene Gesellschaft einer Zerreißprobe auszusetzen ...*«[24]

Man vergleiche einmal diese Empfehlungen mit der Taktik, die heute von der Nixon-Regierung verfolgt wird. Der für die Armee zuständige Sekretär Stanley Resor weigerte sich in einer Anhörung vor dem House Appropriations Committee[25],

23 Bezeichnende Aussprüche Pikes finden sich in meinem Buch *Amerika und die neuen Mandarine.*

24 Hoopes, a.a.O., S. 154-155. Hervorhebungen von mir.

25 8. Oktober 1969, freigegeben am 2. Dezember. Zitiert nach *I. F. Stone's Weekly* vom 15. Dezember 1969.

eine Vorhersage darüber zu treffen, wie lange der Krieg noch dauern werde, doch er sieht immerhin schon ab, daß »die Zeit auf unserer Seite abläuft«:

> »Wenn wir uns daher in den USA durch den periodischen Truppenabbau nur ein wenig Zeit erkaufen können und das amerikanische Volk noch ein wenig seine Geduld und Entschlossenheit bewahrt, dann glaube ich, daß wir diese Angelegenheit erfolgreich zum Abschluß bringen können.«

Zu diesen Bemerkungen erklärte General Westmoreland ergänzend: »Ich habe niemals vorhergesagt, daß dies etwas anderes als ein sehr langer Krieg werden würde.« Demgemäß erklärt auch der gegenwärtige Sekretär für Heeresangelegenheiten seine volle Übereinstimmung mit den Ausführungen von Hoopes, und zwar in einem Brief vom Februar 1968, worin er feststellt, daß wir in der Lage sein könnten, für »eine weitere Zahl von Jahren nicht nachlassender Bemühungen« den Kurs zu halten, wenn das amerikanische Volk nur einwilligt, wenn diese Politik unsere eigene Gesellschaft keiner Zerreißprobe aussetzt. Und eben dieser Einschätzung widerspricht Mr. Hoopes dann schließlich doch noch:

> »Vietnam ist natürlich nicht die einzige Ursache der Gespaltenheit im heutigen Amerika, doch Vietnam ist das beherrschendste Problem, das die gegenwärtigen Unzufriedenheiten weitgehend bestimmt, die katalysierende Triebkraft, die alle anderen Fragen, bei denen abweichende Meinungen bestehen, vergrößert und mit Emotionen aufheizt. Insbesondere kann es zu keinem wirklichen Waffenstillstand zwischen den Generationen kommen – kein Ende der Bitternis und Entfremdung der großen Mehrheit unserer Jugend geben, die weder revolutionär noch verantwortungslos ist – solange nicht in Vietnam ein Ende gemacht wird.«[26]

26 a.a.O., S. 236.

Das ist der Hauptgrund dafür, daß er auf einen Abzug aus Vietnam drängt.
Ich will nicht behaupten, daß die Bandbreite von Hoopes bis Resor das ganze Spektrum der gegenwärtigen Auseinandersetzung über Vietnam einfängt, doch ist kaum zu bezweifeln, daß sie das sehr präzise Spektrum all jener Auffassungen und Stellungnahmen sichtbar macht, die innerhalb der Hauptströmung der »verantwortlichen« Meinung Amerikas zum Ausdruck kommen.
Nach diesen Beobachtungen können wir uns wieder dem Tribunal zuwenden. Seine Einstellung fällt natürlich völlig aus dem Rahmen jenes Spektrums heraus. Leider und unleugbar lautete das zentrale Problem in der amerikanischen Auseinandersetzung über Vietnam in honorigen Kreisen einzig: Wie können wir, zu vertretbaren Kosten, gewinnen? Tauben und Falken gehen in ihren Meinungen auseinander. Falken werden zu Tauben, je nach dem, wie ihre Einschätzung der Möglichkeiten und ihre Kalkulation der Kosten sich verschieben, und sollte sich die amerikanische Eroberung als erfolgreich erweisen, würden sie zweifellos zu ihrer früheren Militanz zurückkehren. Das Tribunal dagegen befaßt sich mit davon völlig abweichenden Fragen. Es fragt nicht, ob die Vereinigten Staaten zu vertretbaren Kosten einen Sieg erringen *können,* sondern ob es wünschenswert sei, *daß* sie gewinnen, ob sie sich überhaupt in die inneren Angelegenheiten der Vietnamesen einmischen sollten, ob sie überhaupt ein Recht besitzen, diese inneren Angelegenheiten durch Gewalt zu regeln oder gar nur Einfluß darauf zu nehmen.
Unvermeidlich ruft das Russell-Tribunal, trotz leidenschaftlichen Einspruchs, Erinnerungen an Nürnberg und Tokio wach. Seit Enthüllung der Verbrechen von Song My sind die in den Kriegsverbrecher-Prozessen aufgeworfenen Fragen am Ende doch noch zu einer Angelegenheit des öffentlichen Interesses geworden. Wir werden kaum die Erinnerung an unsere Initiative in Nürnberg und Tokio oder die nachdrückliche Erklärung des US-Anklägers Robert Jackson, verdrän-

gen können, daß die Prinzipien von Nürnberg in ihrer Anwendbarkeit als allgemein verbindlich und bindend angesehen werden müssen. Nach dem Abschluß der Prozesse schrieb er:

> »Wenn bestimmte Handlungen und Verletzungen von Verträgen Verbrechen sind, dann sind sie Verbrechen, ob sie nun von den Vereinigten Staaten oder von Deutschland begangen werden. Wir sind nicht befugt, gültige Regeln strafwürdigen Verhaltens gegen andere zu erlassen, wenn wir nicht zugleich gewillt sind, sie auch gegen uns selbst zur Anwendung zu bringen.«[27]

Man könnte dagegen einwenden, daß die Urteile von Nürnberg und Tokio lediglich der Rechtsprechung von Siegern entsprochen hätten, deren Motive Rache und Vergeltung statt Gerechtigkeit gewesen seien. Ich glaube schon, daß dieser Vorwurf einige Berechtigung hat, doch ob richtig oder falsch, er berührt nicht die bedeutendere Frage nach der Legitimität von Prinzipien, die in der Charta der Kriegsverbrecher-Prozesse Anerkennung gefunden haben. Legalistisches Geplänkel einmal beiseite, besitzt jeder Bürger uneingeschränkt das Recht, sich diese Prinzipien zur Richtschnur zu nehmen.

Eine klassische liberalistische Lehre vertritt die Auffassung, daß es allgemein gesprochen das gezückte Schwert der Nation ist, das die physische Macht seiner Herrscher im Zaume (in Schach) hält.[28] Es ist die grundlegende Pflicht jedes Bürgers, der gesetzlosen Gewalt des Staates Widerstand entgegenzusetzen und sie zu brechen. Wer es vorzieht, sich dieser Verantwortung zu entziehen, kann mit Recht der Komplizenschaft mit Kriegsverbrechen bezichtigt werden, die ihrerseits in den in der Charta von Nürnberg niedergelegten Prinzipien »als

27 Zitiert nach einem Artikel von Judith Coburn und Geoffrey Cowan, *The War Criminals Hedge Their Bets,* in: *Village Voice* vom 4. Dezember 1969.
28 Siehe Wilhelm von Humboldt, *Ideen zu einem Versuch, die Grenzen der Wirksamkeit des Staates zu bestimmen.*

Verbrechen nach internationalem Recht« bezeichnet wird. Darin liegt im wesentlichen die Herausforderung, die das Russell-Tribunal an uns richtet.

Richard A. Falk hat sich in einem wichtigen, kürzlich veröffentlichten Aufsatz[29] grundsätzlich zu diesen Fragen geäußert. Er hebt hervor, daß »Song My in der Geschichte der Kriegführung als ein Meilenstein der Grausamkeit herausragt und dieses Ereignis eine moralische Herausforderung an die gesamte amerikanische Gesellschaft ist«. Nichtsdestoweniger wäre es »irreführend, wollte man die schrecklichen Vorfälle von Song My isoliert von der allgemeinen Kriegführung betrachten«. Von den Methoden der Kriegspolitik könnten die folgenden als ungesetzlich angesehen werden: »1. das Phönix-Programm; 2. die Bombardierung ungeschützter Dörfer aus der Luft und von der See her; 3. die Vernichtung von Ernten und Waldbeständen; 4. Einsätze des Aufspürens und Vernichtens; 5. Stör- und Sperrfeuer; 6. gewaltsame Deportationen der Zivilbevölkerung; 7. Rückgriff auf eine Vielzahl von Waffen, deren Einsatz die Genfer Konvention verbietet.« Daß diese Politik bisher auf breitester Ebene verfolgt worden ist, steht außer Frage. Falk schreibt, daß, »sollten bestimmte Maßnahmen der Politik sich als ungesetzlich erweisen, sie unverzüglich eingestellt und die für diese Politik und ihre Durchführung Verantwortlichen als Kriegsverbrecher vor einen eigens dazu einberufenen Gerichtshof gestellt werden müssen«. Er weist ferner darauf hin, wie weit der Begriff der kriminellen Verantwortlichkeit gefaßt sei, der auf amerikanische Initiative hin bei den Kriegsverbrecher-Prozessen konzipiert worden sei. In Falks Worten lautete die Mehrheitsentscheidung des Tribunals von Tokio folgendermaßen:

> »Ein verantwortlicher politischer Führer muß entschlossen Schritte unternehmen, Kriegsverbrechen zu verhindern; andernfalls muß er sich gegen seine Regierung stellen. Tut

29 *The Circle of Responsibility*, in: *The Nation* vom 26. Januar 1970. Falk ist Milbank-Professor für Internationales Recht an der Princeton University.

er weder das eine noch das andere wird er zum Kriegsverbrecher allein schon dadurch, daß er in der Regierung eines Staates verbleibt, der sich Kriegsverbrechen schuldig gemacht hat.«

Und Falk unterstreicht nachdrücklich die Verpflichtung eines jeden Bürgers zum Widerstand, wenn Hinweise dafür vorhanden sind, daß der Staat in kriminelle Handlungen verwickelt ist.

Es ist genauso richtig wie jedoch irrelevant, die gewaltigen Unterschiede zwischen politischen Prozessen in Amerika und in den faschistischen Staaten hervorzuheben. Es ist gleichfalls richtig, doch schwerlich relevant, als besonders verdienstvoll den Umstand anzuführen, daß die Vereinigten Staaten kurz davor haltgemacht haben, »ihre strategische Logik bis zur Endlösung zu treiben, dem Genozid« (Hoopes). Daher läßt sich die amerikanische Politik nicht mit der Nazi-Deutschlands aus dem Jahre 1942 vergleichen. Schwieriger wäre es schon, Einwände gegen die Feststellung vorzubringen, daß die amerikanische Politik mit der des faschistischen Japans oder Deutschlands vor der »Endlösung« vergleichbar ist. Vielleicht gibt es Menschen, die bereit sind, jede Politik zu tolerieren, wenn sie nur weniger entsetzliche Zeichen setzt als Krematorien und Todeslager, und die ihren Abscheu den besonderen Formen kriminellen Irrsinns vorbehalten, wie er von den Nazis vervollkommnet worden ist. Andere werden jedoch nicht so leicht Parallelen übersehen, die, wenn sie auch Betroffenheit erwecken, durchaus zutreffen mögen.

Woran es keinen Zweifel geben kann: Nazi-Deutschland war ein Sonderfall. Doch wir sollten den Mut und die Ehrlichkeit besitzen, der Frage ins Auge zu sehen, ob die Prinzipien, die auf Nazi-Deutschland und das faschistische Japan angewendet worden sind, nicht ebenso für den amerikanischen Krieg in Vietnam gelten. Man erinnere sich nur der Prinzipien der »Entnazifizierung«, wie sie von jenen formuliert worden sind, die für diese Politik verantwortlich waren. General Lucius

D. Clay beschrieb im Jahre 1950 die wichtigsten Grundregeln folgendermaßen: sie sollen »die neue deutsche Demokratie vom Einfluß der Nazis freihalten und es jedem Nazi-Gegner, Nicht-Nazi und erwiesenermaßen demokratisch Gesinnten ermöglichen, ins öffentliche Leben zu treten und nazistische Elemente zu ersetzen, die zwischen 1933 und 1945 das gesamte Leben in Deutschland beherrscht hatten«. Er berichtet:

> »Dies war vielleicht die extensivste juristische Prozedur, die die Welt je erlebt hatte. Allein in der US-Zone wurden ihr mehr als 13 Millionen Menschen unterzogen, von denen mehr als 3,7 Millionen unter Anklage gestellt und etwa 800 000 wegen ihrer Beziehungen zur Partei oder aufgrund ihrer Verfehlungen ihrer Strafe zugeführt wurden. All dies lief natürlich neben der Bestrafung von Kriegsverbrechern, von denen viele ranghohe Nazis waren.«[30]

Feldmarschall Sir Bernard Montgomery hielt es für das Hauptanliegen der alliierten Streitkräfte in Deutschland, »die Gesinnung und die Lebensweise des deutschen Volkes zu ändern«. Entnazifizierung schloß einen kulturellen und ideologischen Wandel ein, der sich Seite an Seite mit dem schrittweisen Wiederaufbau der Wirtschaft vollziehen sollte.[31] Wir werden uns gewiß die Frage vorlegen dürfen, ob mehr als drei und eine dreiviertel Million Deutsche in der damaligen US-Zone der Komplizenschaft mit Kriegsverbrechen in höherem Maße schuldig gewesen sind, als irgendein Amerikaner heute. Und wir möchten fragen, ob nicht am Ende auch ein kultureller und ideologischer Wandel dringendes Erfordernis ist, wenn vielen anderen, die weder Schmerz noch Tod fürchten, das Schicksal Vietnams erspart bleiben soll.
Einige dieser Fragen wurden in einem entlarvenden Streitge-

30 *The Present State of Denazification,* wieder abgedruckt bei Constantine Fitzgibbon, *Denazification.* New York, W. W. Norton & Co., 1969, S. 130, 133.
31 Fitzgibbon, ebda, S. 120.

spräch zwischen Townsend Hoopes und zwei Journalisten angeschnitten, die im *Village Voice* (siehe Fußnote 27) ein Interview mit ihm veröffentlicht haben. Hoopes erklärte mit Nachdruck:

> »Kriegsverbrecher-Prozesse pflegen das Schlimmste zu sein, das diesem Land widerfahren kann. Das läuft im allgemeinen auf McCarthyismus hinaus. Sie schlagen ein System juristischer Schuld für höchste gewählte Beamte vor. Das traditionelle Vorbild, wie man mit solchen höchsten Beamten fertig wird, ist doch wohl, die Unheilstifter hinauszuwerfen.«

In einem Zeitungsartikel, in dem er sich mit einem »absonderlichen Stück Berichterstattung« – von Judith Coburn und Geoffrey Cowan – auseinandersetzt, legt Hoopes ferner dar, daß »eine demokratische und voll und ganz dem Wahlakt überlassene Vergeltung« bereits an Lyndon Johnson geübt worden sei und daß auch seine »engsten Mitarbeiter« womöglich für die Zukunft von hohen Ämtern ausgeschlossen sein würden.[32] Hoopes äußert sich allerdings nicht darüber, ob diese Form der »Vergeltung« nicht auch im Falle der deutschen und japanischen Kriegsverbrecher angemessener gewesen wäre – sollte der Westen also kein anderes Mittel als demokratische Wahlen garantieren, um sicherzustellen, daß verbrecherische Elemente eventuell ihres Amtes verlustig gehen? Er verwirft ganz einfach die Forderung, daß auch Zivilbeamte für Vorkommnisse wie das Massaker von Song My oder für die Bombardierung Nordvietnams verantwortlich gemacht werden, oder für politische Tatbestände, wie sie in den oben zitierten Bemerkungen Falks aufgeführt sind. Tatsächlich wissen Coburn und Cowan zu berichten, »daß er unserer ›Generation‹ in den freundlichsten Formulierungen das Bestreben vorwarf, ein totalitäres Moralsystem einzufüh-

32 »The Nuremberg Suggestion«, in: *Washington Monthly,* Januar 1970.

ren«, das schließlich zu »allgemeiner Anarchie« entarten müsse. Coburn und Cowan stellen die Gegenfrage:

»Wenn Tojo von einem amerikanischen Kriegsverbrecher-Tribunal zum Tode verurteilt wird, weil er Japan in einen ›Aggressionskrieg‹ führte – soll dann die einzige Strafe für das gleiche Delikt im Falle eines amerikanischen Präsidenten darin bestehen, daß er aus dem Amt gewählt wird, während sein Verteidigungsminister den sicheren Posten eines Weltbankpräsidenten einnimmt?«

Das ist, so scheint mir, keine ganz unvernünftige Frage, jedenfalls nicht unvernünftig in den Augen derer, die die vorhin zitierte Feststellung Richter Jacksons ernstnehmen. Noch erscheinen mir Coburn und Cowan unvernünftig, wenn sie hinzufügen: »Die ›Anarchisten‹, die uns am meisten Angst machen, sind die, die mit den großen Bomben jonglieren, die die Gerichte kontrollieren und sich selbst die Macht verleihen, alle ihre Feinde als Gesetzlose abzustempeln.«
Hoopes widerspricht hier mit aller Entschiedenheit. Es sind diese eigenartigen Schlußfolgerungen, die den Artikel Coburns und Cowans zu einem so absonderlichen Stück »Berichterstattung« machen. Ihm erscheint »kristallklar ... daß solche Auffassungen niemals von jemandem geteilt oder geäußert worden wären, der während des Zweiten Weltkrieges ein junger Mann war oder der an den mörderischen Schlachten in seinem Verlauf teilgenommen hat – in Griechenland, in Deutschland, in Berlin, in Korea. Nur »empfindsame, kluge Kinder« ließen sich zu einem derart harten Urteil hinreißen, das »ungeformt ist durch eine weitblickendere historische Betrachtungsweise und ungemildert durch Erfahrungen aus erster Hand, wie man sie mit den rechtlosen Mächten dieser Welt machen konnte, die in diesem beinahe von einem Wirbelsturm hinweggefegten Jahrhundert am Werk gewesen sind«. Jene, die unsere Vietnam-Politik geplant haben, »müh-

ten sich guten Gewissens, sich an die Verfassung zu halten und dem großen nationalen Interesse nach bestem Wissen zu dienen«; sie wurden, »als sie ihr Amt übernahmen, fast alle zu den fähigsten, besten, humansten und liberalsten Menschen gerechnet, die sich dem öffentlichen Vertrauen zur Wahl stellten«, und »niemand bezweifelte, daß sie ehrenhaft und hochgesinnt die besten Interessen ihres Landes verfolgen würden, ja sogar die der gesamten nichtkommunistischen Welt, die sie als wesentliche Interessen zu erkennen sich aufrichtig bemüht hatten«. Natürlich wurden sie durch »die Spannungen während der Jahre des Kalten Krieges« irregeleitet. Die Tragödie Vietnams besteht für ihn darin, daß diese redlichen Männer nicht imstande waren, zu erkennen, daß ein Triumph der nationalen Revolution »weder ein Triumph für Moskau oder Peking, noch ein Desaster für die Vereinigten Staaten sein würde«. Darüber hinaus erfreute sich ihre Politik der Unterstützung breitester Teile der Öffentlichkeit. Im Lichte dieser Tatsachen ist die Erklärung einzelner zu vorbedachten oder von anderen auf Grund bloßer Verdächtigungen dazu abgestempelten Kriegsverbrechern von schockierender Leichtfertigkeit, auch wenn man bereit ist, der Unerfahrenheit der Jungen einiges nachzusehen. Ähnlich wäre es absurd, nur die Frage stellen zu wollen, ob ein Kriegsverbrecher-Tribunal – nur dem Prinzip nach – nicht auch Nixon und Kissinger als »Kriegsverbrecher« unter Anklage stellen müßte (auch wenn sie damit fortfahren, sich »in den USA etwas Zeit zu erkaufen«, so daß der Krieg »zu einem erfolgreichen Abschluß gebracht« werden kann – mit den Worten des derzeitigen Sekretärs für Heeresangelegenheiten).

Man sollte, so denke ich, Townsend Hoopes darin zustimmen, daß das, »was das Land derzeit am dringendsten braucht, nicht Vergeltung ist, sondern Therapie in der Form vertiefter Besinnung und besseren gegenseitigen Verständnisses«.

Niemand hat meines Wissens bisher darauf bestanden, daß die Verantwortlichen für das Massaker am Volk von Vietnam, die

Zwangsdeportation von Menschen aus ihren Wohngebieten[33] und die Zerstörung ihres Landes ins Gefängnis geworfen oder hingerichtet werden sollten, oder daß auch nur »Entnazifizierungs-Verfahren«, wie sie in der amerikanischen Besatzungszone gegen 13 Millionen Deutsche eingeleitet worden waren, nun auch auf die amerikanische Bevölkerung zur Anwendung gebracht werden sollten. Vielmehr laßt uns doch den Versuch unternehmen, zu einem tieferen Verständnis unserer Probleme zu gelangen. Unter diesen Problemen ist eines die Tatsache, daß einer der liberalsten und aufgeklärtesten Kommentatoren zu den Problemen der Gegenwart es fertigbringt, uns zu versichern, daß asiatische Horden dem Tode gleichgültig gegenüberstehen, keinen Schmerz fürchten und Vorstellungen von Glück ihre Fähigkeit überschreiten, während es bei uns letztlich die christlichen Werte sind, die uns kurz vor der Endlösung haltmachen lassen. Zu diesen unseren Problemen gehört auch der Umstand, daß derselbe Sprecher jene Art der großen historischen Perspektive gültig zusammenzufassen versucht, die in unserer Intervention in Griechenland von 1940 einen »mörderischen Kampf« sieht (gegen wen wohl?); oder die Tatsache, daß die, die – was ja möglich sein mag – als die liberalsten und humansten, dem öffentlichen Vertrauen anbietenden Männer gelten durften, darangehen konnten, die Vietnamesen in dem Glauben auszurotten (ob dieser nun aufrichtig oder nur vorgetäuscht war, spielt wohl keine Rolle), daß sie gegen einen kommunistischen Monolithen unter Einschluß Moskaus und Pekings zu kämpfen hätten (und dies im Jahre 1965!). Eines unserer Probleme ist ferner der von Mr. Hoopes aufgestellte Grundsatz, demgemäß – wenn man ihn beim Wort nimmt – keine Politik, die von den

33 Coburn und Cowan machen uns mit den Anschauungen von Botschafter Ellsworth Bunker vertraut, der in einem Bericht zur Flüchtlingssituation vor dem Kongreß erklärt, daß die angeführten Zahlen irreführend sein könnten, da das vom Krieg zerrissene Volk der Vietnamesen die Zerreißung schließlich gewohnt sei »und über Jahrhunderte umhergezogen ist«. Da dies in noch viel stärkerem Maße auf die amerikanische Bevölkerung zutrifft, gäbe es vermutlich noch weniger Grund zum Protest, wenn die Amerikaner von fremden Eindringlingen aus ihren Wohngebieten vertrieben würden.

besten amerikanischen Führern mit breiter öffentlicher Unterstützung durchgeführt wird und die im Prinzip keiner anderen Reaktion als der bedarf, die »Unheilstifter hinauszuwerfen«, verbrecherisch sein kann.

Ist es nicht ein wenig naiv (oder sogar »leichtfertig«) von Mr. Hoopes, uns vorzuschlagen, daß wir die Unheilstifter vor die Tür setzen? Haben *wir* sie denn gerufen?

Niemand, der gewissenhaft die Rolle der Exekutive bei zivilmilitärischen Entscheidungen der Nachkriegsära oder die Rolle privater Wirtschaftsimperien bei der Einflußnahme auf Anliegen der nationalen Politik (entweder in ihrem eigenen, abgesicherten Einflußbereich oder innerhalb des parlamentarischen Systems selbst), oder jene Wahlmöglichkeiten untersucht, die uns von den beiden konkurrierenden und Kandidaten produzierenden Organisationen geboten werden, wird so ohne weiteres davon sprechen, daß man einfach die Unheilstifter hinauswerfen müsse. Es bedürfte einer sozialen Revolution, die zu einer Umverteilung der Macht innerhalb des gesamten sowohl industriellen wie politischen Systems führen müßte, damit ein wirklich einschneidender Umschwung in den höchsten, die Entscheidungen verantwortenden Instanzen der amerikanischen Gesellschaft herbeigeführt werden kann. Allein aus diesem Grund muß man voll und ganz dem Urteil zustimmen, daß das, »was das Land am nötigsten braucht, nicht Vergeltung« sei, sondern »Therapie in Form eines vertieften Verständnisses unserer Probleme« – und ein angemessenes Handeln, das diese Probleme beheben hilft, die angesichts unserer enormen Macht Probleme auf Leben und Tod für einen guten Teil der Welt sind.

Diese Probleme sollten für jeden denkenden Menschen auf der Tagesordnung stehen. Noch hautnäher allerdings ist uns das Problem, wie wir einen Abzug aller amerikanischen Streitkräfte aus Vietnam bewerkstelligen können. Es gibt keine Anzeichen dafür, daß gegenwärtig eine solche Politik ins Auge gefaßt würde. Vielmehr ist klar zu erkennen, daß die Regierung der Vereinigten Staaten die Hoffnung hat, den

»Kurs halten« zu können, bis der Sieg errungen ist, wobei man, sofern notwendig, seine Taktik den Gegebenheiten anpaßt, um daheim noch etwas Zeit zu gewinnen. Aus diesem Grunde sind die Verhandlungen des Tribunals ein zeitgeschichtliches Dokument von erstrangiger Bedeutung; die Gesinnung und die Überzeugungen, von denen es getragen ist, müssen, so hoffte Russell, zu einem Bestandteil im Bewußtsein aller Amerikaner werden.
Richard Falk beschließt den vorhin genannten Aufsatz mit den Worten:

> »Angesichts der Mißstände und Schrecken der Welt unserer Tage ist es an der Zeit, daß die Menschen überall an ihre Regierungen die Forderung richten, Rechenschaft darüber abzulegen, warum sie die täglichen Beweise der Barbarei dulden oder einfach ignorieren... das veraltete Bestehen auf souveränen Vorrechten und militärischen Notwendigkeiten sollte besser heute als morgen ernsthaft in Frage gestellt werden, wenn das Leben auf der Erde erhalten werden soll.«

Das Tribunal macht damit den ersten – vielleicht kleinen, doch bedeutsamen – Schritt. Dieses Tribunal oder ein anderes sollte sich der Tschechoslowakei, Griechenland oder einem Dutzend anderer Länder zuwenden, die unter dem Würgegriff der Großmächte oder einheimischer, von jenen unterstützter und ausgehaltener Mächte zu leiden haben. Noch wichtiger jedoch ist, daß die vom Tribunal begonnene Arbeit von Bürgerinitiativen fortgeführt wird, die die Verpflichtung übernehmen, die täglichen Beweise der Barbarei aufzuspüren und an die Öffentlichkeit zu bringen, und die noch ernstere Pflicht, die Herrschenden – staatliche oder private – herauszufordern und ihnen deutlich zu machen, daß sie für Gewalt und Unterdrückung verantwortlich sind, stets auf den Tag hinarbeitend und ihn ersehnend, an dem eine internationale Bewegung für Frieden und soziale Gerechtigkeit ihre Herrschaft brechen wird.

Zitierte Literatur

Buchveröffentlichungen:

Abaya, Hernando J.: The Untold Philippine Story. (Malaya Books, Quezon City, 1968)

Adam, N., McCoy, A. und *Schurmann, F.* (Hrsg.): Laos Reader. (Harper & Row, New York, 1970)

Adler-Karlsson, Gunnar: Western Economic Warfare: 1947-1967. Almqvist & Wiksell, Stockholm, 1968

Agoncillo, Teodoro A. und *Alfonso, Oscar M.:* History of the Filipino People (Malaya Books, Quezon City, 1967)

Barnet, Richard: The Economy of Death. (Atheneum Publishers, New York, 1969). Deutsche Ausgabe: Der amerikanische Rüstungswahn oder die Ökonomie des Todes. (Reinbek 1971)

Barnet, Richard: Intervention and Revolution: The U.S. in the Third World. (Meridian Books, New York, 1969)

Bator, Victor: A Diplomatic Tragedy. (Oceana Publications, Dobbs Ferry, N. Y., 1965)

Blount, James H.: The American Occupation of the Philippines. (Malaya Books, Quezon City, 1968)

Bohlen, Charles: The Transformation of American Foreign Policy. S. 95-96. (W. W. Norton & Company, New York, 1969)

Boramy, Léon und *Caldwell, Malcolm:* Cambodia, Peace Press. März/April 1970 (6 Endsleigh Street, London W. C. 1)

Buchanan, Keith: The Southeast Asian World. (Taplinger Publishing Company, New York, 1967)

Buttinger, Joseph: Vietnam: A Dragon Embattled. (Frederick A. Praeger, New York, 1967). Deutsche Ausgabe: Der kampfbereite Drache. Vietnam nach Dien Bien Phu. (Europa Verlag, Wien, 1968)

Chaliand, Gérard: The Peasants of North Vietnam. (Penguin Books, Harmondsworth, 1969)

Chitoshi Yanaga: Big Business in Japanese Politics. (Yale University Press, New Haven, Conn., 1968)

Chomsky, Noam: »The Revolutionary Pacifism of A. J. Muste« in: American Power and the New Mandarins. (Pantheon Books, New York, 1969). Deutsche Ausgabe: Amerika und die neuen Mandarine (Suhrkamp Verlag, Frankfurt/Main, 1969)

Clairmonte, Frederick: Economic Liberalism and Underdevelopment. (Asia Publishing House, Bombay, 1960)

Clairmonte, Frederick: Latin America: Meditations from Afar.

Stockholm University Institute for National Economic Studies, 1970

Clay, Lucius D.: The Present State of Denazification. Wieder abgedruckt in: Constantine Fitzgibbon: Denazification. (W. W. Norton & Co., New York, 1969)

Clergy and Laymen Concerned About Vietnam: In the Name of America. (Turnpike Press, Annandale, Va., 1968, 1970)

Clifford, Harold B.: Exploring New England. (Follett Publishing Co., Chicago, 1961. New Unified Special Studies)

Darling, Frank: Thailand and the United States. (Public Affairs Press, Washington, D. C., 1965)

Devillers, Philippe und *Lacouture, Jean:* End of a War: Indochina, 1954 (Frederick A. Praeger, New York, 1969)

Dommen, Arthur: Conflict in Laos: The Politics of Neutralization. (Frederick A. Praeger, New York, 1964)

Dower, John W.: »Occupied Japan and the American Lake, 1945-1950«, in: Edward Friedman und Mark Selden (Hrsg.): America's Asia. (Pantheon, New York, 1971)

Draper, Theodore: Abuse of Power (The Viking Press, New York, 1967)

Eden, Anthony: Full Circle. (Cassell & Company, London, 1960)

Elliott, William Y. (Hrsg.): The Political Economy of American Foreign Policy. (Henry Holt & Co., New York, 1955)

Emerson, Rupert: in: J. C. Vincent (Hrsg.): America's Future in the Pacific (Rutgers University Press, New Brunswick, 1947)

Fall, Bernard B.: Viet-Nam Witness: 1953–66. (Frederick A. Praeger, New York, 1966)

Fall, Bernard B.: Last Reflections on a War. (Doubleday, New York, 1967)

Fall, Bernard B.: Street without Joy. (Stackpole, Harrisburg, 1961)

Fall, Bernard B.: in: New Society, 22. April 1965. Abgedruckt in: Bernard B. Fall und Marcus G. Raskin (Hrsg.): The Viet-Nam Reader (Vintage Books, New York, 1965)

Fall, Bernard B. und *Raskin, Marcus G.* (Hrsg.): The Viet-Nam Reader. (Vintage Books, New York, 1965)

Feingold, David: »Opium and Politics« in: N. S. Adams und A. W. McCoy (Hrsg.): Laos: War and Revolution. (Harper & Row, New York, 1970)

Feingold, David und *McCoy, Al:* in: N. Adam, A. McCoy und F. Schurmann (Hrsg.): Laos Reader (Harper & Row, New York, 1970)

Field, Michael: The Prevailing Wind. (Methuen, London, 1965)

Fitzgibbon, Constantine: Denazification. (W. W. Norton & Co., New York, 1969)

Frank, André Gunder: Capitalism and Underdevelopment in Latin America. (New York Monthly Review Press, 1967)

Frank, André Gunder: Latin America: Underdevelopment or Revolution. (New York Monthly Review Press, 1970). Deutsche Ausgabe: Kapitalismus und Unterentwicklung in Lateinamerika. (Frankfurt/Main, 1969)

Freidel, Frank: Dissent in Three American Wars. (Harvard University Press, Cambridge, 1970)

Friedman, Edward und *Selden, Mark* (Hrsg.): America's Asia. (Pantheon Books, New York, 1971)

Friedman, Edward und *Selden, Mark* (Hrsg.): »People's War and the Transformation of Peasant Society: China and Vietnam« in: America's Asia (Pantheon Books, New York, 1971)

Gurtov, Melvin: Southeast Asia Tomorrow. (The John Hopkins Press, Baltimore, 1970)

Hammond, Paul: in: Harold Stein (Hrsg.): American Civil-Military Decisions. (A Twentieth Century Fund Study, University of Alabama Press, University, Ala., 1963)

Hanson, Simon: Five Years ot the Alliance for Progress. (Inter-American Affairs Press, Washington D. C., 1967)

Herman, Edward S.: »Atrocities« in: Vietnam: Myths and Realities. (Pilgrim Press, Boston, 1970)

Hoang Van Chi: From Colonialism to Communism (Frederick A. Praeger, New York, 1964)

Hoopes, Townsend: The Limits of Intervention. (David McKay Co., New York, 1969)

Horowitz, David (Hrsg.): Corporations and the Cold War. (Monthly Review Press, New York, 1969)

Houghton, Neals D. (Hrsg.): Struggle Against History: U.S. Foreign Policy in an Age of Revolution. (Washington Square Press, New York, 1968)

Iriye, Akira: Across the Pacific: An Inner History of American-East Asian Relations. (Harcourt, Brace & World, New York, 1967)

Isard, Walter (Hrsg.): Vietnam, Some Basic Issues and Alternatives. (Schenkman Publishing Company, Cambridge, Mass., 1969)

Julien, Claude: L'empire américain. (Bernard Grasset, Paris, 1968). Deutsche Ausgabe: Das amerikanische Imperium. (Ullstein Verlag, Berlin, 1969)

Kahin, M. und *Lewis, John W.:* The United States in Vietnam. (Dial Press, New York, 1967)

Kalun, George: in: Richard M. Pfeffer (Hrsg.): No more Vietnams. (Harper & Row, New York, 1968)

Keogh, James: This is Nixon. (G. P. Putnam's Sons, New York, 1956)

Kidron, Michael: Western Capitalism Since the War. (Weidenfeld & Nicolson, London, 1968)

Kolko, Gabriel: The Politics of War: The World and U.S. Foreign Policy. (Random House, New York, 1968)

Kolko, Gabriel: The Roots of American Foreign Policy. (Beacon Press, Boston, 1969). Deutsche Ausgabe: Die Hintergründe der US-Außenpolitik. (Europäische Verlagsanstalt, Frankfurt/Main, 1970)

LaFeber, Walter: America, Russia and the Cold War 1945-1966. (John Wiley & Sons, New York, 1967)

Langer, Paul F.: Laos: Search for Peace in the Midst of War. (RAND Corporation, Dezember 1967)

Langer, Paul F.: Laos: Preparing for a Settlement in Vietnam. (RAND Corporation, Februar 1969)

Langer, Paul F. und *Zasloff, Joseph J.:* Revolution in Laos: The North Vietnamese and the Pathet Lao. (RAND Corporation, September 1969)

Langer, Paul F. und *Zasloff, Joseph J.:* The North Vietnamese Military Adviser in Laos. (RAND Corporation, Juli 1968)

Leifer, Michael: Cambodia: The Search for Security. (Frederick A. Praeger, New York, 1967)

Leites, N. und *Wolf, C.:* Rebellion and Authority. (RAND Corporation Research Study; Markham Publishing Company, Chicago, 1970)

Lindholm, Richard W. (Hrsg.): Vietnam: The First Five Years. (Michigan State University Press, East Lansing, 1959)

Luce, Don und *Sommer, John:* Viet Nam: The Unheard Voices. (Cornell University Press, Ithaca, N. Y., 1969)

Lumsden, Malver: The Vietnamese People and the Impact of War. Report No. 3. Dezember 1969 (Institute for Peace and Conflict Research, Onsgaardsvey 13, DK-2900 Hellerup, Dänemark)

Magdoff, Harry: The Age of Imperialism: The Economics of the US Foreign Policy. (Monthly Review Press, New York, 1969)

Manning, Robert und *Janeway, Michael* (Hrsg.): Who We are: An Atlantic Chronicle of the United States and Vietnam 1966-1969. (Little, Brown and Co., Boston, 1969)

Mehnert, Klaus: Peking und Moskau. Deutsche Verlagsanstalt, Stuttgart, 1963

Meyerson, Harvey: Vinh Long. (Houghton Mifflin Company, Boston, 1970)

Midron, Michael: Western Capitalism Since the War. (Weidenfeld & Nicolson, London, 1968)

Miliband, Ralph: The State in Capitalist Society. (Weidenfeld & Nicolson, London, 1969)

Mirsky, Jonathan und *Stonefield, Stephen:* »The United States in Laos, 1945-1962« in: Friedman und Selden (Hrsg.): America's Asia. (Pantheon Books, New York, 1971)

Morrison, Lawrence: in: Richard W. Lindholm (Hrsg.): Vietnam: The First Five Years. (Michigan State University Press, East Lansing, 1959)

Murti, B. S. N.: Vietnam Divided: The Unfinished Struggle. (Asia Publishing House, New York, 1964)

Nighswonger, William: Rural Pacification in Vietnam. (Frederick A. Praeger, New York, 1967. Praeger Special Studies)

Pearson, Jeff und *Smilowitz, Jessica:* Biting the Fishhook: How the United States Raped Cambodia. (University of Michigan Press, Ann Arbor, Michigan)

Pfeffer, Richard M. (Hrsg.): No more Vietnams. (Harper & Row, New York, 1968)

Phoumi Vongvichit: Laos and the Victorious Struggle of the Lao People Against U. S. Neo-Colonialism (Neo Lao Hak Sat Editions, 1969)

Pike, Douglas: War, Peace and the Viet Cong (The M. I. T. Press, Cambridge, Mass., 1969)

Robinson, Joan: »Contrasts in Economic Development« in: Neal D. Houghton (Hrsg.): Struggle Against History: U. S. Foreign Policy in an Age of Revolution. (Washington Square Press, New York, 1968)

Rostow, Eugene: Law, Power and the Pursuit of Peace. (University of Nebraska Press, Lincoln, 1968)

Salisbury, Harrison: Behind the Lines – Hanoi. (Harper & Row, New York, 1967)

Schell, Jonathan: The Military Half. (Vintage Books, New York, 1968)

Schurmann, Franz und *Schell, Orville* (Hrsg.): The China Reader, Vol. 3, Communist China. (Vintage Books, New York, 1967)

Stein, Harold (Hrsg.): American Civil-Military Decisions. (A Twentieth Century Fund Study, University of Alabama Press, University, Ala., 1963)

Thompson, Sir Robert: No Exit from Vietnam. (David McKay Co., New York, 1969)

Thornton, Archibald P.: Doctrines of Imperialism. (John Wiley & Sons, New York, 1965)

Toye, Hugh: Laos: Buffer State or Battleground. (Oxford University Press, New York, 1968)

Tregaskis, Richard: Vietnam Diary. (Holt, Rinehart & Winston, New York, 1963)

Warner, Denis: The Last Confucian: Vietnam, South-East Asia and the West (Angus & Robertson, London, 1964. A Penguin Special)
Warner, Denis: Reporting Southeast Asia. (Angus & Robertson, Sydney, 1966)
Westing A. H., Pfeiffer E. W., Lavorel J., Matarasso L.: »Report on Herbicidal Damage by the United States in Southeastern Cambodia« in: T. Whiteside (Hrsg.): Defoliation (Ballantine Books, New York, 1970)
Whiteside, T. (Hrsg.): Defoliation. (Ballantine Books, New York, 1970)
Williams, Maslyn: The Land in Between (William Morrow & Co., New York, 1970)
Wilson, Dick (Hrsg.): China After the Cultural Revolution. (Random House, New York, 1969)
Zinn, Howard: Disobedience and Democracy: Nine Fallacies on Law and Order. (Vintage Books, New York, 1968)

Zeitungen und Zeitschriften:

Abernathy, Ralph: in: American Report. 14. Mai 1971
Abrams, General: in: Christian Science Monitor, 23. Oktober 1968
Allen, Henry: in: Washington Post. 5. Mai 1971
Allman, T. D.: in: Far Eastern Economic Review. 26. Februar 1970
Allman, T. D.: in: Far Eastern Economic Review. 2. April 1970
Allman, T. D.: in: Washington Post. 2. April 1970
Allman, T. D.: »Anatomy of a Coup«, in: Far Eastern Economic Review. 9. April 1970
Allman, T. D.: »Laos: The Labyrinthine War«, in: Far Eastern Economic Review. 16. April 1970
Allman, T. D.: in: Washington Post, 22. April 1970
Allman, T. D.: in: Far Eastern Economic Review. 23. April 1970
Allman, T. D.: in: Far Eastern Economic Review. 7. Mai 1970
Alsop, Joseph: in: New York Times Magazine. 4. April 1971
Alsop, Joseph: in: Boston Globe. 6. April 1971
AMPO, Nr. 3-4 (März 1970) (Ishii Building, 6-44 Kagurazaka, Shinjuku, Tokyo)
Arbuckle, Tammy: in: Washington Star. 19. April 1970
Arnett, Peter: in: New York Times. 15. April 1969
Arnett, Peter: in: Le Monde. 6. Mai 1970
Ashworth, George: in: Christian Science Monitor. 25. November 1970
Ashworth, George: in: Christian Science Monitor. 3. Februar 1971
Baldwin, Frank: in: New York Times. 25. Januar 1970

Baldwin, Hanson: in: New York Times Magazine. 9. Juni 1968
Ball, George: in: New York Times, 6. Mai 1967
Beecher, William: in: New York Times. 26. Januar 1971
Beecher, William: in: New York Times. 8. März 1971
Bell, Peter F. und *Resnick, Stephen A.:* »The Contradictions of Post-war Development in Southeast Asia« in: The Journal of Contemporary Asia (London), Vol. 1, No. 1, Juni 1970
Bellas, Joseph: in: Boston Globe. 27. November 1969
Blumenthal, Ralph: in: New York Times. 21. Mai 1970
Blumenthal, Ralph: in: New York Times. 2. Juni 1970
Blumenthal, Ralph: in: New York Times. 9. Juni 1970
Botwright, Ken: in: Boston Globe. 8. Mai 1971
Boyd, Robert: in: Boston Globe. 3. Mai 1970
Boyd, Robert: in: New York Times. 3. Mai 1970
Bressem, David: in: New York Times. 7. April 1970
Brittain, Victoria: »Cambodia's Grim Lesson« in: New Statesman. 1. Mai 1970
Browning, Frank und *Banning, Garrett:* »The New Opium War« in: Ramparts. Mai 1971
Buchanan, Keith: »Southeast Asia – Predeveloped or Underdeveloped?« in: Looking North: Readings in Asian Geography. New Zealand Geographical Society, Manawatu Branch, ohne Datum
Buckley, Tom: in: New York Time Magazine. 23. November 1969
Buell, Edgar: in: New Yorker. Mai 1968
Bunker, Ellsworth: in: Department of State Bulletin. 15. Februar 1971
Burchett, Wilfred: in: Manchester Guardian. 6. Dezember 1969
de Castro, Josué: »La formation humaine – clé du développement« in: Le Monde diplomatique, März 1968
Chandler, Alfred D.: »The Role of Business in the United States: A Historical Survey« in: Daedalus, Winter 1969
Chau Seng: in: New York Times. 6. Juni 1970
Chesneaux, Jean: in: Le Monde diplomatique. Mai 1970
Chomsky, Noam: in: The New York Review. 2. Januar 1969
Coburn, Judith und *Cowan, Geoffrey:* »The War Criminals Hedge Their Bets« in: Village Voice. 4. Dezember 1969
Coburn, Judith und *Cowan, Geoffrey:* »Training for Terror: A Deliberate Policy?« in: Village Voice, 11. Dezember 1969
Corpuz, Onofre D.: The Philippines. (Prentice-Hall, Englewood, Cliffs, N. J., 1965)
Daniel, Leon: in: Boston Globe. 8. Mai 1970
Davis, Saville: in: Christian Science Monitor. 21. Mai 1970
Decornoy, Jacques: in: Le Monde diplomatique. November 1969
Decornoy, Jacques: in: Le Monde diplomatique. Juni 1970

Decornoy, Jacques: in: Le Monde. 27. Februar 1971
Dershowitz, Alan: in: New York Times. 9. Mai 1971
Dower, John W.: in: Bulletin of Concerned Asian Scholars, Vol. 2 No. 1., Oktober 1969
Doyon, Jacques: in: Figaro, 10. Juni 1970
Doyon, Jacques und *Hannoteaux, Guy:* »L'Ambiguité de l'engagement américain au Laos« in: Figaro. 11. März 1970
Durdin, Tillman: in: New York Times. 16. November 1969
Durdin, Tillman: in: New York Times. 6. Mai 1970
Eagleton, Thomas: in: Boston Globe – Washington Post. 12. Mai 1971
Ellsberg, Daniel: »The quagmire myth and the stalemate machine« in: Public Policy (Harvard). Mai 1971
Emerson, Gloria: in: New York Times. 3. Mai 1970
Emerson, Gloria: in: New York Times. 23. Mai 1970
Emerson, Gloria: in: New York Times. 17. Februar 1971
Falk, Richard A.: »The Circle of Responsability« in: The Nation. 26. Januar 1970
Fall, Bernard: in: The Nation. 6. Mai 1954
Finney, John W.: in: New York Times. 7. Juni 1970
Finney, John W.: in: New York Times. 4. Mai 1971
Foisie, Jack: in: Los Angeles Times-Boston Globe. 5. Mai 1970
Fox, Thomas C.: in: New York Times. 14. April 1971
Francis, David: in: Christian Science Monitor. 12. Januar 1971
Franklin, Ben A.: in: New York Times. 5. Mai 1971
Frederick, Cynthia: »Cambodia: Operation Total Victory No. 43« in: Bulletin of Concerned Asian Scholars, Vol. 2. No. 3. April/Juli
George, T. J. S.: in: Far Eastern Economic Review. 18. Mai 1970
George, T. J. S.: in: Far Eastern Economic Review. 21. Mai 1970
George, T. J. S.: in: Far Eastern Economic Review. 28. Mai 1970
Geyer, G. A.: in: The New Republic, 30. Mai 1970
Goodman, Allen: »South Vietnam: Neither War nor Peace« in: Asian Survey. Februar 1970
Gott, Richard: in: Manchester Guardian. 24.-27. Februar 1970
Greenway, D. S.: in: Life. 3. April 1970
Gurley, John: in: Bulletin of Concerned Asian Scholars. April-Juli 1970
Hannah, John A.: in: Boston Globe. 8. Juni 1970
Harris, Stewart: in: The Times. London, 27. März 1968
Harrison, Selig S.: in: Washington Post. 5. Mai 1971
Harsch, Joseph: in: Christian Science Monitor. 23. Februar 1971
Hassler, Alfred: Saigon, USA. Baron, New York, 1970
Healy, Denis: in: London Times. 21. Februar 1971
Herman, Edward S.: in: American Report. 7. Mai 1971

Herman, E. und *Duboff, R.:* How to Coo like a Dove While Fighting To Win. (Philadelphia SANE, 20 South 12th Street, Philadelphia 1971).
Hess, John L.: in: New York Times, 13. März 1970
Hess, John L.: in: New York Times, 28. Mai 1970
Hess, John L.: in: New York Times. 14. Juni 1970
Hoffman, Nicholas von: in: Washington Post. 5. Mai 1971
Hoffman, Nicholas von: in: Boston Globe. 10. Mai 1971
Honti, François: in: Le Monde diplomatique. Mai 1970
Hoopes, Townsend: in: New York Times. 28. September 1969
Hoopes, Townsend: »The Nuremberg Suggestion« in: Washington Monthly, Januar 1970
Huet, Henry: in: Boston Globe. 7. Mai 1970
Huntington, Samuel: »The Bases of Accomodation« in: Foreign Affairs, Vol. 46, No. 4. Juli 1968
Huntington, Samuel und *Pool, Ithiel:* in: New York Review. 13. Februar 1969 und 26. Februar 1970
Joungwon, Kim: in: Foreign Affairs. Oktober 1969
Joyaux, François: in: Le Monde diplomatique. Juni 1970
Kahin, George: »The American Involvement in Vietnam« (Mai 1970) in: Indochina War Information Packet.
Kahn, Jean-François: in: L'Express. 8.-14. Juni 1970
Kaiser, Robert G.: in: Washington Post-Boston Globe. 3. Mai 1970
Kamm, Henry: in: New York Times. 11. Oktober 1969
Kamm, Henry: in: New York Times. 15. November 1969
Kamm, Henry: in: New York Times. 1. Dezember 1969
Kamm, Henry: in: New York Times. 5. Februar 1970
Kamm, Henry: in: New York Times. 3. Mai 1970
Kamm, Henry: in: New York Times. 25. Mai 1970
Kamm, Henry: in: New York Times. 2. Juni 1970
Kamm, Henry: in: New York Times. 6. Juni 1970
Kamm, Henry: in: New York Times. 16. Juni 1970
Kamm, Henry: in: New York Times. 1. April 1971
Karnow, Stanley: in: Boston Globe. 27. November 1970
Karnow, Stanley: in: Washington Post. 24. April 1970
Karnow, Stanley: in: Washington Post. 1. Mai 1970
Katsuichi Honda (Committee for the English Publication of »Vietnam – A Voice from the Villages«, c/o Mrs. Reiko Ishida, 2-13-7, Nishikata, Bunyo-ku, Tokyo)
Kaylor, Robert: in: Boston Globe. 1. Dezember 1969
Kempton, Murray: »From the City of Lies«, in: New York Review. 4. Juni 1970
Kim Sam-kyu: »The Korean Question« in: Japan Quarterly, Januar 1970

Klare, Mike: »The Great South Asian War« in: The Nation, 9. März 1970. (North American Congress on Latin America, P. O. Box 57, Cathedral Station, New York, N. Y. 10025)

Klare, Mike: »The Sun Never Sets on America's Empire« in: Commonweal, 22. Mai 1970 (North American Congress on Latin America, P. O. Box 57, Cathedral Station, New York, N. Y. 10025)

Kolko, Gabriel: in: London Bulletin, August 1969

Kraft, Joseph: in: Boston Globe. 10. November 1969

Kraft, Joseph: in: Boston Globe. 8. Juni 1970

Kyozo Mori und Shizuo Maruyama: in: Japan Quarterly, April-Juni, 1970

Lacouture, Jean: in: Le Monde diplomatique. Mai 1970

Lacouture, Jean: »Opération-suicide« in: Le Nouvel Observateur. 20. April 1970

LaFeber, Walter: »Our Illusory Affair with Japan« in: The Nation, 11. März 1968

LaFeber, Walter: »The Indochina War« in: Indochina War Information Packet. (Glad Day Press, Cornell University, Ithaca, N. Y., 1970)

Le Duan: La révolution Vietnamienne: problèmes fondamentaux, tâches essentielles. Hanoi 1970

Leifer, Michael: »Cambodia« in: Asian Survey. Januar 1967

Leifer, Michael: »Rebellion or Subversion in Cambodia« in: Current History. Februar 1969

Le Quang, Gérard: in: France-Soir, 29. Mai 1970

Luce, Don: in: New York Times. 6. April 1971

Ly Chanh Trung: in: CCAS Newsletter (jetzt Bulletin of Concerned Asian Scholars) Vol. 2, No. 3, März 1969

Mattick, Paul: »The American Economy« in: International Socialist Journal, Februar 1968

McCarthy jr., John J.: in: New York Times, 28. Januar 1970

McGrory, Mary: in: Boston Globe. 8. Mai 1971

McGrory, Mary: in: Boston Globe. 9. Mai 1971

McKeithen, Edwin T.: Life under the Pathet Lao in the Xieng Khuoang Ville Area, undatiert. The Role of North Vietnamese Cadres in the Pathet Lao Administration of Xieng Khuoang Province, April 1970. Beide Dokumente zur Verfügung gestellt durch die Botschaft in Vientiane

Miller, Arthur S.: Toward the ›Techno-corporate‹ State? – An Essay in American Constitutionalism« in: Villanova Law Review, Vol. 14, No. 1, Herbst 1968

Mitgang, Herbert: in: New York Times. 15. März 1971

Model, Leo: in: Foreign Affairs. Juli 1967

Moisey, Claude: in: Le Monde diplomatique. März 1971
Monsen, Joseph: »The American Business View« in: Daedalus, Winter, 1969
Morrow, M.: in: Dispatch News Service International. 4. Mai 1971
Moskin, Robert: in: Look, 18. November 1968
Ngo Vinh Long: »The Vietnam War and Its Implications for Southeast Asia« in: Thòi-Báo Gà, No. 9 (Vietnamese Students in the United States, 76a Pleasant Street, Cambridge, Mass.)
Nguyen Gai Hien: in: Le Monde. 12. Juni 1970
Niedergang, Marcel: in: Le Monde Weekly Selection, 12.-18. Dezember 1968
Nivolon, François: in: Far Eastern Economic Review. 24. April 1971
Nivolon, François: in: Figaro. 13. Mai 1970
Nossiter, Bernard: in: Washington Post, 8. Dezember 1968
Osborne, Milton: »Cambodia: Runaway Coup d'état« in: The Nation. 8. Juni 1970
Peck, Jim: in: Bulletin of Concerned Asian Scholars, Vol. 2, No. 3 (April-July 1970) (1737 Cambridge Street, Cambridge, Mass. 02138)
Penn, Patricia: in: New Statesman. 29. Mai 1970
Phi-Bang: »Corruption-elite?« in: Far Eastern Economic Review. 7. Mai 1970
Phi Bang: in: Far Eastern Economic Review. 27. März 1971
Pomonti, Jean-Claude: in: Le Monde. 25. April 1970
Pomonti, Jean-Claude: in: Le Monde Weekly Selection. 22. April 1970
Pomonti, Jean-Claude: in: Le Monde Weekly Selection. 6. Mai 1970
Pomonti, Jean-Claude: »The Sweet Smell of Decay« in: Le Monde Weekly Selection. 20. Mai 1970
Pomonti, Jean-Claude: in: Le Monde Weekly Selection. 3. Juni 1970
Pomonti, Jean-Claude: in: Le Monde. 6. Juni 1970
Pomonti, Jean-Claude: in: Le Monde Weekly Selection. 10. Juni 1970
Pond, Elizabeth: in: Christian Science Monitor. 6. November, 8. November, 14. November 1969
Pool, Ithiel: in: New York Review. 13. Februar 1969
Porter, D. Gareth: »The Diemist Restauration« in: Commonweal. 11. Juli 1969
Porter, D. Gareth: »Saigon's Secret Police« in: The Nation. 27. April 1970
Porter, D. Gareth und *Ackland Len E.:* »Vietnam: The Bloodbath Argument« in: Christian Century. 5. November 1969

Quaker Service. National Edition. Frühjahr 1970. (American Friends Service Committee, 160 North 15th Street, Philadelphia, Pa.)
Radosh, Ronald: The American Labor Movement and Foreign Policy. Random House, New York, 1969
Resor, Stanley: in: I. F. Stone's Weekly. 15. Dezember 1969
*Riboud, Marc:*in: Le Monde. 13. April 1968
Robert, Chalmers: in: Washington Post-Boston Globe, 8. Juni 1970
Robinson, Douglas: in: New York Times, 2. November 1968
Roy, Daniel: »Le coup de Phnom-Penh« in: Le Monde diplomatique, April 1970
Rubin, Trudy: in: Christian Science Monitor. 5. Mai 1971
Rubin, Trudy: in: Christian Science Monitor. 8. Mai 1971
Salisbury, Harrison: in: New York Times. 26. Mai 1970
Samuelson, Paul: in: Boston Globe. 1. Juni 1970
Schanberg, Sidney: in: New York Times. 7. Mai 1970
Schanberg, Sidney: in: New York Times. 8. Juni 1970
Schanberg, Sidney: in: New York Times. 11. Juni 1970
Schell, Orville: »Pop me Some Dinks« in: New Republic. 3. Januar 1970
Schell, Orville und *Jonathan:* in: New York Times. 26. November 1969
Schurmann, Franz: in: The Nation. 1. Juni 1970
Scott, Peter Dale: »Air America: Flying the US into Laos« in: Ramparts, Februar 1970
Scott, Peter Dale: »Cambodia – Why We Can't Stop« in: New York Review. 18. Juni 1970
Scott, Peter Dale: »Laos, Nixon, and the CIA« in: New York Review. 9. April 1970
Selden, Mark: »The National Liberation Front and the Transformation of Vietnamese Society« in: Bulletin of Concerned Asian Scholars, Vol. 2, No. 1. Oktober 1969
Selover, William: in: Christian Science Monitor. 28. November 1969
Selover, William: in: Christian Science Monitor. 1. April 1971
Seltzer, Steven: »The Land Reform in North Vietnam« in: Viet-Report, Juni-Juli 1967
Semjonov, Julian: in: Prawda. 27. Februar 1968
Semple, Robert: in: New York Times. 3. Juni 1970
Shaplen, Robert: in: New Yorker. Mai 1968
Shaplen, Robert: in: New Yorker. 24. April 1971
Shearer, Derek: »An evening with Henry« in: The Nation. 8. März 1971
Sheehan, Neil: in: New York Times. 15. März 1971
Shuster, Alvin: in: New York Times. 20. Dezember 1971

Sidey, Hugh: in: Life. 14. Mai 1971
Smith, Robert: in: New York Times. 8. Mai 1971
Smith, Roger: »Prince Norodom Sihanouk« in: Asian Survey. Juni 1967
Smith, Roger: »Cambodia: Between Scylla and Charybdis« in: Asian Survey. Januar 1968
Smith, Terence: in: New York Times. 24. Oktober 1969
Smith, Terence: in: New York Times. 28. Mai 1970
Southerland, Daniel: in: Christian Science Monitor. 20. Mai 1970
Steel, Ronald: in: New York Review, 12. Februar 1970
Sterba, James: in: New York Times. 3. Mai 1970
Sterba, James: in: New York Times. 29. Mai 1970
Sterba, James: »A Fighting General« in: New York Times, 4. Juni 1970
Strock, Carl: in: Far Eastern Economic Review. 14. Mai 1970
Strock, Carl: »Laotian Tragedy« in: New Republic. 9. Mai 1970
Strout, Richard L: in: Christian Science Monitor. 24. November 1969
Strout, Richard L.: in: Christian Science Monitor. 8. Mai 1971
Sullivan, Leonard: in: Congressional Record. 8. August 1969. F 9589
Sulzberger, C. K.: in: New York Times, 3. Juni 1964
Szulc, Tad: in: New York Times. 19. April 1970
Szulc, Tad: in: New York Times. 18. Mai 1970
Szulc, Tad: in: New York Times. 21. Mai 1970
Szulc, Tad: in: New York Times. 26. Mai 1970
Szulc, Tad: in: New York Times. 31. Mai 1970
Szulc, Tad: in: New York Times. 7. Juni 1970
Szulc, Tad: in: New York Times. 14. Juni 1970
Szulc, Tad: in: New York Times. 13. März 1971
Staff of the Committee on Foreign Relations, United States Senate: Colombia – A Case History of US Aid (Government Printing Office, Washington D. C., 1969)
Tadishi Kawata: »Post-Vietnam Economic Development in Southeast Asia« in: Peace Research in Japan. Japan Peace Research Group, 1969
Tanham, George K. und *Duncanson, Dennis J.:* »Some Dilemmas of Counterinsurgency« in: Foreign Affairs, Vol. 48, No. 1. Oktober 1969
tintuong. Paris, August 1968
Ton That Thien: in: Far Eastern Economic Review. 23. April 1970
Toth, Robert C.: in: Los Angeles Times-Boston Globe. 7. Juni 1970
Tran Van Dinh: »Fear of Bloodbath« in: New Republic. 6. Dezember 1969

TRB in: The New Republic, 27. September 1969
Tunney, John: in: Newsweek. 17. Mai 1971
Vennema, Alje: in: Ottawa Citizen. 12. Januar 1970
Westing, A. H.: in: New Republic. 28. März 1970
Wiley, Peter: »Vietnam and the Pacific Rim War« in: Leviathan, Juni 1969
Woodruff, John: in: Baltimore Sun. 25. Oktober 1969
Wright, Ian: in: London Guardian. 27. April 1970
Zinn, Howard: »Violence and Social Change« in: Boston University Graduate Journal. Herbst 1968

Noam Chomsky im Suhrkamp Verlag

Amerika und die neuen Mandarine. Politische und zeitgeschichtliche Essays. Aus dem Amerikanischen von Anna Kamp. 1969. 372 S. Ln. und Kt.

Aspekte der Syntax-Theorie. Aus dem Amerikanischen übersetzt und herausgegeben von einem Kollektiv unter der Leitung von Ewald Lang, Arbeitsstelle Strukturelle Grammatik, Deutsche Akademie der Wissenschaften, Berlin. 1969. Theorie. 313 S.

Indochina und die amerikanische Krise. Im Krieg mit Asien I. Aus dem Amerikanischen von Jürgen Behrens. 1972. suhrkamp taschenbuch 32. 190 S.

Sprache und Geist. Aus dem Amerikanischen von Siegfried Kanngiesser, Gerd Lingrün und Ulrike Schwartz. Mit einem Anhang: Linguistik und Politik. Interview mit Noam Chomsky. Aus dem Amerikanischen von Anna Kamp. 1970. Theorie. 192 S.

Die Verantwortlichkeit der Intellektuellen. 1971. edition suhrkamp 482. 216 S.

In Vorbereitung:
Probleme von Erkenntnis und Freiheit

st 59 Pietro Hammel
Unsere Zukunft: die Stadt
240 Seiten, mit vielen Abbildungen
Der vorliegende Band des in Rotterdam lebenden Schweizer Architekten und Städteplaners ist eine präzise Analyse des Phänomens Stadt und ihrer derzeitigen Probleme und der Versuch, ein neues Bewußtsein für die noch ausstehende Therapie unserer großen Städte zu schaffen.

st 60
Wie, warum und zu welchem Ende wurde ich Literaturhistoriker?
ca. 240 Seiten
Der Band erscheint zum 70. Geburtstag Robert Minders. Seine Themenstellung geht auf eine Anregung Minders zurück. Die Beiträger bereiten dem großen Kollegen keine der üblichen Festschriften, sondern stellen sich am Beispiel des eigenen Werdegangs zugleich auch den aktuellen Problemen ihrer Disziplin. – Namhafte Gelehrte nehmen an diesem Unterfangen teil, und so kann der Band auch angesehen werden als Lageskizze einer Wissenschaft heute, ausgeführt von ihren ausgewiesenen Vertretern.

st 61 Herbert Achternbusch
Die Alexanderschlacht
240 Seiten
Über *Die Alexanderschlacht* schrieb Reinhard Baumgart: »Sieht neben Achternbusch der Blechtrommler Oskar nicht aus wie ein Gottfried-Keller-Zwerg in Bleyle-Hosen? Denn das ist sicherlich zweierlei: den Anarchismus nur vorzuführen als ein Thema oder ihn loszulassen als eine Methode. Genau das tut Achternbusch.«

st 62 Claude Lévi-Strauss
Rasse und Geschichte
Aus dem Französischen von Traugott König
ca. 100 Seiten
1952 veröffentlichte die UNESCO eine Schriftenreihe, in der von wissenschaftlicher Seite in allgemeinverständlicher Form die Unsinnigkeit jeder Art von Rassismus dargelegt werden sollte. Unter den Autoren befand sich der damals nur in Fachkreisen bekannte Ethnologe Lévi-Strauss, dessen Beitrag das Thema jedoch weit überschritt und sich heute als leichtfaßliche Einführung in den Problemkreis des Strukturalismus anbietet.

st 63 Wolf Lepenies
Melancholie und Gesellschaft
352 Seiten
Melancholie und Gesellschaft ist die bislang material- und erkenntnisreichste Untersuchung der verschiedenen Spielarten bürgerlicher Melancholie als eines historischen soziologischen Phänomens der bürgerlichen Gesellschaft. Ziel dieser Studie ist es, den ideologieverwandten Charakter dieser Affekthaltung und ihre Abhängigkeit von gesellschaftlichen Verhältnissen nachzuweisen.

st 64 F. Cl. Werner
Wortelemente lateinisch-griechischer Fachausdrücke in den biologischen Wissenschaften
480 Seiten
Lateinisch-griechische Fachbegriffe spielen vor allem in den biologischen Wissenschaften, einschließlich der medizinischen Anatomie und Physiologie, eine nicht zu eliminierende Rolle. Dieses Fachwörterbuch wird für all jene zum unerläßlichen Hilfsmittel, die sich mit den biologisch orientierten Naturwissenschaften beschäftigen: Wissenschaftler wie Naturfreunde.

st 65 Hans Bahlow
Deutsches Namenlexikon
592 Seiten
Die grundlegenden Fragen der Namenentstehung,

Namenfestigung und Namenverbreitung beantwortet das Deutsche Namenlexikon. Insgesamt 15 000 Familiennamen mit ihren Ableitungen und viele Vornamen finden hier eine durch gesicherte Kenntnisse fundierte, ausführliche Deutung nach Ursprung und Sinn.

st 66 Eric J. Hobsbawm
Die Banditen
Aus dem Englischen von Rudolf Weys. Mit Abbildungen
224 Seiten
Die Banditen ist eine vergleichende Geschichte und Soziologie berühmter Banditenführer, die einerseits als wirkliche historische Figuren, andrerseits als Helden von Balladen, Geschichten und Mythen ganze Länder immer wieder in Schrecken versetzt haben, zugleich aber von unterdrückten Schichten oft als Wohltäter begrüßt wurden, auf jeden Fall die Menschen stets fasziniert und ihre Phantasie angeregt haben.

st 69 Walter Benjamin
Ursprung des deutschen Trauerspiels
288 Seiten
Von der Analyse der deutschen Trauerspiele des 17. Jahrhunderts ausgehend, liefert Benjamin einerseits die Geschichtsphilosophie der Barockepoche, auf der anderen Seite eine stringente Abgrenzung der klassischen Tragödie vom Trauerspiel als literarischer Form sui generis. Die Rettung der Allegorie – das Zentrum des Trauerspielbuches – eröffnete erstmals den Blick für lange verkannte Bereiche der poetischen wie der theologischen Sprache.

st 70 Max Frisch
Stücke I
368 Seiten
Bereits Max Frischs erste Stücke sind Versuche, die Frage zu beantworten, die sein ganzes Werk bestimmt und ihm seine Einheit gibt: die Frage nach der Identität. Der Band enthält die Stücke *Santa Cruz, Nun singen sie wieder, Die Chinesische Mauer, Als der Krieg zu Ende war, Graf Öderland.*

st 97/98 Knut Ewald
Innere Medizin
ist das auf dem aktuellsten Stand befindliche, derzeit erhältliche Kompendium der Inneren Medizin. Als übersichtliches – den ganzen Stoff der Inneren Medizin stichwortartig resümierendes – Nachschlagwerk ist es das ideale Handbuch für alle Studierenden, Ärzte und interessierte Laien. Ein umfangreiches Sachwortverzeichnis ermöglicht eine rasche Orientierung.

st 127 Hans Fallada
Tankred Dorst
Kleiner Mann – was nun?
Eine Revue von Tankred Dorst und Peter Zadek
ca. 200 Seiten
Tankred Dorst hat Hans Falladas 1932 erschienenen Roman »Kleiner Mann – was nun?« dramatisiert, der zu einem der größten Bucherfolge seiner Zeit wurde. In der Geschichte des kleinen Angestellten Pinneberg und der Arbeitertochter Lämmchen in den Jahren der großen Arbeitslosigkeit erkannten Hunderttausende ihre eigene Geschichte, ihren Alltag, ihre Welt. Die Dramatisierung von Tankred Dorst wurde für die Neueröffnung der Städtischen Bühnen Bochum unter der Leitung von Peter Zadek vorgenommen.

st 150 Zur Aktualität Walter Benjamins
Aus Anlaß des 80. Geburtstags von Walter Benjamin herausgegeben von Siegfried Unseld
288 Seiten
Der vorliegende Band »Zur Aktualität Walter Benjamins« nimmt wichtige, hier erstmals publizierte Abhandlungen auf, die aus diesem Anlaß geschrieben worden sind, und Texte von Walter Benjamin, seine »Lehre vom Ähnlichen«, eine umfangreiche Variante der Arbeit »Über das mimetische Vermögen«, den autobiographisch bedeutenden Text »Agesilaus Santander«, den Briefwechsel mit Bertolt Brecht und drei Lebensläufe, deren letzter kurz vor seinem Tod geschrieben wurde.